KB069658

행동으로
사랑하라

Act with Love

LOVE로 ACT하라

Russ Harris 저
이영호 역

학지사

ACT with Love

by Russ Harris

역자 서문

🖤 수용전념치료(ACT)를 공부하고, 이를 적용하고, 또 다른 이들에게 소개하며 함께 경험을 나누다 보면 개념도 어렵고 적용도 어렵고 설명 또한 쉽지 않다. 이 치료에 내포된 여러 가지 이론도 복잡하지만, 그 자체가 경험적인 치료이기 때문이기도 하다. 그래서인지 수용전념치료를 다룬 많은 책은 이해하기가 쉽지 않다. 이렇게 자신도 개념화하기 어렵고 다른 전문가들에게 전하기도 쉽지 않은데, 심리학적 치료나 마음챙김이라는 것에 익숙하지 않은 일반 대중에게는 더 말해서 무엇하랴!

그런데 이 책의 저자인 러스 해리스(Russ Harris) 박사는 수용전념치료를 쉽게 설명하고 이야기한다. 이 책에서만 그런 것이 아니라 해리스 박사가 쓴 ACT에 관한 모든 책이 그렇다. ACT를 잘 알고, 잘 경험하고, 그 경험을 잘 나누었기 때문이 아닐까 하는 생각이 든다. 그래서 이 책을 번역하기로 마음먹었다. 전문가, 그리고 전문가가 아니더라도 관계에 관심을 가지고 있는 모든 사람에게 쉽게 읽힐 수 있고 또 실제적인 도움이 될 수 있는 책이라 생각했기 때문이다.

관계를 맺지 않고 사는 사람이 있을까? 이 책은 관계에 어려움을 가진 사람들, 그런 사람들을 도와주려 하는 사람들, 관계가 잘 진행되고 있는 사람들, 앞으로 관계를 가지려 하는 사람들 모두에게, 그리고 자기 자신과의 관계에 어려움을 겪고 있거나 호전을 원하는 사람에게 도움이 될 수 있는 책이다.

이와 함께 이 책은 ACT를 막 시작하거나 아직 충분히 익숙하지 않은 치료자도 그 개념을 쉽게 이해할 수 있도록 돕고, ACT에서 사용되는 기법들을 좀 더 쉽게 적용할 수 있도록 돕는 내용으로 가득 차 있다. 따라서 이 책이 많은 ACT 치료자에게 임상 실제에서 실용적인 도움을 줄 수 있을 것이라 생각한다.

4

책을 번역한다고 하면 항상 흔쾌히 허락해 주시는 학지사의 김진환 사장님께 감사드린다. 편집과 교정에서 자신의 책처럼 수고해 주신 학지사 편집부에도 감사를 전한다.

그리고 늘 혼자가 아니라는 것을 느끼게 해 주는 주위의 모든 분께 진심으로 감사드린다. 특히 내가 혼자가 아니고 함께라는 사실을 마음 깊이 느끼게 해 주는 가족에게 이 책을 통해 배운 것을 조금이라도 돌려주고 싶다.

2018년 3월
이영호

역자 서문

편집자의 글

💕 이 책은 사랑과 관계에 있어서 관련 전문가들이 만날 수 있는 최고의 책이 될 것이다. 왜냐하면 이 책은 당신 자신과 당신의 관계를 비롯해서 어떤 가까운 관계에서든 행동으로 사랑하는 것을 다룬 책이기 때문이다. 이 책은 당신이 과거의 잘못을 반복하고 본인에게 해가 되는 행동에 다시 빠지는 것을 피할 수 있게 도울 것이다. 이 책은 당신이 현재 좋은 관계를 맺고 있든 나쁜 관계를 맺고 있든, 혹은 전혀 관계를 맺고 있지 않든 앞으로 당신을 도울 수 있는 아주 대단한 책이다. 이 책은 비록 관계를 호전시키는 데 관심을 가지고 있거나 누군가에게로 돌아가기를 원하는 사람들을 위해 쓰이기는 했지만, 당신과 원래부터 가장 가까운 사람인 자기 자신과의 관계를 호전시키는 데도 도움을 줄 것이다.

이 책은 사랑과 관계에 대해 쓰인 대부분의 책이 다루는 범위를 넘어선다. 보통은 호전이 필요한 관계의 측면에만 초점을 맞추어서 좋은 조언이나 특정 기술을 제공하는데, 이 책은 그러한 관계 양상에 대한 분석이나 가족 역동 혹은 다른 복합 체계 등의 주제에 한정된 다른 책들과는 달리 우리를 무장 해제시키듯 단순하며(물론 모든 것이 단순하진 않지만), 전문적인 심리학 용어로 가득 차 있지 않다. 이는 우리가 너무 많은 것을 약속하거나 거짓 기대를 부풀리지 않고도 현실적인 희망을 갖게 한다. 수용전념치료(ACT)를 다룬 많은 책과 같이 이 책은 단지 설명이나 통찰 혹은 조언만을 제공하지는 않는다. 이 책은 당신에게 아주 확실한 방법으로 당신이 어떻게 더 열려 있고, 정직할 수 있으며, 관계에 ACT 원칙을 혁신적으로 그리고 창조적으로 적용함으로써 관계를 충만하게 만들 수 있을지를 배울 아주 많은 기회를 제공할 것이다. 이 책의 모든 장에서 저자인 러스 해리스는 자료가 생생하게 살아 넘치고 그것이 당신 자신에게 의미 있도록 만들어 줄, 참여적이면서도 실용적인 경험 훈련에 당신을 초대할 것이다. 각 장의 제목은 그 장의 내용과 잘 연결되며, 그 내용을 잘 보여 주도록 사려 깊게 쓰였다. 가장 중요한 주제는 당신이 자신의 진전을 확실히 파악하도록 책 전반에 걸쳐 복습할 수 있게 구성되어 있다.

이 책은 그간의 ACT에서의 경험적 연구 결과에 기초를 두고 있지만, 저자는 당신에게 진심 어린 마음과 축적된 지식을 갖고 이야기하고 있다. 따라서 당신이 이 책이 주는 메시지에 마음이 열려 있다면, 이 책은 당신을 저 밑에서부터 움직이게 만들 것이다. 당신은 이 책에 제시된 것을 혼자 하거나 당신의 파트너와 함께 할 수 있다. 책에 수록된 훈련 중 몇몇은 파트너와 함께 하도록 고안되어 있다. 그러나 (자발적인) 파트너가 있어야만 이 책의 도움을 받을 수

6

있는 것은 아니다. 당신은 기술들을 혼자서 그리고 당신 스스로를 위해 배울 수 있다. 당신은 이 책에서 배운 것을 통해 본인의 현재 관계 상황이 어떤지와 관계없이 더 밝고 풍부한 삶을 맞이할 수 있을 것이다.

게오르그 아이페르트(Georg H. Eifert, Ph.D.)
존 포사이스(John P. Forsyth, Ph.D.)
스티븐 헤이즈(Steven C. Hayes, Ph.D.)

시작하면서: 관계, 이 복잡한 문제

💕 관계는 굉장하면서도 아주 끔찍한 것이다. 관계는 우리에게 극과 극을 경험하게 하는데, 사랑의 날개로 성층권을 향해 날아오르게 하거나 진창으로 추락시키기도 한다. 당신은 관계가 처음 시작되었을 때 파트너의 손을 따뜻하게 잡고 있으면 마치 프로 권투선수처럼 심장이 뛰는 경험을 하였을 것이다. 그러나 이때의 경험은 그 모든 환희에 찬 느낌이 사라져 버린 그리 머지않은 미래의 어느 날 믿기 어려운 일로 다가올 것이다. 그렇다. 가 버린 것이다. 사라져 버렸다. 흔적도 없이 씻겨 내려갔다. 그리고 그곳에는 아마도 분노, 공포, 슬픔, 좌절, 외로움, 후회 혹은 절망 그리고 아마도 쓰라림, 경멸, 혐오 혹은 증오가 자리하고 있을 것이다.

왜 이렇게 되었을까? 간단한 사실은 감정이 변화했다는 것이다. 감정은 날씨와 같다. 가장 더운 여름이나 가장 추운 겨울에도 날씨는 계속 변화한다. 우리의 감정도 그렇다. 당신의 파트너가 얼마나 훌륭하든, 당신의 관계가 얼마나 대단하든 간에 사랑의 첫 감정은 지속될 수 없다. 하지만 너무 긴장하지 말라. 비록 어쩔 수 없이 사라지긴 하겠지만, 그것은 또다시 돌아오기도 한다. 그리고 또다시 가 버리고 또 돌아올 것이다. 이는 당신이 죽는 날까지 계속 반복될 것이다. 그리고 이것은 공포와 분노에서부터 즐거움과 행복에 이르기까지 인간의 모든 감정에 있어 마찬가지이다. 감정은 겨울이 가면 봄이 오듯 왔다가 간다.

우리는 대부분 이것을 어느 정도는 알고 있다. 그러나 쉽게 잊는다. 우리는 사랑하는 감정에 빠져 버리면 그것이 영원히 지속될 것이라 믿어 버린다. 우리는 우리의 파트너가 우리의 요구를 충족해 주기를 기대하고, 우리가 그들에게 기대하는 것처럼 행동해 주기를 바라고, 우리의 바람을 가득 채워 주기를 기대한다. 그래서 우리의 삶이 더 나아지고 편해지고 행복해질 것이라고 기대한다. 그러나 곧 현실이 우리의 상상을 깨 버리면 화가 난다. 인간관계에 관한 흔한 유머가 있는데, 우리가 가장 많은 시간을 함께 보내고 가장 친밀하다고 느끼는 사람이 우리를 가장 '돌아 버리게 만드는' 바로 그 사람이라는 것이다. 신랄한 비판, 냉정한 거절, 심한 비난 혹은 분노 폭발과 같은 것이 우리의 상사나 이웃 혹은 동료에게서 온다면 불쾌할 수 있지만, 만약 그것이 사랑하는 사람에게서 온다면 훨씬 더 큰 상처를 받을 것이다. 그러나 이를 피할 수 있는 방법은 없다. 사랑은 우리를 매우 취약하게 만든다. 만약 우리가 다른 사람과의 관계에서 친밀하게 마음을 연다면, 자신의 방어선을 넘어서 그 사람을 마음속으로 들어오게 허용하는 것이다. 그런데 그것은 우리 자신이 상처받게끔 허용하는 것이기도 하다. 사랑과 고통은 마치

10

친밀한 댄스 파트너와 같은 것으로, 손을 잡고 함께 간다. 이 글을 통해서만이 아니라 자신의 경험에서도 확인해 보라. 지금까지 당신은 누군가와 가까운 관계를 가졌는데, 그 관계의 대상과 상호작용을 하면서 고통스러운 감정을 갖지 않고 많은 시간을 보낸 적이 있는가?

기본적으로 그것은 다음 예와 같다. 만약 당신이 자기 소유의 집을 가졌다면, 당신은 관리비를 감당해야 한다. 만약 당신에게 아이가 있다면, 당신은 더러운 기저귀와 잠 못 이루는 밤을 감당해야 한다. 그리고 만약 당신이 친밀한 관계를 맺었다면, 당신은 일정 정도의 고통과 스트레스를 감당해야만 한다. 이것은 인간관계에 있어 불편한 진실 중 하나이다. 다른 사람과 당신의 삶을 공유한다는 것은 매우 놀라우며, 기분을 고양시키고, 경외심이 솟게 하는 경험일 수 있다. 그러나 동시에 그것은 아주 가혹한 일이 될 수도 있다. 팝스타, 시인, 연애소설가 그리고 안부를 묻는 카드회사 외판원은 이런 불편한 진실을 외면하는 데 특권을 누리고 있다. 그들은 모두 당신이 오래된 미신을 믿기를 바란다. 완벽한 파트너가 정말로 저기서 당신을 기다리고 있으며, 그 사람 없이 당신은 불완전하고 만족할 수 없고 반쪽짜리 삶을 살 수밖에 없는데, 마침내 이 완벽한 파트너를 만남으로써 사랑에 빠지고 아무 노력 없이도 이 행복에 넘치는 상태를 영원히 유지할 수 있을 것이라는 미신 말이다.

물론 표현이 다소 과장되어 보일 수 있다. 그러나 사실 우리는 대부분 사랑과 관계 그리고 친밀감에 대해 많은 비현실적인 기대를 가지고 있고, 이런 믿음은 영화, 소설, 연극, 노래, TV 프로그램, 시,

11

잡지, 신문, 사무실의 소문, 악의 없는 친구 및 심지어 자가치료서 등을 통해서 우리가 사는 동안 지속적으로 강화를 받아 왔다. 불행하게도, 만약 이런 잘못된 생각이 우리의 삶을 이끌어 가도록 놔두거나 그런 생각에 근거해서 우리의 관계를 만들려 한다면 우리는 사랑을 지속하려는 우리의 노력이 궁극적으로는 사랑을 파괴해 버리고 마는 악순환에 빠져들게 될 것이다.

사랑을 찾으려는 우리의 잘못 인도된 시도 때문에 현대사회에서 피해가 속출하고 있다. 대부분의 서구 국가에서 이혼율은 거의 50%에 달하고 있고 결혼 상태를 유지하고 있는 사람들도 많은 경우 공허함, 외로움 및 불행으로 가득 찬 삶을 살고 있다. 더 많은 사람이 지속적인 관계(결혼을 하든 안 하든 간에)를 맺기를 두려워하고 관계가 모두 눈물과 씁쓸함 그리고 법정 투쟁으로 끝날까 봐 잔뜩 겁을 먹고 있다. 현재 역사적으로 그 어느 때보다 혼자 사는 성인이 많다는 것은 의심할 여지가 없는 사실이다.

그렇다면 이 모든 것이 냉혹하고 어두우며 우울하게 들리는가? 그러나 두려워 말라. 좋은 소식은 이 복잡한 문제를 해결할 길이 있다는 것이며, 이 책은 당신에게 정확하게 무엇을 해야 할지를 보여줄 것이다. 이 책 전체에서 당신은 도움이 되지 않는 사랑에 대한 믿음과 태도를 그냥 놔두는 법을 발견할 수 있을 것이고, 어떻게 현실적으로 진정한, 친밀하며 사랑하는, 오래 지속하는 관계를 만들어야 하는지를 발견하게 될 것이며, 이런 관계에서 피할 수 없는 고통스러운 생각과 감정을 어떻게 다루어야 하는지를 배울 것이다. 당신은 또한 어떻게 슬픔과 거절 그리고 두려움을 다루어야 하는지를 배울 것이고, 분노와 좌절 그리고 적대감을 어떻게 효과적으로 다루어야 하는지도 배울 것이며, 당신과 당신 파트너 모두를 어떻게 용서해야 하는지 그리고 신뢰가 무너져 있다면 그것을 어떻게 회복해야 하는지도 배울 것이다. 더불어 당신은 자신의 요구에 대해 타협하고 자신의 다른 점을 조정하는 데 소모되는 긴장과 스트레스를 어떻게 줄일 수 있는지도 배울 것이며, 갈등에 따른 고통과 상처를 어떻게 돌봄과 온정으로 돌려놓을 수 있는지도 배울 것이다.

관계를 위한 수용전념치료

이 책은 인간의 심리학에 있어서 혁명적이라고 할 수 있는 새로운 발전인 수용전념치료(acceptance and commitment therapy) 혹은 ACT라고 알려진 치료적 접근에 근거를 두고 있다. ACT(이것은 글자 A-C-T로 발음하지 말고 단어 'act'로 발음해야 한다)는 심리학자 스티븐 헤이즈가 미국에서 탄생시켰고, 이후 커크 스트로살과 켈리 윌슨을 비롯한 몇몇 동료가 더욱 발전시켰다(Hayes, Strosahl, & Wilson, 1999). ACT는 우울증과 약물중독에서부터 직업적 스트레스 및 조현병에 이르기까지 광범위한 인간의 고통스러운 문제에서 효과가 증명된, 과학에 기반을 둔 치료이다. 흥미로운 점은 비록 ACT가 행동심리학의 최첨단 연구에 근거를 두고 있지만 놀랍게도 많은 고대 동양의 전통과 맥락을 같이하고 있다는 것이다.

ACT는 강력한 원리들의 조합에 그 기초를 두고 있는데, 이 원리들은 함께 작동함으로써 당신이 '심리적 유연성(psychological flexibility)'을 키울 수 있도록 돕는다. 더 많은 과학적 연구가 우리의 심리적 유연성이 높은 수준에 도달할수록 우리의 삶의 질도 좋아진다는 것을 보여 준다. 이것은 무엇을 의미하는가? 심리적 유연성은 개방과 알아차림 그리고 집중을 통해 특정한 상황에 적응하는 능력을 의미하는데, 이로 인해 당신은 자신의 가치(자신이 간절히 바라는, 되고 싶은 것과 인생에서 가장 원하는 것)가 지향하는 효과적인 행동을 취할 수 있다. 무슨 이야기인지 혼란스러운가? 정리해 보자. 심리적 유연성에는 두 가지 핵심 요소가 있다.

① 심리적으로 현재에 머무를 수 있는 능력. 흔히 '마음챙김(mindfulness)'이라고 알려진 정신 상태로, 마음챙김은 당신이 다음과 같은 것을 할 수 있게 한다.

- 개방적이고 호기심에 찬 태도로 당신이 하고 있는 지금-여기의 경험을 온전하게 알아차릴 수 있는 것
- 당신이 하고 있는 것에 온전히 개입하고 녹아들어 있는 것
- 고통스러운 생각이나 강점의 영향 혹은 여파를 줄이는 것

② 효과적인 행동을 취할 수 있는 능력, 즉 다음과 같은 행동을 취할 수 있는 능력

- 충동적이거나 무의식적인 행동이 아닌 의식적이고 자유로운 행동
- 당신의 핵심 가치에 의해 동기화되어 있고, 인도되어 있으며, 고무되어 있는 행동

14

• 상황의 요구에 적정하게 유연하고 적응적인 행동

　더 간단하게 이야기하면, 심리적 유연성이란 현재에 머무르고, 열려 있으며, 무엇인가를 할 수 있는 능력을 말한다. 심리적 유연성이 커질수록 당신은 어려운 감정을 더 효과적으로 다룰 수 있고 도움이 되지 않는 생각 과정에 더 효과적으로 도전해 나갈 수 있을 것이다. 또한 자기제한적인 믿음의 한계를 넘어설 수 있고, 자신이 행하고 있는 것에 더 집중하고 전념할 수 있으며, 효과가 없거나 자멸적인 행동을 변화시킴으로써 더 나은 관계를 만들어 나갈 수 있을 것이다.

　비록 ACT가 처음에는 우울증 및 불안과 같은 문제를 해결하기 위해 만들어졌으나, ACT의 핵심 원리는 빠르게 관계 문제에 적용되었고 아주 좋은 효과를 보여 주고 있다. 당신이 이 책을 읽을 때 강조되는 중요한 것이 하나 있는데, 바로 당신이 열린 마음과 호기심에 가득 찬 태도로 온전하게 알아차릴 수 있는 능력인 마음챙김을 만들고 발전시켜야 한다는 것이다. 또 다른 강조점은 자신이 간절히 바라는, 당신이 되고 싶은 것과 인생에서 가장 원하는 것인 스스로의 가치를 명확히 하고 그것을 행동의 지침으로 활용하는 것이다. 이 책은 배우자나 파트너와의 관계 같은 당신의 친밀한 관계에 초점을 맞추지만, 당신은 이 원리들을 자신의 어떤 관계든 다른 관계, 예컨대 당신의 아이, 부모, 친구, 이웃이나 동료와의 관계를 증진하거나 풍부하게 만드는 데 적용할 수 있다.

15

이 책의 대상 독자

이 책은 거의 모든 커플이 경험할 수 있는 일반적인 관계의 문제에 초점을 맞추고 있지만 가족 내 폭력이나 심한 중독과 같은 좀 더 극단적인 관계의 문제는 다루지 않는다. 나는 다음과 같은 네 부류의 독자를 위해 이 책을 집필하였다.

- 당신의 관계는 꽤 잘 이루어지고 있지만 당신은 그 관계가 더 풍부해지기를 원한다.
- 당신의 관계는 무너져서 이미 나쁜 상태이지만 당신은 그 관계를 회복하기를 원한다.
- 당신은 현재 관계를 맺고 있지 않지만 과거의 관계에서 무엇이 잘못되었는지 배움으로써 더 나은 관계를 준비하고자 한다.
- 당신은 관계의 문제를 다루는 방법과 관련된 아이디어를 찾고 있는 치료자이거나 상담자 혹은 코치이다.

만약 당신이 처음 두 부류에 속한다면 당신의 파트너도 당신과 함께 이 책을 읽게 하는 것이 좋다. 하지만 이 책이 가지는 강점 중 하나이기도 한데, 만약 당신의 파트너가 이 책에 관심을 보이지 않는다 하더라도 이 책은 당신 한 사람의 노력만으로 충분히 관계를 개선할 수 있게 쓰였다.

16

이 책의 활용 방법

이 책은 크게 세 부분으로 구성된다. 1부 '엉망으로 만들기'에서는 관계 안에서 무엇이 잘못되었는지를 알아본다. 2부 '전념하기'에서는 당신이 자신의 관계 안에 머물러야 하는지 또는 떠나야 하는지를 살펴보고, 만약 정말로 머물기를 원하고 그렇게 만들기를 원한다면 무엇이 필요한지를 생각해 본다. 3부 '되게 만들라'에서는 당신이 어떤 유형의 파트너를 원하는지, 어떤 생각과 감정이 당신을 방해하는지, 그리고 당신의 파트너가 마음챙김을 통해 당신을 더 낫게 다루도록 하는 방법은 무엇인지를 살펴볼 것이다. 또한 갈등과 고통은 피할 수 없다는 것을 살펴보고, 서로 다른 당신과 파트너 두 사람의 관계를 당신이 좀 더 효과적으로 조정해 나갈 수 있는 방법을 다룰 것이다. 마지막으로, 우리는 당신의 관계를 능동적으로, 영원히 그리고 더 강하게 만들고 깊어지게 만드는 방법을 살펴볼 것이다!

당신은 이 책을 읽으면서 자신과 유사한 다양한 관계의 문제를 가진 커플들을 접할 수 있을 것이다. 나는 오랫동안 관계 문제를 가진 많은 사람과 일해 왔지만 이 책에서 당신이 만날 수 있는 사람들의 이야기는 허구의 이야기이다. 나는 비밀보장을 위해 그들의 이름과 이야기의 구체적인 내용을 바꾸었다. 비록 이들 이야기가 실제 특정한 개인의 삶과 정확하게 맞아떨어지지는 않겠지만, 그것이 관계 문제를 경험하고 있는 커플들의 투쟁과 성공을 분명하게 보여 줄 수 있으리라 생각한다.

17

이 책 전반에서 ACT의 몇몇 기본 원리를 반복해서 보여 줄 것이다. 그리하여 당신은 이들 원리를 본인과 본인의 관계 문제 모두에 적용할 방법을 배울 수 있을 것이다. 물론 그냥 이 책을 읽기만 한다면 아무런 변화도 가져올 수 없다. 테니스에 관한 책을 읽는 것만으로는 공을 잘 칠 수 없다. 책을 읽은 후 나가서 공을 직접 쳐 봐야 한다. 관계도 마찬가지이다. 만약 당신이 관계를 호전시키고 싶다면 연습을 해야 하고, 당신이 책에서 읽고 얻은 것을 직접 적용해 봐야 한다. 따라서 이것은 때로 아주 힘든 일이 될 수 있다. 여기에는 왕도가 없다. 사랑하는 관계를 맺는 것 혹은 상처받은 관계를 회복하는 것은 시간과 노력 그리고 전념을 필요로 한다. 하지만 나는 이 문제에 대해 자신이 있다. 만약 당신이 이 책에서 배운 방법을 계속해서 적용한다면 당신은 자신의 삶을 더 풍요롭게 그리고 사랑스럽게 만들 수 있을 것이다. 그것이 가치 있다고 생각한다면, 이 책을 계속해서 읽어 보라.

18

차례

차례

1부

엉
망
으
로

만
들
기

Act with Love

1장

불가능한 일?

사랑에 빠지는 것은 쉽다. 모든 사람이 그렇게 할 수 있다. 그것은 마치 좋아하는 음식을 먹거나 좋은 영화를 보는 일과 같아서 아주 즐겁고 특별한 노력이 필요 없다. 그러나 사랑을 계속한다는 것은 실제로는 매우 힘든 일이다. 사랑을 하면 시간이 갈수록 우리의 머릿속에 온갖 종류의 문제와 비상식적인 일이 쏟아져 들어오기 때문에 문제는 점점 커져만 간다. "왕자와 공주는 영원히 행복하게 살았습니다."라고 끝을 내는, 어린 시절 처음 본 동화책에서부터 거의 모든 대중영화, 책과 TV 쇼의 헐리우드식 엔딩에 이르기까지 우리는 똑같은 그리고 오래되고 잘못된 믿음을 반복해서 보고 들으며 살아왔다. 다음은 가장 잘못된 믿음 네 가지이다.

23

잘못된 믿음 1: 완벽한 파트너

이 넓은 세상에서 당신은 자신과 완벽하게 맞는 사람이 어디엔가 있을 것이라고 생각하지 않았는가? 그렇다. 그것은 사실이다. 당신이 꿈꾸는 여성 혹은 남성이 거기에 있다. 그녀/그는 당신을 발견하기 위해 막막하기 그지없는 시간을 하염없이 기다리고 있다. 찾으라. 그러면 당신은 자신의 환상을 모두 채워 주고, 당신의 모든 요구를 충족시켜 줄 그리고 당신과 영원히 빛나는 삶을 살아갈 파트너를 만날 수 있을 것이다.

그렇다. 맞다. 산타클로스는 정말 존재한다.

24

그런데 진실은 완벽한 커플은 존재하지 않는 것처럼 완벽한 파트너와 같은 것은 존재하지 않는다는 것이다. (오래된 농담에 따르면, 이 세상에는 오직 두 가지 유형의 커플만이 존재한다. 환상의 관계를 가지고 있는 이들과 당신이 정말로 잘 알고 있는 이들). 그러나 이 생각을 정말로 인정하는 것은 매우 힘든 일이다. 당신의 파트너와 다른 사람들을 비교하기를 멈추는 것도 너무 힘든 일이다. 당신은 '내가 만약 이런 파트너를 만났다면 혹은 만날 수 있었다면, 아니면 만나기만 한다면'과 같은 상상을 멈추려 한 적이 있는가? 당신은 당신의 파트너에 대해 이 중 하나를 진짜로 했지만 다른 이유로 그것을 지속하지 못했을 수도 있다. 당신 파트너의 잘못이나 결함 또는 부족한 점을 그만 생각하는 것이나, 만약 당신의 파트너가 바뀌면 얼마나 당신의 삶이 나아질 것인지 생각을 그만두는 것은 너무 힘든 일이다.

　답: 대부분의 정상적인 인간에게는 정말로 매우 힘든 일이다. 그러나 그렇게 정해진 대로 가야만 하는 것은 아니다. 만약 당신이 원한다면 변화는 가능하다. 잠깐만 이런 식의 생각에 매달리는 데 얼마나 대가를 치러야 하는지에 대해 살펴보자. 그것이 얼마나 당신에게 좌절과 분노와 실망을 안겨 주었는가? 물론 나는 당신이 당신의 파트너에게 당신에 대한 고려는 전혀 하지 않고 그녀가 원할 때면 언제나 하고 싶은 대로 하도록 놔두어서 결과적으로 건강하고 생기에 찬 관계가 이루어지지 못하게 되었다고 주장하는 것은 아니다. 내가 주장하는 것은 당신의 파트너는 어떻게 행동해야만 한다든가, 당신의 관계는 어때야만 한다든가 하는 자신의 내재화된 믿음을 솔직하게 보라는 것이고, 당신의 파트너와 당신의 관계에 대한 모든 부정적인 판단을 알아차리라는 것이다. 그리고 당신이 이런 생각에 매달리게 되면 그것이 당신에게 어떤 영향을 주는지를 알라는 것이다. 그것은 당신의 관계에 도움을 주는가, 아니면 해를 끼치는가?

25

잘못된 믿음 2: 당신은 나를 완벽하게 만들어 준다

　영화에 관해서라면 나는 〈네 번의 결혼식과 한 번의 장례식(Four Weddings and a Funeral)〉 〈브리짓 존스의 일기(Bridget Jones's Diary)〉 〈해리가 샐리를 만났을 때(When Harry Met Sally)〉와 같은 로맨틱

코미디에 사족을 못 쓴다. 나는 진짜로 이런 영화를 좋아한다. 내가 좋아하는 영화 중 하나가 〈제리 맥과이어(Jerry Mcguire)〉인데 이 영화에서 "당신은 나를 완벽하게 만들어 준다."라는 아주 유명한 대사가 나온다. 이것은 영화의 거의 끝 부분에서 제리 맥과이어가 자신의 여자 친구에게 그가 그녀를 얼마나 사랑하는지를 증명하기 위해 하는 대사이다. 그런데 그 순간에 나는 팝콘을 먹다가 갑자기 팝콘이 목에 걸릴 정도였다!

이것은 그대로 믿어 버리면 도움이 되지 않는 생각이다. 만약 당신이 이 잘못된 믿음에 동조해서 당신의 파트너 없이는 자신이 불완전한 사람인 것처럼 행동한다면, 당신은 자신을 문제투성이라고 주장하고 있는 것과 다름이 없다. 그러면 당신은 요구적이 될 것이고, 의존적이게 되어 혼자 있는 것을 두려워하게 될 것이다. 이것은 건강하고 생기에 찬 관계를 만들어 주지 못한다. 다행히, 당신이 계속 책을 읽는다면 당신에게 파트너가 있건 없건 이미 당신 자체로 완벽하다는 것을 발견하게 될 것이다. 물론 당신의 마음은 이 행성에 살고 있는 대부분의 사람의 마음과 같아서 바로 이에 동의하지 못할 것이다. 우리의 마음은 타고나기를 자기비판적이고, 그래서 우리에게 우리 모두가 얼마나 불완전한지를 이야기하는 데 정신이 없어 보인다. 그러나 당신의 마음이 무어라 이야기하든 간에 당신이 이 책을 통해 노력을 한다면 당신은 자신 안에서 다른 사람과 상관없이 독립적인 전체감(sense of wholeness)과 완전감(sense of completeness)을 경험하게 될 것이다. 이것은 당신으로 하여금 당신의 관계 안에서 자신에게 좀 더 진실해질 수 있도록 만들어 줄 것이다. 당신은 자신을 숨김없이 표현하게 되고, 당신이 무엇을 원하는지를 물어보게 되며, 거절당하거나 버림받을까 불안해하지 않고 당신을 주장할 수 있게 될 것이다.

잘못된 믿음 3: 사랑은 쉽게 이루어져야 한다

사랑은 쉽게 이루어져야 한다. 음…… 이 주장에 대해 좀 더 자세히 살펴보자.

당신이 ① 다른 생각과 감정, ② 다른 관심, ③ 가사, 성, 돈, 종교, 양육, 휴일, 일과 삶의 균형 그리고 귀중한 시간에 대한 서로 다른 기대, ④ 의사소통, 타협 및 자기표현에서의 서로 다른 스타일, ⑤ 좋아하거나 두려워하는 것 혹은 매우 싫어하는 것에 대한 다른 반응, ⑥ 음식, 성, 운동, 놀이 및 일에 대한 다른 욕구, ⑦ 깨끗함과 게으름에 대한 서로 다른 기준, ⑧ 사이가 좋지 않아 잘 지내지 못하는 친구나 친척, ⑨ 당신을 성가시게 하는 아주 오래된 뿌리 깊은 버릇이나 기벽 등을 가진 다른 사람과 오랜 기간 아주 가깝게 지내야 한다면 그것이 과연 쉬운 일이 될 수 있을까?

이 이야기가 설득력 있게 들리는가?

물론 당신의 마음은 우리의 파트너는 더 조화롭기만 하다면, 그리고 그들이 우리와 그렇게까지 다르지 않다면 우리의 관계는 훨씬 쉬워질 것임을 빠르게 지적할 것이다. 좋은 지적이다. 그러나 앞의 잘못된 믿음 1인 완벽한 파트너로 돌아가 보면, 현실은 앞서 언급한 영역이나 그 외의 많은 영역에서 언제나 당신과 당신 파트너가 어느 정도 혹은 거의 전부 유의하게 다를 것이라는 것이다. 이것이 바로 관계가 왜 그렇게 쉽지 않은지에 대한 이유이다. 관계는 의사소통, 타협, 양보, 서로 다른 것에 대한 아주 많은 수용 등을 필요로 하고, 그러면서도 어떤 경우에는 당신에게 본인을 주장할 것을 요구하며, 당신의 욕구와 감정에 정직할 것을 요구하기도 한다. 그리고 당신의 건강과 안녕에 아주 중요한 문제가 위협을 받을 경우에는 확실하게 양보하기를 거부할 필요도 있다. 이것은 정말 힘든 일이다. 그러나 만약 당신 파트너가 당신처럼 생각하고, 느끼고, 행동하기를 당신이 기대하고 있다면 그렇게 기대하는 한 당신은 절망과 좌절에 빠질 수밖에 없을 것이다.

어떤 커플이 다른 커플에 비해 서로 같은 점이 많다는 것은 부정할 수 없는 사실이다. 어떤 커플은 선천적으로 낙관적이고 조용하며 느긋하고, 어떤 커플은 훌륭한 의사소통 기술을 가지고 있기도 하다. 어떤 커플은 관심이 비슷할 수 있다. 이제 문제를 직면해 보자. 만약 당신 둘이 모두 암벽 등반을 너무 좋아한다면, 한 사람은 해변에서 일광욕하기를 좋아하는데 파트너는 그것을 너무 싫어하는 경우보다는 휴가 계획을 함께 짜는 것이 훨씬 쉬울 것이다. 그러나 당신 둘이 얼마나 공통점이 많은지에 상관없이 당신들을 힘들게 할 서로 다른 점은 있기 마련이다. 다행히도, 수용전념치료는 그 명칭이 말해 주듯 수용에 초점이 많이 맞추어져 있다. 그리고 당신이 파트너의 다른 점을 진심으로 받아들이는 것을 배우게 되면 당신은 자신의 좌절, 적의 그리고 분노가 줄어들기 시작함을 느낄 수 있을 것이고, 그러면 건강한 관계가 당신에게 줄 수 있는 많은 즐거움을 기쁘게 받아들일 수 있을 것이다. (여기서 잠깐 상기해 보자. 수용전념치료에서 '수용'만 중요한 단어는 아니다. '전념'이라는 단어도 있다. 이 책은 단지 수용에 관한 책만은 아니다. 이 책은 당신의 관계를 호전시키기 위해 전념 행동을 하는 것에 대해서도 다룬다.)

잘못된 믿음 4: 영원한 사랑

정말로 영원한 사랑이 존재하는가? 이것은 교묘한 질문이다. 사람들은 흔히 사랑에 대해 이야기할 때 감정 상태에 대해 이야기한다. 생각, 감정 그리고 감각이 잘 혼합되어 있는 상태 말이다. 사랑을 이런 방식으로 정의하는 것의 문제는 감정은 오래 지속하지 않는다는 것이다. 우리의 감정은 마치 작아졌다 커졌다, 엷게 흩어졌다가 다시 나타났다를 반복하며 계속 변화하는 구름과 같다. 그래서 우리가 사랑을 감정으로 정의하는 한 사랑은 결코 영원할 수 없다.

29

물론 우리의 매일의 관계에서 사랑의 감정은 나중과 비교해서 처음에는 더 강렬하고 더 길게 존재하며 더 빨리 돌아온다. 이것이 우리가 흔히 관계의 '밀월기'라고 부르는 것으로, 우리가 완벽하게 로미오와 줄리엣에게 물들어 머리부터 발끝까지 사랑의 감정으로 가득 차 있을 때이다. 그러나 이 시기는 오래 지속되지 않는다. 대부분의 경우 평균 6개월에서 18개월 지속되고, 3년 이상 지속되는 경우는 매우 드물다. 그리고 이 밀월기가 끝나면 우리는 흔히 상실감을 경험하게 된다. 그래도 어찌하였던 기분은 좋았잖아! 실제는 그렇게 좋았지만 밀월기가 끝이 나면 많은 사람이 자신의 파트너와 헤어지게 되거나 이성적이 되어 '그래, 나는 더 이상 사랑을 느끼지 않아. 내 파트너가 나랑 맞지 않는다는 것이 확실해. 이제 그만 끝내야 해.'라고 생각한다.

이것은 매우 슬픈 일이다. 진정하고, 사랑하고, 의미 있는 관계가 전형적으로는 밀월기에 있다가 지나간다는 것을 깨닫는 사람은 거의 없다(또 다른 사실로, 작곡가, 시인 그리고 팝스타는 이것을 잘 잊어버리는 것처럼 보인다). 밀월기에는 마치 약에 중독되어 그것이 당신의 감각을 가지고 노는 것과 같다. 당신이 그것으로 인해 기분이 최고조에 달하게 되면 당신의 파트너가 최고처럼 보인다. 그러나 당신은 현실을 보지 못하고 있는 것이다. 당신은 당시 약물로 유도된 환상을 보고 있다. 약물의 효과가 없어져야만 그제서야 당신 파트너의 있는 그대로의 실제를 볼 수 있다. 그러면 당신은 갑자기 기사의 빛나는 갑옷은 녹으로 더렵혀져 있고 그의 백마는 단지 회색의 당나귀에 지나지 않는다는 것을 깨닫게 된다. 아니면 소녀의 옷이 순수한 비단이 아닌 싸구려 나일론일 뿐이며 그녀의 긴 금발은 가발에 지나지 않았다는 것을 깨닫게 된다. 당연히 이것은 일종의 쇼크이다. 그러나 여기에 서로를 진짜로 있는 그대로 보고 있는 두 사람 사이에서 진정하고 친밀한 관계를 만들 수 있는 기회가 있다. 그리고 이런 관계가 발전되면 두 사람은 새로운 사랑의 감정을 느끼게 될 것이다. 아마도 그 감정이 강렬하거나 중독적이지는 않을지 몰라도 더 풍요롭게 가득 찰 것은 확실하다.

이 모든 관점에서 볼 때 나는 사랑에 대해 생각하는 데 있어 좀 더 도움이 될 수 있는 길을 제공해 주려고 한다. 감정 대신에 사랑을 행동(action)으로서 생각하는 법을 말하는 것이다. 사랑의 **감정**이 내키는 대로 왔다가 가기 때문에 당신은 그것을 조절할 수가 없다. 그러나 사랑의 **행동**은 당신이 어떻게 느끼는가와 상관없이 당신이 할 수 있는 어떤 것이다. 예를 들어, 내 아내와 나는 가끔 싸움을 하곤 하는데 서로 덤벼들고 소리를 지르기도 한다. 점점 더 심해져서 결국에는 각자 다른 방에서 폭풍을 가라앉히는 식으로 끝이 나고 만다. 그런 행동은 도움이 되지 않을뿐더러 유용하지도 않다. 우리 둘을 더 가깝게 만들어 주지도 않고 문제를 해결해 주지도 않는다. 그것은 단지 시간만 빼앗고 우리 관계에서 삶을 소모시킬 뿐이다. 우리는 상처를 빨리 회복할수록 우리 모두에게 더 좋다는 것을 힘들게 배웠다. 어떤 때는 아내가 먼저 다가와서 문제를 해결하려고 노력하고, 다른 때에는 내가 그렇게 한다. 그렇게 우리 둘 중 하나는 시간을 끌지 않고 해결하려 노력한다.

그렇게 하는 것이 쉬운 일은 아니다. 그렇게 하기 위해서는 자신을 분노로 소모되도록 놔두지 말고 당신을 열고 당신의 분노를 위한 마음의 방을 만들어 놓을 필요가 있다. 당신은 자신이 얼마나 옳고 파트너는 얼마나 틀렸는지와 같은 생각을 모두 내려놓을 필요가 있다. 당신은 당신의 가치와 다시 연결될 필요가 있다. 당신 자신이 어떤 유형의 파트너가 되고 싶었는지 그리고 당신이 맺고 싶었던 관계는 어떤 종류의 관계였는지를 다시 생각해 보라. 그런 다음 그것을 행동으로 보여 주라.

몇 주 전 나의 아내인 카멜과 나는 크게 싸웠다. 그때는 내가 먼저 다가가서 화해를 시도하였다. 그러나 나는 계속 화나 있었고 내가 옳고 그녀가 틀렸다고 믿고 있었다. 그러나 나에게는 '내가 옳은 것'보다 우리의 관계가 살아나는 것이 더 소중했다. 그래서 나는 카멜이 책을 읽고 있는 침실로 들어가서 소리 지른 것에 대해 사과하고 그녀를 꼭 안아 주는 게 좋겠냐고 물어보았다. 그녀는 "아니요. 그렇지만 당신이 원한다면 그럴 수 있어요."라고 대답했다. 그래서 우리는 침대에 누워서 껴안았다. 그러나 나는 그녀를 껴안았을 때 카멜에 대해 사랑의 감정을 느낄 수 없었다. 대신에 긴장감과 좌절감, 분노 그리고 내가 옳다는 느낌을 가졌고, 계속 따져서 내가 이기고 싶은 욕구를 강하게 느꼈다(아마도 카멜도 나와 같은 감정을 더 강하게 느꼈음에 틀림없다). 그러나 그런 강한 감정에도 불구하고 우리는 계속해서 서로 꼭 껴안고 있었고, 결국에는 모두 감정이 가라앉게 되었다. 그렇다. 비록 사랑의 **감정**(feeling)은 없었지만, 우리는 둘 다 명백히 사랑의 **행동**(action)을 한 것이었다.

당신이 사랑을 느끼지 않을 때도 행동으로 사랑할 수 있다는 것은 매우 고무적인 사실이다. 왜냐하면 사랑의 감정은 덧없이 가볍고 우리의 조절 밖에 있는 반면에 사람의 행동은 당신이 남은 삶의 언제 어디서든 행할 수 있기 때문이다. 실제로 이 진실은 우리 인간의 모든 감정에 적용될 수 있다. 예를 들어, 당신은 화가 나더라도 차분하게 행동할 수 있다. 불안을 느끼더라도 자신 있게 행동할 수 있다. 그리고 이런 능력은 우리를 ACT의 중요한 주제 중 하나로 이끌어 준다. 당신의 감정을 조절하려는 것을 중단하라. 그 대신에

당신이 할 수 있는 것을 조절하려 하라(행동에 대한 이런 강조가 ACT
를 왜 A-C-T로 발음하는 대신 act로 발음하는지에 대한 이유이다).

잘못된 믿음을 떠나서

이 외에도 사랑의 주변을 떠나다나는 사랑에 대한 잘못된 믿음은
아주 많다. 그러나 앞서 제시한 것은 소위 말하는 '빅 4(big 4)'이고
당신은 이들을 함께 묶어 다음과 같은 아주 큰 덩어리로 만들 수 있
다. 올바른 파트너를 발견하라. 그러면 당신은 온전하고 완벽해질
것이며 어떤 노력을 하지 않고도 당신의 남은 생을 사랑 속에 빠져
살 수 있을 것이다. 짧게 이야기하면, 나는 이 이야기를 미션 임파
서블(Mission Impossible)이라 부르고 싶다. 만약 당신이 이런 이야
기를 믿는다면 당신은 현실과 싸우기 위해 준비가 되어 있다고 주
장하는 것이다.

그렇다면 무엇이 그것을 대신할 수 있는가? 당신이 사랑을 느낄
수 없음에도 사랑스럽게 행동해야 하는 비참한 관계가 그것인가?
아마도 그것이 한 가지 대안일 수도 있을 것이다. 그러나 그것이 내
가 권하는 것은 아니다. 이 책에서 나의 목적은 주어진 현실적 제한
안에서 당신이 할 수 있는 한 최고의 관계를 만들도록 돕는 것이다.
다시 말하면, 이 관계 안에서 당신이 사랑으로 행동을 할 수 있게,
당신의 파트너가 보여 주는 것에 감사하게, 당신의 다른 점을 받아
들이도록 배울 수 있게, 자신의 감정을 좀 더 효과적으로 다룰 수

♥

33

있게, 그리고 당신이 죽는 날까지 계속해서 노력하고 성장하게 하는 것이 그것이다. 이를 믿지 못하겠는가? 그렇다면 좋다! 이 책을 통해서 나는 당신에게 내가 그렇게 이야기했기 때문에 어떤 것도 믿지 말라고 계속 말할 것이다. 대신에 이 생각에 대해 시험을 해볼 것이며 어떤 일이 일어나는지를 살펴볼 것이다.

다음 며칠간 내가 당신에게 하게 하려는 것은 당신 파트너와 당신의 관계에 대해 잘못되었다고 당신이 생각하는 모든 것을 알아차리도록 하는 것이다. 그것들이 어떤 식이든 앞서 제시한 '빅 4'와 연결되어 있다는 것을 알게 될 것이다. 매일 몇 분이라도 시간을 내어 그런 생각을 일지에 간단히 적어 보라. 그리고 며칠이 지나서 다음의 질문에 대한 답을 써 보라.

34

- 당신이 자신의 관계 혹은 당신 파트너의 잘못된 점에 대한 생각을 알아차렸을 때 당신의 기분에 어떤 변화가 일어났는가?
- 당신이 그 생각을 믿거나 그에 빠져 있게 되면 그것이 당신의 관계에 어떤 영향을 주었는가?

참고: 이 책에서 나는 당신에게 일지를 쓸 것을 요청할 것이다. 그러나 좀 더 쉽게 하기 위해 당신은 www.act-with-love.com의 무료 자료 섹션의 도움을 받을 수 있다. 거기서 당신은 바로 사용 가능하도록 무료로 내려받을 수 있는, 이 책의 모든 기록된 훈련 자료를 찾을 수 있을 것이다.

다음 장에서 우리는 무엇이 관계에서 사랑을 빼앗아 가는지에 대해 알아보려 한다. 그러나 당신이 다음 장을 읽기 전에 앞서 제시한 훈련을 꼭 해야만 한다. 아니면 적어도 그에 대해 생각해 보아야 한다. 그렇게 해야 내가 '무엇이 당신의 문제인가?'라고 질문했을 때 그에 대한 준비가 될 것이다.

2장

무엇이 당신의 문제인가

인디라: 우리는 함께 재미있게 보내곤 합니다. 주말에 외출을 하거나 저녁에 사람을 초대해서 파티를 하기도 해요. 그런데 지금 그이는 오직 TV 운동경기만 보는 데 빠져 있어요. 저는 무언가 즐거운 것을 원하는데!

그레그: 그녀는 저를 마치 돈을 만들어 내는 사람쯤으로 여기는 것 같습니다. 쓰고, 쓰고, 또 씁니다. 그녀는 옷이며, 책이며, 주방 집기류와 같은 쓸데없는 물건들을 사댑니다. 플라즈마 스크린 TV까지. 그녀는 우리가 갚아야 할 은행 대출금이 있다는 것도 잊어버린 것 같습니다.

제인: 그는 이제 섹스에 더 이상 관심이 없습니다. 그는 제가 잠이 들고 나서야 침대로 들어옵니다. 그리고 제가 깨기 전에

일어납니다. 저는 제가 아이를 낳은 후에 살이 좀 쪘다는 것은 압니다. 그러나……

드미트리: 그녀는 이유를 들으려 하지 않습니다. 그러니 항상 자기 방식대로 하기 마련입니다. 그녀는 항상 옳습니다. 그녀는 그렇게 생각합니다. 언제나 자기 방식대로 하거나 말거나 하는 식입니다. 그리고 만약 자기가 원하는 대로 되지 않으면 말도 하지 마십시오. 그 즉시 난리가 나고 말 것입니다!

마리아: 그는 항상 화가 나 있습니다. 일에서 돌아오자마자 아이들에게, 제게 소리를 질러대고 모든 일에 대한 불평불만을 말합니다. 그를 즐겁게 할 수 있는 것은 아무것도 없습니다.

제이슨: 그녀는 얼음공주가 되어 버렸습니다. 그녀는 제가 손도 대지 못하게 합니다. 제가 그녀 가까이 가면 그녀는 보란 듯이 바로 제 곁을 떠나 버립니다.

데니스: 그는 집에 붙어 있지를 않습니다. 항상 사무실에 있거나 친구들과 외출을 하거나 차에 매달려 있거나 합니다. 그리고 집에 있더라도 결코 들으려 하지를 않습니다. 그는 항상 다른 생각에 빠져 있습니다.

마이크: 왜 그녀는 자기가 뭘 하고 정리를 하지 못하지요? 저는 여자가 아닌 남자가 지저분한 성향이 있다고 생각하는데! 저는 항상 그녀를 따라다니며 정리를 해야 합니다. 저는 제가 마치 살림을 하는 부인 같습니다.

38

이런 불평 중 무언가 친숙하게 들리는 게 있지 않은가? 이것이 내가 상담할 때 흔히 듣는 전형적인 불평이다. 수년에 걸쳐 다양한 배경을 가진 사람들과 작업하면서, 나는 나의 내담자들이 구취부터 옷을 고르는 센스가 없다는 것까지, 친구가 없다는 것부터 어울리지 않는 친구를 가졌다는 것까지, 그리고 '말이 너무 많다.'부터 '말이 너무 적다.' 혹은 '전혀 터무니없는 소리를 해댄다.'까지, 당신이 상상할 수 있는 바로 그런 문제 때문에 파트너를 비난하는 소리를 들어 왔다. 자, 이것을 피하지 말고 바라보자. 우리가 우리 파트너에게서 잘못된 점을 찾아낼 수 있는 길은 끝이 없다. 그렇다면 당신의 관계에서 무엇이 문제인가?

당신들은 서로 싸우고 있는가, 뾰로통해져 있는가, 아니면 서로 피하고 있는가? 당신들은 섹스 문제나 돈, 집안일, 아이를 갖는 문제, 양육 문제, 이사 문제 혹은 전업과 같은 문제에서 서로 의견이 다른가? 외롭다든가, 사랑받지 못한다든가, 거절당했든가, 쫓겨났다든가, 엄처시하에 놓여 있지는 않은가? 서로 싫증이 나 있지는 않은가? 가족 문제나 건강 문제, 일 문제 혹은 경제적 문제로 압력을 받고 있는가? 아이들 문제나 질병, 실직, 법적인 문제, 퇴직, 혹은 인생에서 중요한 그 밖의 어려움을 이겨 내기 위해 힘들어하고 있지는 않은가? 이런 어려움을 건설적으로 그리고 협력해서 극복하기보다는 스트레스로 지쳐 버렸거나 서로에게 '소리를 지르며 분풀이하고' 있지는 않은가?

39

삶과 사랑을 고갈시키기: 5개의 기본적 과정

당신의 문제가 얼마나 특이한가에 상관없이 그 문제 아래 5개의 기본적인 과정이 있음을 알게 될 것이다. 그 5개의 과정은 확실히 관계에서 모든 친밀감과 활기참을 고갈시켜 버린다. 그래서 당신은 이를 DRAIN(배수, 고갈시키기)라는 약성어로 기억하면 편리하게 기억할 수 있다.

- D: 단절(Disconnection)
- R: 반응하기(Reactivity)
- A: 회피(Avoidance)
- I: 당신 마음 안에 있기(Inside your mind)
- N: 가치를 소홀히 하기(Neglecting values)

이제 이들 과정에 대해 하나하나 살펴보기로 하자.

단절

당신은 누군가와 특별히 연결되어 있다고 느껴 본 적이 있는가? 아마도 당신의 파트너와 그랬을 것이다(당신들의 문제가 시작되기 전 적어도 만남의 초기에는). '연결'의 connection이라는 단어는 라틴어 '함께(together)'를 의미하는 com과 '결합(to bind)'을 의미하는

nectere에서 유래된 것이다. 따라서 우리가 누군가와 연결되어 있다는 것은 무엇인가가 우리를 결합시키고 있으며, 우리는 어떤 특별한 방법으로 하나로 통합되어 있다는 말이다. 다른 사람과 연결되어 있을 때, 우리는 심리적으로 존재한다. 달리 말하면, 우리는 이 순간에 완전하게 그들과 함께 지금-여기에 있게 되는 것이다.

다른 사람과 진실로 연결되기 위해서 진짜 필요한 것은 무엇보다 그 사람에게 주의를 기울이는 것이다. 그러나 단순히 주의를 기울이는 것만으로는 충분하지 않다. 우리는 개방성, 호기심 및 수용성 중 하나의 특별한 태도를 가지고 주의를 기울여야 한다. 개방성(openness)이란 방어가 없고, 적대감이 없으며, 특별한 목적 없이, 방관하거나, 두 주먹을 불끈 쥐지 않고, 혹은 손가락질하지 않은 채로 마치 껴안거나 포옹하듯 다른 사람에게 당신의 두 팔을 크게 벌리는 것을 말한다. 호기심(curiosity)이란 다른 사람에 대한 진정한 관심을 의미한다. 우리가 가진 선입견을 놓아 버리고 지금 이 시점에 그들이 누구인지, 무엇을 원하는지, 필요한 것이 무엇인지와 같은, 그 사람에 대해 알고 싶은 것을 추구하는 것을 말한다. 수용성(receptiveness)이란 다른 사람이 우리에게 주는 것에 대해 기꺼이 '충분히 이해하려' 하는 것과 그들이 우리와 공유하기 위해 선택한 것이 무엇이든 그에 대한 공간을 기꺼이 마련하는 것을 의미한다.

앞서 언급하였듯이 개방성과 호기심을 가지고 주의를 기울이는 것은 흔히 '마음챙김'이라고 알려져 있다. 어떤 사람이 우리와 마음챙김적으로 연결되어 있을 때, 우리는 자신이 중요한 사람이라고 느끼고, 배려를 받고 있다고 느끼며 소중히 여겨지거나, 고마운 대상이 되었거나, 존경을 받거나, 아니면 가치가 있다고 느끼게 된다. 그러나 누군가가 우리와 단절되어 있을 때는 그들이 철퇴되었고, 차가우며, 혹은 마음을 닫아 버렸다고 느낀다. 또한 너무 자신의 생각과 감정에 사로잡혀 우리에게 아무런 관심도 없다고 느끼게 된다. 더욱이 그들이 우리의 존재에 대해 지루하거나, 화가 잔뜩 나 있거나, 관심이 다른 곳에 가 있다고 느낀다. 그들이 우리를 의미 있는 인간으로 대하기보다 성가시게 여기고, 방해가 되면 예민하게 만드는 사람으로 취급한다고 느낀다. 여하튼 매우 기분이 나쁘게 느껴진다. 그렇지 않은가?

불행하게도, 한 파트너가 단절되면 흔히 상대 파트너도 똑같이 행동함으로써 복수를 하게 된다. 그리고 이것이 바로 악순환을 만들어 끝없이 추락하게 된다. 당신이 파트너로부터 더 단절될수록 (그 반대도 마찬가지이다) 친밀감과 따뜻함이 당신의 관계에서 더 빠져나갈 것이고, 결국에는 당신들 사이에 생명이 더 이상 살 수 없는 메마르고 황폐한 아주 큰 빈 공간만 남게 될 것이다.

반응하기

밥은 자신의 세 살짜리 아들 대니얼과 '원숭이' 놀이를 하고 있다. 대니얼은 밥이 자신의 팔과 다리를 흔들어 줄 때마다 큰 소리로 "어, 어, 워." 하고 소리 내면서 기쁨에 넘쳐 웃고 있다. 이 놀이는 밥이 대니얼을 떨어트린 그 무서운 순간까지는 너무나 즐거운 것이었다.

대니얼이 쿵 소리를 내며 바닥에 부딪혔다. 잠시동안 어리벙벙한 침묵이 흘렀고, 대니얼은 바로 얼굴을 찌푸리면서 비명을 지르듯 울어대기 시작하였다. 밥의 아내 사라가 몹시 놀라 얼굴이 백지장이 되어 달려왔다. 그녀는 밥에게 "당신은 너무 무책임해요!"라고 쏘아붙였다. 그러고는 팔로 대니얼을 급히 끌어안으면서 "괜찮아, 우리 아기, 괜찮아. 아빠가 너에게 어떻게 했니?"라고 물었다. 그녀는 대니얼의 등을 토닥거리면서 밥에게 분노의 눈빛을 쏟아부었다.

밥은 매우 화가 났다. 아무리 양보한다고 해도 사라의 반응이 너무 불공평하게 느껴졌다. 그는 그녀의 등에 대고 "당신은 정말 형편없군!" 하고 소리치고는 방을 뛰쳐나갔다.

밥과 사라의 행동 모두는 즉각적 반응의 좋은 예를 보여 준다. 상황에 대해 알아차림, 개방성 그리고 자기조절을 가지고 반응하는 대신, 그들은 모두 자동항법에 따라 그대로 움직였다. 즉각적 반응 양식에서 우리는 마치 꼭두각시 인형처럼 우리의 생각이나 감정에 놀아나는 것처럼 보인다. 우리는 자기알아차림이 없거나 거의 없는 상태로, 우리의 행동에 대한 의식적인 조절이 거의 없거나 아주 없는 상태가 되어 버리는 것이다. 즉각적인 반응 상태에 사로잡히면 우리는 충동적으로, 마음이 없는 상태로, 혹은 자동적으로 행동하게 된다. 이것은 우리가 맹목적으로 우리의 감정에 휘둘리는 것이고, 마치 우리 자신의 믿음과 판단에 의해 눈이 가려진 것과 같다. 파트너로서 더 즉각적으로 반응하면 할수록 당신은 더 자기패

43

배적인 방식으로 행동을 할 가능성이 높다. 그렇게 되면 당신은 당신의 관계에 생명의 숨을 불어넣기보다는 관계를 질식시켜 버리는 것이다.

회피

나는 한 모임에서 "만약 기분이 나쁜 걸 좋아하는 사람이 있으면 손을 들어 보세요."라고 물어보았다. 약 600명이 넘은 청중이 있었는데 아무도 손을 들지 않았다. 당연한 일이다. 인간은 불쾌한 기분을 싫어하고 그런 기분을 결사코 피하려 한다. 이것은 너무나 자연스러운 현상이고 그 자체가 문제가 되지는 않는다. 하지만 삶에 있어 불쾌한 기분을 피하는 것에 의미를 더 부여하면 할수록 우리의 삶은 더 수렁으로 빠져 들어가는 경향이 있다. 이를 지지하는 과학적 자료가 너무나 많다. 불쾌한 기분을 피하거나 없애려고 시도하는 것에 대한 기술적 용어인 **경험 회피**(experiential avoidance)의 수준이 높을수록 우울, 불안, 스트레스, 탐닉 그리고 다양한 양상의 다른 건강상의 문제가 있을 확률이 높다(Hayes et al., 1996).

왜 그럴까? 아마도 우리가 회피를 하는 데 있어 공통적인 전략을 사용하기 때문일 가능성이 높다. 예를 들면, 무엇인가로 몸을 채워 넣거나, 다른 곳으로 주의를 돌리게 만들거나, 혹은 안전한 곳으로 숨어 버리거나 하는 전략이 그것이다. 지금 이들 전략에 대해 잠깐 살펴보자.

44

무엇인가로 몸을 채워 넣기   인간은 이렇게 하는 데 선수이다. 기분 좋아지기 위해 자신의 몸을 물질로 채워 넣는다. 몇 가지 예를 들자면 초콜릿, 피자, 맥주, 포도주, 담배, 마리화나, 헤로인, 바리움, 엑스터시, 프렌치프라이, 아이스크림이 있다. 이런 물질들이 잠깐 동안은 불쾌한 감정을 피하도록 도와줄 수 있지만 만약 우리가 지나치게 그에 의존하게 된다면 장기적으로는 그것이 우리의 건강과 안녕을 완전히 망가트려 버릴 수 있다.

다른 곳으로 주의를 돌리게 하기   기분 나쁘게 느껴지면 우리는 종종 '그것을 잊어버리려' 한다. 우리는 우리 자신을 무엇이든지 그것으로 주의를 돌리게 만들다. 예를 들어, TV, 컴퓨터, 가로세로 퍼즐에서부터 광적인 파티 벌이기, 일에 파묻히기 및 산책하러 나가기까지 다양하다. 이런 주의 돌리기는 잠깐은 우리가 불쾌한 기분을 피하는 데 도움을 줄 수 있지만 흔히 우리의 삶의 질에 해롭게 작용한다. 왜? 우선 시간을 허비하게 만들기 때문이다. 당신은 지루함이나 불안 혹은 외로움을 피하기 위해 당신의 삶에서 얼마나 많은 시간을 TV를 보거나, 인터넷을 돌아다니거나, 쓸모없는 잡지를 읽으면서 시간을 소모하는가? 당신이 당신에게 진짜로 중요하고 의미 있는 어떤 것을 추구하는 데 이런 시간을 투자한다고 생각해 보라. 둘째는 우리가 주의를 다른 곳으로 돌리려 노력하는 동안에 장기적으로는 우리의 삶의 질을 높일 수 있는 효과적인 행동을 할 수 없다는 것이다. 이 모두는 관계에서 흔한 일이다. 우리의 파트너와 상호작용하는 방법을 호전시키는 데 힘을 쓰는 대신, 우리는 우리 자신을 기분 좋게 만들려고 시간을 쏟는다.

안전한 곳으로 숨어 버리기　힘든 상황은 공포, 불안, 분노 혹은 좌절과 같은 불쾌한 기분을 일으킨다. 만약 우리가 이런 기분을 피하길 원한다면 그렇게 할 수 있는 방법 중 하나가 그런 상황을 피해서 안전하게 지내는 것이다. 예를 들어, 당신은 당신의 파트너와 이야기하기를 거부하거나 이야기 듣기를 거부할 수도 있다. 잠자리를 거부할 수도 있다. 혹은 그런 기분이 들려 할 때 바로 방을 나가거나 대화를 중단할 수도 있다. 힘든 상황을 피하기 위해 잠시 시간과 공간이 확실히 필요할 때가 있다. 예를 들어, 만약 갈등이 증폭되기 시작한다면 계속되기 전에 둘 다 가라앉히기 위해 "잠깐 시간을 갖자."라고 이야기하는 것이 좋다. 그러나 만약 당신이 습관적으로 당신의 관계에서 힘든 문제를 다루지 않고 피해 버린다면 아마도 결국은 그로 인해 고통을 받게 될 것이다.

46

　일상적인 말로 우리는 이와 같은 것을 '안전한 곳에 머무르기'라고 부른다. 그렇지만 불행히도 이 안전한 곳은 안전하지 않다. 당신은 그 안에 머무를수록 삶의 무게에 더 짓눌리게 되고, 패배하게 되며, 답답함만 더해질 것이다. 그래서 우리는 이것을 '정체되어 있는 곳' 또는 '반만 살아 있는 곳'이라고 다시 명명해야 할 것이다. 만약 당신이 자신의 관계가 성장하고 활력을 갖기를 원한다면 당신은 많은 어려운 상황에 온전히 들어가려는 마음을 가져야 할 것이고, 그것이 가져올 수밖에 없는 힘든 감정을 다루기 위한 마음의 공간을 만들어야 할 것이다. 만약 당신이 항상 이런 상황을 피하기만

한다면 당신의 관계는 정체될 수밖에 없다.

그렇기 때문에 전반적으로 볼 때 회피는 관계에서는 좋지 않은 소식이다. 물론 적당할 때는 그렇지 않지만. 그러나 당신 두 사람 모두 혹은 한쪽이 지나치게 회피에 의존하면 할수록 문제가 일어날 확률은 더 커지기 마련이다.

당신 마음 안에 있기

마음은 수다쟁이이다. 마음은 당신에게 해 줄 유용하고 중요한 이야기를 많이 가지고 있다. 그러나 도움이 되지 않고 중요하지 않은 이야기가 훨씬 더 많다. 만약 당신이 앞으로 24시간 동안 당신의 마음 안에서 지나치는 생각 하나하나를 모두 받아 적는다고 상상해 보라. 그것은 다시 읽을 가치가 있을까? 만약 당신의 마음이 내 마음과 별반 다르지 않다면, 그럴 필요는 거의 없다!

우리의 파트너에 관한 한 우리의 마음은 흔히 아주 빠르게 불만을 털어놓기 시작한다. 우리 마음은 우리의 파트너가 무엇을 잘못하고 있는지 또 잘못 이야기하는지에 대해서는 수없이 많은 방법으로 끊임없이 지적해 댈 수 있다. 그리고 우리 마음은 과거로 돌아가서 이전에 싸웠던 일, 언쟁했던 일 그리고 불만스러웠던 일 모두를 재현하는 것을 무엇보다도 좋아한다. 또한 마음은 우리가 상처받았던 시간 혹은 실망했던 시간을 되돌리고, 오래된 상처를 쑤셔 파서 다시 피를 흘리게 만든다. 가끔 마음은 우리를 이전의 좋은 시간에 대한 기억으로 되돌아가게 해서 그런 시간은 다 지나갔고 이제 끝났다며 우리를 비웃는다. 혹은 우리를 미래로 데려가서 우리가 이 관계를 계속하게 되면 앞으로 우리의 삶이 얼마나 나빠질 것인지, 아니면 우리가 관계를 끝내면 얼마나 우리의 삶이 좋아질 것인지를 보게 만들 수도 있다.

이것은 당신이 자신의 마음을 효과적으로 다루는 방법을 알고 있다면 전혀 문제가 되지 않는다. 그러나 문제는 우리 대부분이 그것을 어떻게 해야 할지 모른다는 것이다. 우리의 기본 설정 상태 (default)는 마음 안에 사로잡혀 있는 것이다. 그래서 우리는 마음에 우리의 모든 주의를 기울이게 되고, 마음을 심각하게 받아들이게 되며, 마음이 우리에게 이야기하는 것을 믿고, 우리에게 하라는 것에 복종하게 된다. 당신이 본인의 마음 안(inside-your-mind)에 있게 되면 당신은 자신의 사고 과정이 가져온 연무 속에서 길을 잃게 될 것이다. 이 연무가 더 짙어질수록 당신의 파트너는 더 불투명해져서, 당신은 파트너를 오직 자신의 판단, 비판과 실망을 통해서만 볼 수 있게 될 것이다. 그리고 당연히 제대로 볼 수 없다면 당신이 효과적으로 행동할 수 없다.

당신의 마음 안에 있게 되면 당신은 단절되고 거의 즉각적으로 반응하게 된다. 당신은 파트너와 진짜로 연결될 수가 없는데, 당신이 너무 자신의 생각에 빠져들어 있기 때문이다. 그리고 당신은 자동항법에 따라 움직이기 때문에 파트너에 대해 효과적이고 유연하게 반응할 수가 없다. 그래서 당신은 당신의 마음이 당신에게 이야기하는 것이 무엇이든 그에 대해 충동적으로 반응하게 된다. 당연히 이것이 모든 종류의 문제를 만들어 낼 수밖에 없다.

가치를 소홀히 하기

가치란 당신이 이 행성에서 사는 짧은 시간 동안 당신이 하고자 원하는 것 그리고 자신을 향해 가기를 원하는 것에 대한 당신의 가슴 가장 깊은 곳에서 올라오는 열망을 말한다. 내가 나의 내담자에게 그들의 가치와 연결되기를 요청했을 때, 그들이 이상적으로 어떤 파트너가 되고 싶어 하는지를 이야기해 달라고 말했을 때, 그들은 흔히 '사랑하는, 친절한, 돌봐 주는, 너그러운, 온정에 찬, 지지하는, 농담을 즐기는, 너그러운, 관능적인, 애정 어린' 등의 단어를 떠올린다. 이와 반대로 절대로 떠올리지 않은 단어의 목록이 여기에 있다. '공격적인, 증오에 찬, 부루퉁한, 조르는, 시무룩한, 논쟁적인, 근성이 나쁜, 믿을 수 없는, 조종하는, 거짓말하는, 위협적인, 차가운, 처벌적인, 냉담한' 등의 단어가 그것이다.

49

그래서 당신 자신에게 다음과 같은 질문을 해 보라. 당신의 관계에서 무언가 '잘못되기' 시작될 때, 그래서 당신이 파트너에게 화가 나기 시작할 때, 앞서 제시한 두 단어 목록 중에서 당신의 행동을 설명해 줄 수 있는 단어를 포함하는 목록은 어떤 것인가? 대부분의 사람은 두 번째 목록(자신에게는 전혀 오지 않을 것 같았던)을 선택할 것이다. 당신이 조심스럽게 자신을 살피지 않는다면 화가 나자마자 당신의 가치는 사라져 버리게 된다. 그래서 자신이 되기를 원했던 파트너가 되는 것이 아니라 단절되고, 바로 반응적인 양식으로 들어가서 당신의 마음 안에 갇혀 버리게 된다.

그래서 우리의 관계에서 삶과 사랑이 빠져나가도록 해서 고갈(DRAIN)시키는 다섯 가지 기본적인 과정이 있고, 그것이 단절, 반응하기, 회피, 당신 마음 안에 머무르기 및 당신의 가치를 소홀히 하기이다. 이것을 명확히 하도록 돕기 위해 일지를 쓰고 당신의 관계에서 이 DRAIN 각각을 간단하게 적어 넣어 보라. 이 과정을 시작하면서 우선 당신 자신부터 살펴보라. 그리고 나서 당신 파트너에서 그것이 어떻게 진행되고 있는지를 살펴보라. 당신부터 살펴보는 것이 중요한데, 우리는 종종 우리 자신에게는 관대한 반면 남의 잘못은 아주 잘 알아차리는 경향이 있기 때문이다.(기억하기: 만약 도움을 원한다면 www.act-with-love.com의 무료 자료 섹션에서 작업지를 내려받을 수 있다.) 당신이 이 책을 가지고 작업을 계속하면서 DRAIN과 당신이 그것에 어떤 식으로 개입하고 있는지를 계속 지켜봐야 한다.

파트너와 함께 연습하기

이제부터 모든 장에서 당신은 만약 당신의 파트너가 원한다면이라는 표현이 있는 부분을 발견하게 될 것이다. 이 부분에는 당신의 파트너와 함께 실행 연습을 할 수 있는 방법이 담겨 있다. 그 표현에서 '원한다면'이라는 단어에 주목하라. 이 훈련을 원한에 찬 마음으로, 증오에 가득 차서, 혹은 마음 내키지 않은 채로 할 수는 없다.

당신 모두가 좀 더 나은 관계를 만들기 위해 관심을 갖고 진심으로 이 훈련에 기꺼이 참여하지 않는다면 분명 역효과가 날 것이다.

　당신이 이들 훈련을 해 나가면서 제발 비난하거나 비판하거나 손가락질을 하지 말라. 그 순간은 당신의 관계에서 무엇이 잘못되어 가고 있는지를 두 사람 모두 볼 수 있는 아주 좋은 솔직한 기회이다. 당신들 모두 어떻게 그 문제를 일으키는 데 이바지하고 있는지 그리고 어떻게 그 문제를 호전시킬 수 있는지를 볼 수 있는 기회인 것이다. 만약 어떤 훈련이건 싸움이나 논쟁으로 변하기 시작한다면 잠시 중단하라. 잠시 시간을 갖고 나서 만약 당신들 모두가 진심으로 원한다면 그때 다시 시작하라. 당신들이 이 훈련에 대해 논의를 할 때는 종종 공원을 걷거나 커피 또는 음료 한잔을 나누기 위해 나가서 하는 것이 도움이 될 수 있다. 좀 색다른 환경이 당신들 모두에게 서로 간에 부정적으로 반응하지 않고 듣는 것을 쉽게 만들어 주기도 한다. 다음은 이런 훈련 중 첫 번째 것이다.

51

당신의 파트너가 원한다면

　이 훈련의 목적은 비난하기, 판단하기 및 비판하기에서 벗어나 당신의 관계 문제에 당신이 이바지하는 역할이 무엇인지를 살펴보는 것이다.

훈련: 당신 관계에서의 DRAIN

• 당신 둘이 당신들의 관계에서 삶을 DRAIN하게끔 무엇을 하고 있는지 알아볼 수 있게 그에 대한 일지를 적는다.

- 그에 대해 열린 마음으로 그리고 솔직하게 이야기할 수 있게 시간을 따로 갖는다(이상적으로는 20~30분).

  이제 우리는 곧 ACT의 원칙들을 적용해서 이 DRAIN을 어떻게 역전시킬 수 있는가 알아보기 시작할 것이다. 그러나 그러기 전에 당신은 우선 중요한 질문에 답을 해야 한다. 우리는 그대로 있어야 하나, 아니면 가야 하나?

52

2부

전념하기

3장

그대로 있어야 하나,
아니면 가야 하나

'나는 더 이상 참을 수 없다. 나는 이 관계에서 벗어나야만 한다.'

당신은 이렇게 생각해 본 적이 있는가? 나는 있다. 내 아내도 그
럴 것이다. 그리고 나의 친구들, 동료들 그리고 가족들 거의 모두가
그럴 것이다. 이것은 내가 괴상하고 비정상적인 사람들과 시간을
함께 보내기 때문일까? 전혀 그렇지 않다. 거의 모든 사람이 때때
로 이런 생각을 한다는 것이 진실이다. 당신이 파트너와 진짜로 힘
든 시간을 보내게 될 때 당신의 마음이 당신에게 이런 식의 말을 해
대고, 그래서 이렇게 되는 것은 정상적인 것이다. 사실상 당신이 인
간의 마음이 어떻게 진화해 왔는가를 안다면 이를 완전히 이해할
수 있을 것이다.

다음을 생각해 보자. 어떻게 우리 종이, 아주 연약한 벌거벗은 우리 영장류가 우리보다 빠르고 강하고 치명적인 다른 수많은 동물과 직접 경쟁해서 이 행성을 지배할 수 있었을까? 바로 인간의 마음이 문제를 해결하는 놀랄 만한 능력을 가지고 있었기 때문이다. 물과 음식을 어떻게 얻을 것인지, 날씨로부터 보호할 수 있는 은신처를 어떻게 찾을 것인지, 적과 야생동물로부터 어떻게 우리 자신을 보호해야 하는지 등, 우리의 먼 인간 조상들의 원시적인 마음은 항상 생존의 문제를 풀기 위한 방법을 끊임없이 찾았다. 인간의 마음은 세대를 거듭하며 진화했다. 마음은 그렇게 점점 정교해져서 오늘날 환상적으로 복합적인 문제를 해결할 수 있는 장치로까지 변환되었다.

56

그래서 이제는 당신이 문제에 부딪힐 때마다 당신의 마음이 즉각적으로 해결책을 찾는다. 그런데 상황이 고통스럽거나, 어렵거나, 위협적일 때는 완벽하게 합리적인 해결책이 없다! 그래서 당연히 우리는 이혼이나 이별을 고려하게 되는 것이다. 이것을 설명하자면 다음과 같다. 당신의 마음이 즉각적으로 던져 주는 해결책이 항상 현명한 것은 아니다. 예를 들어, 누군가가 당신을 좋지 않게 대한 것에 대해 당신이 정말로 화가 났던 모든 상황을 생각해 보자. 당신의 마음은 그들에게 소리를 지르거나, 한 대 치거나, 모욕을 주는 것이 좋은 해결책이라고 말했을 것이다. 만약 당신이 마음이 하라는 대로 전부 따라 했다면 당신(혹은 다른 사람들)에게 얼마나 많은 문제와 스트레스를 일으켰을지 상상해 보라. 우리가 만약 마음이 이야기하는 모든 것을 자동적으로 그대로 따라 한다면 이 세상이 어떻게 될지 한번 상상해 보라.

관계상 딜레마를 직면하기

확실히 거기서 빠져나오는 것이 최선의 해결책인 문제 상황은 셀 수 없이 많다. 예를 들어, 당신의 건물이 불에 타고 있다면! 그러나 관계 안에서는 이렇게 명확한 경우가 거의 없다. 많은 사람이 그대로 머무를 것인지, 아니면 떠날 것인지의 딜레마를 가지고 분투한다. 때때로 사람들은 자신의 마음 안에 사로잡혀 머무는 것과 떠나는 것의 득과 실을 따지고 또 따지면서 끝없는 논쟁을 하느라 아주 많은 시간을 보내기도 한다. 문제는 그 안에 활력과 생명력이 없다는 것이다. 생각의 수렁에 빠져 헤매는 동안 그리고 실속 없는 논쟁을 되풀이하고 있는 동안, 당신은 엄청난 시간을 허비하고 당신의 삶의 많은 부분을 놓치고 있는 것이다.

물론 당신의 관계가 좋지 않다면 머무르는 것과 떠나는 것의 득과 실을 따지기 위해 일정한 시간을 사용하는 것이 중요하다. 그러나 하루 종일 이런 생각에 빠져 시간을 소모하는 것은 당신이 분명한 결정에 도달하게 하는 데 도움을 주지 않고 당신에게 스트레스만 주게 될 것임에 틀림이 없다. 그래서 당신은 문제가 있는 관계에 접근할 때에는 다음과 같은 네 가지 기본적인 접근 방법을 생각하는 것이 도움이 될 것이다.

57

- 방법 1: 떠난다.
- 방법 2: 머무르고, 바꿀 수 있는 것은 바꾼다.
- 방법 3: 머무르고, 바꿀 수 없는 것은 받아들인다.
- 방법 4: 머무르고, 포기하고, 상황을 더 나쁘게 만드는 행동을 한다.

방법 1: 떠난다

전체적으로 볼 때 당신이 머무르는 것보다 떠나는 것이 당신의 삶의 질을 더 낮게 해 줄 수 있는가? 당신의 수입, 사는 곳, 결혼 상태, 자녀(혹은 자녀가 없는 것), 가족 관계망과 사회적 관계망, 나이, 건강, 종교적 믿음과 같은 당신의 현재 삶의 상황들을 고려할 때, 만약 당신이 떠나는 것이 길게 보아서 당신의 건강이나 활력을 더 낮게 해 줄 것 같은가? 물론 당신은 이에 대해 결코 확신할 수 없다. 그러나 이 시점에 어떤 일이 일어나고 있는가에 기초해서 합리적인 예측은 할 수 있다.

나는 당신이 이 방법을 선택하기 전에 당신의 관계가 제대로 되도록 하는 작업을 위해 진심으로 당신의 마음과 영혼을 다해서 이 책의 모든 것을 시도해 보기를 바란다. (물론 당신이나 당신의 아이가 당신의 파트너로부터 신체적인 위협을 당하고 있을 때와 같은 아주 드문 예외가 있기는 하다. 그러나 이 책은 그렇게 심각한 문제는 다루고 있지 않음을 명심하라.) 만약 그것이 당신의 최선의 선택이고 당신은 지금도 궁극적으로 떠나기로 마음을 먹었다면 적어도 당신의 관계가

58

제대로 되게 하기 위해 당신이 힘들게 시도했던 것을 다시 확인해 보라. (이것은 경우에 따라 달라야 하는데, 부록에 충격을 최소화하면서 관계를 떠나는 법에 대해 제시되어 있다. 나는 당신이 그것을 절대로 읽지 않기를 바라지만.)

방법 2: 머무르고, 바꿀 수 있는 것은 바꾼다

만약 당신이 이 관계에 머무르기로 선택했다면 첫 번째 단계는 관계를 호전시키기 위해 바꿀 수 있는 것이라면 무엇이든 바꾸는 것이다. 그리고 그것이 어떤 상황이건 당신이 가장 조절할 수 있는 것은 바로 자신의 행동이라는 것이다. 그래서 행동을 하는 데 그리고 일이 가능한 한 잘될 수 있도록 만드는 데 당신의 에너지의 초점을 맞추라. 당신은 파트너의 행동을 조절할 수 없다. 당신은 단지 자신의 행동만을 조절할 수 있을 뿐이다. 당신이 취할 수 있는 행동에는 당신의 의사소통 기술을 향상시킨다든지, 당신이 외출을 좀 더 할 수 있도록 아기 돌봄이를 고용한다든지, 좀 더 자기주장적이 된다든지(당신이 원하는 것은 부탁할 수 있고 원치 않는 것은 아니라고 이야기할 수 있는 것), 혹은 좀 더 온정적이 되고 다정해지고 수용적이 되는 것과 같은 것이 포함될 수 있다. 우리가 행동에 대해 이야기할 때 명심해야 할 것이 있는데, 행동에 대해서 이야기하는 것이 이전의 행동을 사과해야 하는 것을 의미하지는 않는다는 것이다. ACT에서 우리는 당신의 가치에 따라 유도된 행동을 하도록 격려한다. 앞 장에서 언급한 것처럼 가치란 당신이 이 행성에서 사는 짧은

59

시간 동안 당신이 하고자 원하는 것 그리고 자신을 향해 가기를 원하는 어떤 것에 대한 당신의 가슴 가장 깊은 곳에서 올라오는 열망을 말한다. 당신의 행동이 당신의 핵심 가치에 따라 이루어진다면 그 행동은 당신이 단절되고, 반응적이고, 회피적이고, 당신의 마음 안에 머무르고 있는 동안 취했던 행동과는 매우 다를 것이다.

방법 3: 머무르고, 바꿀 수 없는 것은 받아들인다

당신이 취한 모든 행동이 관계를 호전시킬 수 있다고 가정해 보자. 그런데 이제는 당신이 더 할 수 있는 것이 전혀 없는데 아직도 관계에 어려움이 있다면 어떻게 할 것인가? 그럼에도 불구하고 당신은 계속해서 당신의 파트너와 함께 머무르기로 결정했다고 상상해 보자. 만약 이것이 당신의 선택이라면 지금이 수용을 위한 연습이 필요한 시간이다. 당신은 그 고통스러운 감정을 위한 공간을 만들어야 하고, 판단적이거나 증오에 차거나 절망적이거나 자기패배적인 생각들을 그냥 놓아주어야 하고, 안달복달하고 걱정하는 당신을 안정시켜야 한다. 당신은 자신을 이 정신적 늪에서 끌어내어 당신의 삶으로 돌려놓을 필요가 있다. 당신의 가치를 포용하고, 현재를 살면서 당신이 당면한 어려움이 무엇이든지 충만한 삶을 살아가라.

실제로는 방법 2와 3이 흔히 동시에 일어나게 된다. 당신은 상황을 호전시키기 위한 행동을 취하면서 동시에 당신의 조절 밖에 있는 문제는 받아들이도록 노력한다.

방법 4: 머무르고, 포기하고, 상황을
더 나쁘게 만드는 행동을 한다

많은 사람이 문제가 있는 관계에 머무른다. 그러나 흔히는 관계를 호전시킬 수 있는 모든 노력을 다하거나 수용을 위한 연습을 하거나 하지를 않는다. 그러기보다는 걱정하고, 안달복달하고, 심사숙고하거나 끝까지 분석을 하고, 다른 사람들에게 불평을 늘어놓거나, 지나치게 집착을 하거나, 자기 자신이나 파트너를 비난한다. 아니면 냉담해지거나 철퇴하거나 증오심에 불타거나 비난적이 되고, 혹은 우울해지거나 심하면 자살을 시도한다. 아니면 약을 먹거나, 술을 마시거나, 담배를 피거나, 패스트푸드를 먹거나, TV 앞에서 잠이 들거나, 인터넷을 돌아다니거나, 도박을 하거나, 불륜에 빠지거나, 쇼핑에 빠지거나 하면서 기분을 호전시키려 한다. 이런 전략들은 길게 보면 결국에는 당신의 활력이나 생명력을 앗아 갈 수밖에 없다. 만약 당신이 방법 4를 선택하였다면 당신의 삶에서 고통을 증가시킬 수밖에 없을 것이다.

61

나무 담장 위에 앉아 양다리 걸치기

당신은 '머물러야 하나, 아니면 떠나야 하나?' 하는 딜레마에 빠질 때마다 앞서 제시한 네 가지 방법을 전부 고려해 볼 수 있다. 그렇게 하는 것이 당신이 항상 선택할 수 있음을 알 수 있게 도와줄 것이다. 만약 당신이 혼히 사용하는 대응 방식으로 방법 4를 선택한다면, 당신은 이 방법을 선택한 것에 대한 책임으로 매우 힘들어질 것이다. 아마도 당신은 "나는 이것을 선택한 것이 아니야. 그렇게 할 수밖에 없었어."라고 주장할지도 모른다. 만약 지금 당신이 진짜로 그렇게 느끼고 있다면, 기분 나빠하거나 이 책 읽기를 중단하지 말 것을 부탁한다. 당신이 이 책을 가지고 계속 작업해 나가면서 당신의 심리적 유연성이 발달하게 되면, 당신은 자신의 관계 문제에 어떻게 반응해야 하는지에 대해 선택을 하는(do) 자신을 발견할 수 있게 될 것이고, 당신의 삶을 갉아먹는 방식이 아닌 삶을 증진시킬 수 있는 방향으로 선택을 할 수 있게(can) 될 것이다.

당신이 '머무르느냐, 아니면 떠나느냐?'의 딜레마에 마주했을 때 선택을 할 수 있음을 인식하는 것은 중요하다. 당신은 계속 나무 담장 위에 앉아 양다리를 걸치고 있을 것인지, 아니면 어느 한쪽으로든 담장을 내려올 것인지를 선택할 수 있다. 나무 담장 위에 앉아 양다리를 걸치는 것은 잠시는 괜찮을 수 있지만 얼마 가지 않아 너무너무 고통스러워질 것이다. 그리고 당신이 그 위에 계속 앉아 있게 된다면 결국 담장이 무너져서 당신을 덮쳐 버릴 수도 있다. 방법 1, 2, 3 모두는 담장에서 내려오는 것이다. 방법 4는 나무 담장을 버티고 있는 기둥이 당신의 살을 파고들어 당신이 고통스러운데도 고집스럽게 담장 위에 남아 있는 것과 같다.

그래서 당신에게 주어진 이 네 가지 선택 중에서 문제는 '당신은 얼마나 충실하게 이행하려 하는가?'이다. 그래서 지금 이에 대해 잠시 살펴보려 한다.

당신은 얼마나 충실하게 이행하려 하는가

당신 자신에게 정직하게 물어보아야 할 질문이 있다. 0점에서 10점까지의 척도를 사용하는데, 0점은 '어떤 것이든 하려는 의사가 전혀 없다'이고 10점은 '그것이 무엇이든 필요하다면 할 의사가 있다'이다. 질문은 '당신은 자신의 관계를 호전시키기 위해 얼마나 노력할 의사가 있는가?'이다.

만약 당신의 점수가 높다면 이는 환상적이다! 당신은 좋게 시작할 수 있다. 만약 당신의 점수가 낮다면 당신의 상황을 유심히 살펴보라. 당신은 나무 담장을 버티는 기둥이 당신의 살을 파고들 때까지 담장 위에 걸터앉아 있기를 정말로 원하는가? 아니면 그 선택이 생명이 없음을 빨리 인식할 수 있기를 바라는가?

만약 방법 4를 선택했다면

이제 당신은 자신에게 고통스럽지만 정직해져야 한다. 만약 당신이 이 관계를 호전시키기 위한 작업을 더 하기를 원치 않는다면 방법 4 '머무르고, 포기하고, 상황을 더 나쁘게 만드는 행동을 한다'를 효과적으로 선택한 것이다. 만약 이것이 당신이 지금 처한 상황이라면 책을 더 읽어 나가기 전에 며칠간 짬을 내어 매일 다음을 살펴보고 일지나 내려받은 작업지에 당신의 생각을 적어 보라.

- 당신의 건강과 활력에 대해 '포기'한 것의 결과에 대해 생각해 보라.
- '포기'라는 이 선택은 당신에게 감정적 고통, 시간적 소모, 경제적 소모, 에너지 소모 및 당신의 관계에 더한 악영향과 같은 대가를 요구한다는 것을 생각해 보라.
- 당신의 관계를 호전시키는 것처럼 여겨지는 행동이나 당신 자신의 안녕이나 활력을 증진시켜 줄 수 있는 행동은 어떤 것이든 생각해 보라.

이제 당신이 무슨 작업이든 그것을 충실하게 이행하려 한다고 가정해 보자. 그러면 다음 단계는 무엇이지…… 탱고를 추려면 두 사람이 필요한가?

64

4장

탱고를 추려면 두 사람이 필요한가

　이 책이 당신이 읽은 책 중 관계를 호전시킬 수 있는 방법을 다룬 첫 책은 아닐 것이다. 당신이 읽은 다른 읽을거리 중 어떤 것은 적어도 잠깐은 도움을 주었을 가능성도 있다. 그 책들과 기사들은 아마도 당신의 어려움이 어떻게 시작되었는지에 대한 귀중한 통찰을 얻도록 도와주었을 수 있고, 갈등을 다루는 데, 의사소통을 호전시키는 데, 그리고 친밀감을 증진시키는 데 있어 몇몇 유용한 조언을 주었을 수도 있다. 그러나 당신은 아마도 장기적으로 보면 그렇게 크게 변화한 것 같지 않다고 느끼고 있을 것이다. 당신은 금방 다시 이전의 습관으로 돌아가 버리고, 오래된 같은 문제가 끊임없이 머리를 내밀며, 책에서 제시하는 의사소통 기술은 실제 생활에서는 책에 쓰인 것처럼 그렇게 잘 작동하지 않는 것처럼 보인다. 그렇지 않은가?

　나는 이 모두를 잘 안다. 나도 그런 경험을 했기 때문이다. 나는 자가치료서의 열렬한 소비자였고(나는 내가 이런 책을 쓸 날이 올지 전혀 생각해 본 적이 없다) 나 또한 반복적으로 이런 순환의 길을 밟아 왔다. 관계에 대한 많은 책과 기사는 주로 다음과 같은 기술과 기법에 초점을 맞추고 있다.

- 효과적인 타협, 의사소통, 자기주장 및 갈등해결 기술을 통해 당신의 파트너에게 영향을 주기
- 애정, 따뜻함, 즐거움, 관능성(sensuality), 성적 활동, 친밀함 등을 키워 주는 습관을 만들고 그렇게 해 주는 활동을 발전시키기
- 당신과 당신의 파트너가 다르다는 것에 대한 이해를 넓히고 그런 다른 점이 당신들의 서로 다른 배경에 어떻게 기인하고 있는가에 대한 이해를 넓히기

　물론 이 모두는 중요하고 유용하다. 그리고 우리도 앞으로 분명히 이 책에서 이런 문제를 다룰 것이다. 그러나 이들 주제가 모두 당신의 직접적인 조절 밖에 있는 삶의 영역의 문제에 초점을 맞추고 있다는 점을 주목해야 한다. 예를 들어, 당신이 다른 이들의 행동에 영향을 주기 위해 이 행성 안에서 알려진 모든 기술을 습득했다고 하더라도, 당신은 여전히 그들을 조절할 수 없을 것이다. 미안하지만 그들이 당신이 완전하게 숙달된 의사소통, 자기주장 및 협

66

상 기술에 당신이 원하는 방식대로 반응한다는 보장이 없다는 말이다. 비슷하게, 건강한 관계를 위해 필수적으로 중요해서 만들어진 습관이나 발전시킨 공유 활동 또한 당신 파트너의 협조를 필요로 하기 때문에 역시 당신의 직접적인 조절 밖에 있다. 그래서 당신의 파트너와 함께 이 중요한 문제를 논의하게 되면, 당신이 부딪혀야 할 것은 파트너가 협조할 것이냐 안 할 것이냐의 문제인 것이다. 당신 파트너가 협조할 수 있도록 하는 방법은 딱 하나 있다. 바로 협조해 줄 것을 부탁하는 것이다. 다시 말하지만, 당신들이 서로 다름을 이해하는 일이 매우 유용하다는 것은 무시하지 못할 요소이다. 이것은 당신 자신에 대한 자기알아차림을 증진시켜 주고 당신 파트너가 어떤 사람인지를 이해할 수 있도록 도와준다. 그러나 다시 이야기하지만, 이것은 당신의 조절 범위 밖의 문제들을 포함하고 있기 때문에 당신 둘 사이의 다른 점을 바꿀 수 없고 그런 차이를 만들어 낸 삶의 역사 또한 변화시킬 수 없다. 이것은 마치 날씨를 이해하는 것과 같다. 당신이 날씨의 원인이나 작동 기전에 대해 얼마나 많이 이해하고 있는가와 상관없이, 당신은 날씨를 조절할 수 없다. 당신은 단지 날씨에 대한 당신의 반응만을 조절할 수 있을 뿐이다.

그래서 앞으로 우리가 이들 중요한 주제에 대해 논의를 하게 되더라도 그것이 이 책의 주요 주제는 되지 않을 것이다. ACT에서의 우리의 목표는 당신이 자신의 삶을 가장 잘 활용하도록 돕는 것이고, 당신이 무엇을 조절할 수 있는지에 대해 더 배울수록 당신이 더 한 권한과 그것을 행동으로 옮기는 경험을 더 할 수 있도록 돕는 것이다. 반대로 당신의 조절 밖의 영역의 문제에 초점을 맞출수록 당신은 영향력을 더 빼앗기고, 더 불만족스러워지며, 실망을 더 느낄 것이다. 모든 것을 빨리 잊어버리는 것이 우리 삶의 특징이기 때문에 나는 이 책 전체에서 이것을 반복적으로 상기시킬 것이다.

이 책의 많은 부분이 이런 주제들을 살펴보기 위해 준비되어 있다.

- 당신의 관계를 더 악화시키는 행동을 어떻게 그만둘 수 있는가?
- 당신의 가치를 어떻게 명료화시키고 행동으로 옮길 것인가? 그리고 어떻게 당신이 좀 더 이상적으로 되기를 바라는 파트너처럼 될 수 있는가?
- 당신의 조절 범위를 넘어서는 것을 어떻게 받아들일 수 있는가?
- 모든 관계에서 필연적으로 생길 수밖에 없는 고통스러운 감정이나 스트레스에 찬 생각들을 어떻게 효과적으로 다룰 수 있는가?

68

이 모두가 당신의 직접적인 조절하에 있는 문제라는 것에 주목하라. 당신은 당신의 파트너가 무엇을 하든 간에 자신의 관계를 고갈시키는 방식으로 행동하는 것을 중단하도록 선택할 수 있다. 당신은 당신의 파트너가 무엇을 하든 간에 그것과 상관없이 당신이 되고 싶은 파트너가 되기 위한 선택을 할 수 있다. 당신은 자신과 관계에서 활기를 빼앗아 가는 방식으로 싸우거나 그에 대해 일일이 잔소리하기보다는 당신의 조절 범위를 넘어서는 것은 수용하도록 선택할 수도 있다. 일단 당신이 관계가 주는 스트레스와 고통을 효과적으로 다루는 법을 배우게 되면, 일들이 힘들어질 때 어떻게 반응할지를 선택할 수 있다. 그리고 그렇게 될 것이다!

당신은 여기서 아주 큰 역설을 발견할 수 있다. 당신이 직접적으로 조절할 수 있는 영역의 문제로 초점을 돌릴 때, 당신은 종종 당신의 파트너에게 당신이 요청하지 않아도 자발적인 긍정적 변화가 오기 시작한다는 것을 알 수 있다. 물론 다 그렇다는 이야기는 아니다. 그러나 이런 변화는 매우 흔히 일어난다. 이 문제에 대해 생각해 보면 충분히 이해가 갈 것이다. 당신의 파트너가 계속해서 불평하고, 비판하며, 잘못을 찾아내고, 문제를 지적하고, 당신의 관계 안의 어려움에 대해 일일이 잔소리를 해대는 데 많은 시간을 보낸다고 상상해 보자. 그런데 어느 날 갑자기 그가 변해서 당신은 그의 주위에 있는 것이 훨씬 편해졌다. 그가 개방적이 되고 따듯해졌으며 너그러워졌고 모든 다른 점을 기꺼이 받아들이려 한다. 이렇게 변한 파트너에게 당신도 다르게 행동하려 하지 않겠는가? 당신의 행동이 긍정적인 방향으로 변하지 않겠는가?

물론 이것이 파트너가 당신에게 압승을 거두었거나 자기 마음대로 한다는 것을 의미하는 것은 아니다. 건강하고 의미가 있는 관계를 유지하기 위해서는 주고받는 것에 균형을 가져야 할 필요가 있다. 관계가 가장 높은 수준에 도달하기 위해서는 이상적으로는 두 파트너가 이 장에서 이야기하는 모든 과정을 함께 작업해야 한다. 그래서 탱고를 추는 데는 둘이 필요하다는 이야기를 하는 것이다. 그러나 만약 당신이 댄스 스텝을 혼자 연습하고 있다면 다음번에는 당신의 파트너와 함께 하라. 춤이 훨씬 부드럽게 추어질 것이다.

현실 점검

지금은 현실 점검이 필요한 시간이다. 어떤 파트너도 정확히 같은 정도로 변화를 만들 수 없다. 거의 항상 한쪽이 다른 쪽보다 변화에 대한 동기를 더 가지게 된다. 만약 당신이 이런 현실을 받아들일 수 없다면 당신의 삶을 계속 정체시키는 또 다른 문제에 부딪힐 것이다.

"그래요. 다 맞는 말이에요." "그러나 만약 내가 힘든 일은 다하는데 그는 아무 노력도 하지 않는다면 어떻게 되는 거지요?"라고 당신이 말하는 것이 들린다. 만약 이런 일이 일어난다면 당신의 관계는 아직도 호전될 가능성이 있지만, 관계가 가지고 있는 충분한 잠재력에 도달하려면 아직도 많은 길을 가야 한다는 것이 분명해 보인다. 그래서 이런 일이 마지막에 일어났다면 당신은 머물러야 할지, 아니면 떠나야 할지의 어려운 결정을 내려야 할 것이다. 그러나 만약 당신이 이 시점에 떠나야겠다는 선택을 했다면 적어도 그것이 당신에게 최선을 다할 기회가 되었음을 알게 해 줄 것이다. 그리고 더 나아가 이를 통해 당신의 의미 있는 개인적인 성장을 경험하였고 친구 관계, 가족 관계, 동료 관계 및 앞으로의 파트너와의 관계와 같은 다른 관계에서 당신에게 도움을 줄 수 있는 일련의 기술을 발전시키는 경험을 하게 된 것이다. 다르게 말하면, 만약 당신이 아무것도 하지 않았다면 당신의 관계는 나쁜 상태에서 더 나쁜 상태로 악화될 것임에 틀림없었을 것이다.

70

그렇다면 이제 어디로 갈까

나의 가정은 만약 당신이 계속 이 책을 읽고 있다면 지금 무엇인가를 하는 데 충실하게 전념하고 있다는 것이다. 그래서 이 책의 나머지 부분은 주로 사랑(LOVE)에 초점이 맞추어질 것이다. 그렇다. 당신도 추측했겠지만 이것은 또 다른 약성어이다.

- L: 그대로 놔두기(Letting go)
- O: 개방하기(Opening up)
- V: 가치 부여하기(Valuing)
- E: 전념하기(Engaging)

71

이제 이들 요소 각각에 대해 좀 더 자세히 탐색해 보자.

그대로 놔두기

'그대로 놔두기'는 당신 관계를 DRAIN하기의 요소 중 하나인 당신 마음 안에 있기에서 빠져나올 수 있는 길이다. 당신의 마음은 이야기를 그치지 않는 이야기꾼과 같다. 마음이 하는 이야기는 흔히 '생각'이라고 알려져 있다. 이 생각이나 이야기 중 일부는 확실히 맞고, 우리는 그것을 '사실'이라고 부른다. 그러나 우리의 마음이 당신에게 말하는 이야기의 대부분은 의견이고, 판단이며, 믿음,

가정, 태도, 환상, 아이디어, 개념, 모델, 해석, 평가 등이다. 이런 종류의 이야기들은 진실이냐 거짓이냐의 관점에서 분류할 수 없는 것들로, 단지 당신이 세상을 바라보는 방식을 반영해 줄 뿐이다. 당신의 마음은 이들 '이야기'에 빠진 당신을 지키기 위해 매우 노력할 것이다. 당신의 마음은 과거로부터 고통스러운 기억을 하나도 빼지 않고 끄집어낼 것이고, 미래에 대해서는 무섭게 쓰인 각본을 불러일으킬 것이며, 당신 파트너의 모든 잘못과 약점을 지적할 것이고, 1장에서 말한 사랑에 대한 잘못된 믿음에 대해 온갖 불평, 판단, 비교, 비판을 하고 끊임없이 수다를 떨어 댈 것이다. 만약 당신이 이 이야기들에 단단히 잡혀 있다면 그것은 당신을 아주 어둡고 축축한 저 깊은 곳으로 끌어내릴 것이다. 그대로 놔두기는 당신이 이런 이야기들을 좀 더 느슨하게 잡는 것을 의미한다. ACT는 당신에게 화남, 옳다고 주장하는 것, 비난하는 것, 걱정하는 것, 판단하는 것, 비판하는 것 그리고 요구하는 것을 어떻게 그대로 놔둘 수 있는지에 대해 가르쳐 줄 것이다. 이런 능력을 키우게 되면, 당신은 자신의 관계에서 진행되는 문제들에 대해 좀 더 효과적으로 반응할 수 있는 자신을 만날 수 있게 될 것이다.

개방하기

친밀한 관계는 고통스러운 감정을 불러일으킨다. 이런 감정이 일어났을 때 우리는 그것을 제거하기 위해 혹은 피하기 위해 무엇이든 하게 되는 경향이 있다. 개방하기는 회피의 정반대 편에 있다.

이런 감정들에 대해 어떻게 개방할지 그리고 어떻게 공간을 만들지에 대해 배우게 되면, 당신은 그것이 자신에게 좀 더 영향을 덜 주고 충격도 덜 주며, 더 이상 당신을 고갈시키거나 압도하지 않고, 더 이상 꼭두각시 인형처럼 당신을 움직이게 하지 못한다는 것을 알게 될 것이다.

우리는 심한 고통을 느끼게 될 때 우리의 문을 닫아 버리는 경향이 있다. 우리는 파트너로부터 문을 닫고 자기방어를 하기 위해 두꺼운 벽을 세워 버린다. 그러나 이것은 또 다른 형태의 회피일 뿐이다. 조금 이르냐 늦느냐의 문제일 뿐이지, 만약 우리가 관계가 살아 움직이기를 원한다면 이 벽을 무너뜨려야 한다. 그런데 그렇게 하려 시도하면 당신이 위험하고 취약하다고 느끼기 시작할 것이다. 이때가 당신이 불안이나 걱정, 불안정성, 의문 등을 느끼게 되는 순간이다. 다시 상처받으면 어떻게 하지? 과거에는 이런 감정이 당신이 관계를 재건하는 데 필요한 변화를 만들지 못하도록 뒤로 물러서게 했을 것이다. 그러나 일단 당신이 개방을 해서 그런 감정을 받아들이면 그것에게는 더 이상 당신을 뒤로 물러서게 할 힘이 없다. 그리고 여기에 아주 큰 보너스가 추가된다. 당신이 자신의 감정에 대해 더 개방하고 그것을 위한 공간을 만들수록, 당신은 파트너의 감정에 대해서도 똑같이 할 수 있게 된다. 이것은 만약 당신이 깊고 친밀한 관계를 가지길 원한다면 꼭 필요한 것이다.

73

가치 부여하기

ACT에서 가치 부여하기라는 용어는 당신이 자신의 가치에 따른 행동을 취하는 것을 의미한다. 가치를 무시하는 대신, ACT는 당신이 가치를 명확히 하고 그것을 당신의 행동을 동기화하거나 고무하는 데 사용하도록 돕는다. 의식적으로 이루어지는 가치에 따른 행동은 아무런 생각 없이 반응적으로 움직이는 것과는 다른 것이다. 이 책에서 우리는 건강한 관계에서 주요 역할을 하는 배려, 기여 및 연결의 세 가지 핵심 가치에 대해 특히 초점을 맞출 것이다. 물론 다른 여러 가지 가치가 존재하지만 이 세 가지 가치는 특히 중요하다.

전념하기

전념하기는 심리적으로 실재하는 것(당신의 마음 안에 있는 대신에)과 진정한 관심과 개방된 마음을 가지고 당신의 파트너에게 집중하는 것을 의미한다. 당신 둘이 서로 전념할수록, 당신들이 저녁 식사를 하고 있든, 수다를 떨고 있든, 아니면 섹스를 하고 있든 간에 둘이 연결되어 있다는 연결감은 더 강해지고 커질 것이다. 전념하기는 당신이 그녀를 부인하거나, 무시하거나, 외면하거나 하지 않고 당신의 파트너 쪽으로 방향을 돌려 그녀를 당신 주의의 중심에 있게 만드는 것이다. 이것은 단절과 회피와는 정반대에 있는 것이다.

이것이 정말로 사랑이 될 수 있는 걸까

LOVE는 단순히 약성어만이 아니다. 그것은 진짜 '사랑' 자체에 대해 생각할 수 있는 유용한 방법이다. 만약 당신이 사랑을 그대로 놔두기, 개방하기, 가치 부여하기, 전념하기의 진행 중인 과정으로 생각한다면, 당신이 사랑이 없다고 느낄 때조차도 언제나 당신은 그것을 사용할 수 있다. 그래서 이런 관점에서 이야기한다면 당신은 정말로 영원히 지속하는 사랑을 가진 것이다. 그러나 만약 당신이 사랑을 단순히 감정이나 느낌으로만 생각한다면, 모든 느낌과 감정은 끊임없이 변화하기 때문에 사랑은 오랫동안 지속할 수 없다.

LOVE, 즉 그대로 놔두기, 개방하기, 가치 부여하기, 전념하기를 연습하는 것은 당신 파트너와 싸우는 것을 중단하는 데, 당신의 갈등을 해결하는 데, 당신 둘의 다름을 자리 잡게 하는 데, 그리고 배려, 연결 및 결합에 대한 당신의 능력을 깊게 하는 데 도움을 줄 것이다. 그러나 현실적이 되는 것이 중요하다. 그것은 당신의 모든 문제를 기적처럼 해결해 줄 수 있는 마법의 지팡이가 아니다. 모든 커플이 갈등과 긴장을 경험한다. 이는 인간이라면 당연한 것이다. 그리고 이런 일이 일어나게 됐을 때 두 사람 모두가 상처를 받는다는 것을 기억하는 것이 많은 도움이 된다.

75

3부

되게
만들라

Act
with Love

5장

두 사람 모두 상처받고 있다

　당신은 주인공이 얼굴을 주먹으로 제대로 얻어맞는 영화 장면을 본 적이 있는가? 무시무시한 느린 동작의 근접 촬영에서 땀은 뿜어내듯 흩어지고 피는 공중으로 튀는 장면 말이다. 그게 영화일 뿐인데도 당신이 얼마나 움찔하고, 도망가고 싶어지고, 또 외면하게 되는지 생각이 나는가? 당신은 그것이 가공의 것이라는 것을 알고 있음에도 어떤 때는 이렇게 아는 것이 도움이 되지 않는다는 것을 느낀 적이 있을 것이다. 그런데 우리가 허구적인 영화 속 인물의 존재하지 않는 고통은 그렇게 쉽게 공감하면서 우리가 사랑하는 사람들이 겪고 있는 실제의 고통에 대해서는 자주 완전히 잊는다는 것이 얼마나 모순되는지 생각해 본 적이 있는가?

　인간은 사회적 동물이다. 사랑의 문제에 관한 한 사람들은 다 똑

같다. 우리는 사랑받고 싶어 하고, 존경받고 싶어 하며, 배려받고 싶어 한다. 우리는 다른 사람과 함께 지내기를 원하고, 일반적으로 그들과 좋은 시간을 보내길 원한다. 우리가 사랑하는 사람들과 싸우거나, 거절하거나, 그들과 거리를 두게 되면 기분이 좋을 수가 없다. 더구나 만약 다른 사람들이 우리에게 싸움을 걸거나, 우리를 거절하거나, 우리로부터 거리를 두려고 한다면 우리는 더 기분이 나빠진다. 그래서 당신이 파트너와 싸우면 두 사람 다 상처받게 되는 것이다.

당신의 파트너가 당신에게 자신의 고통을 보이지 않을 수도 있다. 그는 그냥 화를 내거나 집을 휙 나가 버릴 수도 있고, 조용히 TV를 켜거나 술을 마시기 시작할 수도 있다. 그러나 그도 당신과 마찬가지로 마음속 깊이 상처를 받는다. 당신의 파트너가 당신과 이야기하기를 거부할 수도 있고, 날카로운 목소리로 비난을 할 수도 있으며, 자신의 친구와 외출을 할 수도 있다. 그러나 그녀도 당신과 마찬가지로 상처를 입는다. 이 사실을 인식하고 기억하는 것이 매우 중요하다. 우리는 우리 자신의 괴로움만 알아차리고 같은 배에 타고 있는 우리 파트너의 괴로움은 쉽게 잊어버릴 수 있다.

당신의 파트너가 버림받는 것에 대한 아주 깊은 두려움을 가지고 있다고 상상해 보자. 즉, 자신보다 '나은' 누군가를 만나기 위해 당신이 자신을 떠날 것이라는 두려움 말이다. 아니면 그녀가 관계의 덫에 걸려 조정당하거나 '파묻혀 버릴까' 봐 두려워한다고 상상해 보자. 그러면 당신이 그녀와 싸우게 될 때 이런 두려움이 그녀 안에서 쉽게 떠오를 수 있다. 그녀는 이를 전혀 알아차리지 못할 수도 있는데, 두려움이 매우 빨리 비난과 분노에 의해 묻혀 버리기 때문이다. 혹은 당신의 파트너가 마음 깊은 곳에선 자신이 가치가 없다고 느끼고 있다고 가정해 보자. 그는 자기 자신을 부적절하고, 사랑받을 만하지 못하며, 자신이 충분하지 않다고 느끼고 있는 것이다. 이것은 그 자체로도 고통스럽다. 그러나 이렇게 느끼는 사람들은 흔히 관계에서 긴장하게 만드는 방식으로 행동한다. 당신의 파트너는 계속해서 지지를 얻으려 하거나, 자신이 성취한 것 또는 이바지한 부분을 인정해달라고 요구할 수 있다. 그리고 자신을 사랑하는 것을 확인받으려 하거나 칭찬해 주기를 바랄 수도 있고, 질투를 심하게 하거나 당신을 소유하려 할 수도 있다. 만약 당신이 그에 대해 좌절이나 경멸, 비판, 성급함이나 지루함 등으로 반응을 한다면 깊게 자리 잡은 그의 무가치감을 더 강화시킬 것이다. 그러면 더 심한 고통이 일어날 것이다.

81

당신의 관계는 어떻게 시작되었는가

두 사람 모두 고통 속에 있다는 것을 인식하는 것은 당신들의 관계를 재정립하는 데 중요한 단계이다. 이것이 커플이 나를 만나러 왔을 때 내가 첫 회기를 과장된 이야기 없이 시작하는 이유이기도 하다. 나는 "당신들은 관계상의 문제에 대해 이야기하고 우리가 그 문제를 어떻게 풀어 나갈 수 있을지에 대해 이야기하러 여기에 오셨지요. 그러나 우리가 그것을 하기 전에, 저는 당신들이 어떻게 만

5장 두 사람 모두 상처받고 있다

났고 또 문제가 생기기 전에는 당신들의 관계가 어땠는지에 대해 좀 알고 싶습니다."라고 이야기한다. 그런 다음 나는 각 파트너에게 다음과 같은 질문을 한다.

- 당신들은 처음에 어떻게 만났나요?
- 외모를 제외하고 그/그녀에게 가장 매력적이었던 부분은 무엇이었는지요?
- 그/그녀에게 가장 칭찬할 만한 개인적인 면은 어떤 것이 있는지요?
- 당신이 함께 즐겁게 했던 것은 무엇이었나요?
- 당신의 파트너가 즐거워했던 것은 무엇이었나요?
- 당신 둘이 함께 보냈던 가장 즐거웠던 날 하루를 이야기해 보세요. 당신들은 어디에 있었는지요? 무엇을 하였는지요? 서로 어떻게 소통을 하였는지요? 서로 어떤 이야기를 하였고, 어떤 행동을 하였는지요? 당신들은 어떤 신체 언어를 써서 표현하였는지요?
- 당신 둘이 사귀는 초기에 당신이 놓친 것 중 가장 큰 것은 무엇이라 생각하는지요?
- 당신이 보기에 당신 파트너의 가장 큰 강점은 무엇인가요?

아주 전형적인 반응은 이렇다. 두 명의 파트너는 갈등과 긴장의 상태에서 나를 찾아온다. 둘 다 상대 파트너가 무엇인가 잘못되어 있다는 이야기에 사로잡혀 있다. 두 사람은 상처를 너무 많이 받아

서로 처음에 끌리게 되었던 많은 일을 잊어버리고 있는 경우가 많다. 위의 질문은 그들을 일시적으로 좀 더 따뜻하고 부드러운 생각과 감정 및 기억에 연결시켜 준다. 그들이 대답하기 시작하면 당신은 그들이 눈에 띄게 편해 보이는 것을 느낄 수 있을 것이다. 그들은 턱에 긴장이 줄어들고 인상이 펴진다. 그리고 의자에 편하게 앉게 된다. 얼굴은 부드러워지고, 서로 째려보거나 차갑게 얼굴을 돌리는 대신에 서로 바라보고 듣기 시작한다. 한쪽이 또는 둘 다 미소를 지을 수도 있고 눈물을 흘릴 수도 있다. 이런 장면을 보는 것은 마음이 따뜻해지는 일이다. 그들은 자발적으로 연결감을 재발견하게 되는 것이다.

그런데 유감스럽게도 이런 일이 항상 일어나는 것은 아니다. 때로는 한쪽이 전혀 도움이 되지 않는 방식으로 대답을 한다. "기억이 안 나는데요." "우리가 함께 즐거웠던 적이 있는지 모르겠습니다." 혹은 "우리는 함께 즐거웠던 시간을 가진 적이 없습니다."와 같이 대답한다. "우린 결혼식 날 싸웠어요."와 같은 이야기까지 한다. 또 다른 경우에는 한쪽은 부드럽고 따뜻하게 이야기하는데 다른 한쪽은 허공을 바라보거나, 완전히 무관심하거나, 냉소적으로 비웃거나, 아주 지루해 보이는 경우가 있다. 이렇게 앞서 제시한 단순한 질문과 그에 대한 반응은 많은 정보를 제공해 준다.

그래서 잠깐 시간을 가지고 그 질문들에 대해 자신의 답을 해 보라. 질문으로 돌아가서 그에 대해 잠시 조용히 심사숙고해 보라. 더 좋은 것은 당신의 반응을 일지나 내려받은 작업지에 적어 보는 것이다. 그런 다음 당신의 기분이 어떤지 점검해 보라.

- 당신의 파트너에게 따듯함이나 고마움을 느낄 수 있는가? 아니면 당신은 그를 단지 부담스러운 존재나 방해가 되는 존재 혹은 귀찮은 존재로 보고 있는가?
- 그녀의 강점이나 긍정적인 면에서 대해 살펴보기 위해 시간을 가지면 어떤 일이 일어나는가? 당신은 그녀가 전혀 다르게 보이는가?
- 당신이 그의 결점이나 약점에 너무 집중해 있기 때문에 그의 긍정적인 면을 알아차리기 힘들다는 것을 알겠는가?

당신의 반응은 당신에게 중요한 정보를 가져다줄 것이다. 만약 당신의 파트너에 대해 아무런 따듯함이나 부드러움 혹은 감사함을 느낄 수 없다면, 당신의 따듯함과 깊이 생각하는 힘이 적의와 상처, 분노, 두려움 그리고 실망에 묻혀서 당신은 아마도 아주 큰 고통 속에 있을 것이다. 만약 그렇다면 자신을 힘들게 만들지 말라. 당신을 지치게 만드는 것은 이미 있는 고통에 고통을 더할 뿐이다. 그렇게 하지 말고 잠깐 시간을 가지고 당신이 상처받고 있다는 것을 알아차리라. 그리고 친절함과 배려의 마음을 가지고 당신의 가장 친한 친구가 당신과 마찬가지로 고통받고 있다면 그 친구에게 당신이 해 주고 싶은 이야기를 자신에게 해 주라.

한편으로는 만약 이 훈련이 당신을 당신의 파트너를 위한 따듯함 및 부드러움에 재연결시켜 준다면 그것이 어떻게 느껴지는지를 알아차리라. 당신의 파트너를 '고쳐야만 할 문제투성이'로 보는 대신에 긍정적인 관점에서 보면 어떻게 달라 보이는가?

넘어가기

내가 첫 치료 회기에서 하는 다음 일은 각 파트너에게 왜 오게 되었는지, 무엇을 얻기를 원하는지, 그리고 그들의 관계에서 무엇이 주요 문제라고 생각하는지를 묻는 것이다. 나는 그들에게 가능하면 판단을 하지 말고 문제를 기술해 달라고 부탁한다. 예를 들면, "그는 게으르고 지저분해요."라고 이야기하는 대신에 "나는 깨끗함에 있어 그가 할 수 있는 것보다 훨씬 더 높은 기준을 가지고 있어요."라고 말하는 것이다. 혹독한 판단보다 실제의 사실을 사용하기 시작하는 것은 중요한 첫 단계이다. 물론 그렇게 하는 것이 우리 대부분에게 자연스럽게 느껴지지는 않을 것이다. 그래서 드물지 않게 나는 이를 알려 주기 위해 개입을 해야만 한다. 후안과 클레어의 첫 번째 치료 회기를 여기에 소개한다.

85

후안: 그녀는 잔소리꾼이에요.

치료자: 그게 무엇을 의미하지요?

후안: 그녀는 항상 보챕니다. 이거 해라, 저거 해라, 또 다른 것을 해라.

치료자: 그녀가 당신에게 무엇을 하길 원하나요?

후안: 대부분 깨끗하게 하라는 거지요. 치우고 깨끗이 해라. 역겨운 잔소리이지요.

치료자: 그렇다면 클레어가 자주 당신에게 계속 치우고 깨끗이

하라고 이야기했단 말인가요?

후안: 바로 그렇습니다.

    내가 어떻게 클레어의 성격에 대한 후안의 혹독하고 부정적인 판단인 "그녀는 잔소리꾼이에요."에서 바로 빠져나와 그녀의 행동에 대한 판단을 하지 않고 기술한 것인 "그렇다면 클레어가 자주 당신에게 계속 치우고 깨끗이 하라고 이야기를 했단 말인가요?"로 움직이는지에 주목하라. 판단하지 않고 기술하기는 발전시켜야 할 중요한 기술이다. 왜냐고? 글쎄, 당신도 자신의 성격을 무참히 뭉개 버리는 음란한 년, 잔소리꾼, 지저분한 놈, 게으름뱅이, 멍청이, 이기적인 놈, 심술쟁이, 패배자, 쓸모없는 놈과 같은 혹독한 판단적인 용어로 자신을 이야기하기를 원하겠는가? 당신이 파트너를 잔혹한 부정적인 판단의 렌즈를 통해 볼수록, 당신은 있는 그대로의 그와 더 이상 접촉하지 못하게 될 것이다. 당신이 한때 칭송했던 사람이 사라져 버릴 것이고 그 뒤에 가려져 있던 비난의 벽이 드러날 것이다. 그래서 당신이 만약 덜 판단적인 기술하기로 당신의 방법을 바꾸게 되면 아주 큰 이득을 얻게 될 것이다.

    이와 관련된 또 다른 문제로, 한 명이 이야기를 할 때 나는 다른 파트너에게 경청해 줄 것을 부탁한다. 나는 "이런 상황에서 듣는다는 것이 힘이 들지요. 누구도 비난받고 싶어 하지 않으니까요. 만약 당신이 대다수의 다른 사람들과 같다면 아마도 끼어들고 싶거나, 반대를 하거나, 자신을 방어하고 싶을 것입니다. 아니면 당신의 관점을 받아들이게 하고 싶거나, 자신에 대한 불평이나 비난을 되받아치고 싶을 것입니다. 그러나 당신은 아마도 이런 식으로 반응하는 것이 별 효과가 없다는 것을 잘 알고 계실 겁니다. 그렇지 않습니까?" 이렇게 물으면, 많은 경우에 그렇다고 대답을 한다. 만약 그들이 전혀 확신이 없는 것처럼 보인다면 나는 "당신이 이런 방식으로 반응한다면 일반적으로는 어떤 일이 일어나나요?"라고 묻는다. 그러면 흔히는 "우리는 그냥 싸움을 끝냅니다. 그리고 어떤 해결도 얻지 못하게 됩니다."와 같은 대답을 들을 수 있다.

"네, 그렇다면 이것이 당신의 파트너에게 반응하는 데 있어 새로운 방법을 배울 수 있는 기회가 될 수 있는지 살펴보도록 합시다. 증오심이나 지루함이 아니라 개방적이고 호기심에 가득 찬 태도를 가지고 정말로 관심을 기울여 보시지 않으렵니까?"라고 나는 말한다. 즉, 나는 그들에게 마음챙김을 연습하라고 요청하는 것이다. 마음챙김적 듣기와 판단하지 않고 기술하기는 모두 안정된 공간을 만들어 주는데, 이 공간은 두 파트너 모두에게 자신의 어려움에 대해 마음을 열고 좀 더 자유롭게 이야기를 시작할 수 있도록 도와준다. 그리고 그들이 각자 자신의 이야기를 하면, 나는 그들에게 "그래서 그녀가 당신에게 그런 방식으로 이야기하면 당신은 어떤 느낌을 받나요?" "그가 자신이 이야기한 것을 지키지 않을 때 당신은 어떻게 느낍니까?" 혹은 "그렇게 그녀가 방을 휙 하고 나가 버릴 때 당신은 어떤 느낌을 받습니까?"와 같은 질문을 반복한다. 나는 그들이 둘 다 어떻게 상처받고 있는지를 인식하도록 돕기 위해서 그렇게 한다. 이 과정을 보여 주기 위해 후안과 클레어의 대화를 더 보여 주려 한다.

치료자: 그래서 후안이 당신을 '잔소리꾼' 혹은 '나쁜 년'이라고 부를 때 당신의 기분은 어떻습니까?

클레어: 정말 화나 나지요.

치료자: 정말 화가 난다고요?

클레어: 네! 그는 나에게 그렇게 말할 자격이 없어요. (그녀의 얼굴은 붉어졌으며 팔짱을 끼고 그녀의 목소리는 커졌다. 그녀는 부글거리는 눈으로 후안을 째려보았고 후안은 고개를 떨구고 발끝만 쳐다보고 있었다.)

치료자: 클레어, 저는 누군가가 정말 화가 나거나 분노에 차 있을 때는 우리가 조금만 더 깊이 찾아보면 거의 모든 경우에 그 분노 밑에 깔려 있는 무엇인가를 찾을 수 있다고 생각하는데요. 흔히는 매우 고통스러운 어떤 것이지요. 그래서 저는 만약 자신을 점검해 보고 이 원칙을 당신의 경우에 적용해 보면 어떨까 생각하는데요, 당신이 깊이 숨을 들이쉬고 그 숨을 분노 속으로 불어넣으면 그 밑에 존재하는 좀 더 고통스러운 또 다른 감정을 느낄 수 있는지 시도해 보았으면 합니다.

클레어: (눈물을 글썽거리고 떨리는 목소리로) 그가 나를 미워하는 것 같아요.

치료자: 그러면 무엇이 문제이지요? 당신이 사랑하는 사람이 당신을 미워하는 것 같다는 건가요?

클레어: 그건 끔찍한 일이에요.

치료자: (후안에게 몸을 돌리며) 후안, 이것이 당신이 클레어에게 느끼기를 바라는 바로 그것인가요?

후안: 아니지요. (그는 머리를 심하게 흔들어 부정하면서 이야기
한다.) 정말 아니지요. (그는 침을 꿀꺽 삼키면서 표정이 부
드러워졌고, 눈물을 글썽거린다. 그리고 클레어를 바라보
면서 갈라졌지만 매우 부드러운 목소리로 이야기한다.) 물
론 나는 당신을 미워하지 않아요. 나는 당신을 사랑해요.

　그래서 이들에게 어떤 일이 일어났겠는가? 클레어는 용기를 내
어 힘들지만 마음을 열었다. 그녀는 마음을 열고 자신의 고통스러
운 감정 일부를 후안과 공유했다. 이것은 그녀의 일상적인 반응과
는 매우 다른 것이었다. 보통 때 그녀는 후안에게 화만 내었다. 그
러면 후안은 방어적이 되어 비난을 해대었다. 그리고 이것이 클레
어를 더 화나게 만들어서 악순환이 이어졌다. 그러나 클레어가 마
음을 열고 후안에게 그녀가 얼마나 상처받고 있는지를 볼 수 있게
하자, 후안은 완전히 다르게 반응을 했다. 그는 그녀에게 온정을 느
꼈고, 그녀가 얼마나 괴로워하는지를 알게 되어 그것을 위로해 주
고 싶어졌다. 그래서 후안은 그녀를 공격하거나 그녀에게서 철퇴
하는 대신에 그녀를 달래 주려고 다가갔다.

　자신의 마음 안에 갇혀 있게 되면 당신은 파트너가 당신과 마찬
가지로 상처받고 있다는 것을 쉽게 잊게 된다. 당신은 '너무 힘들
어. 나는 이 문제를 견딜 수가 없어! 왜 내가 이 문제로 괴로워야 하지?'
와 같은 생각에 사로잡히거나 분노, 증오, 자기정당화 등에서 빠져
나오지 못하게 된다. 그래서 당신은 당신의 파트너가 무엇이 잘못
되었는가에 초점을 맞추게 되고, 그가 당신을 어떻게 취급했는가

89

에 너무 화가 나서 그가 감정을 가진 인간이라는 사실을 잊어버리게 된다. 당신은 그도 당신과 똑같이 사랑하고 사랑받고, 돌봐 주고 배려받고, 다른 사람과 공유함으로써 자신의 삶을 풍요롭게 만들고 싶어서 이 관계를 시작했다는 사실을 잊어버리게 되는 것이다. 당신들 중 누구도 싸우고 싶어서, 투쟁을 하려고, 언쟁을 벌이려고, 비난하고 판단하고 상처를 주고 거절하기 위해 이 관계를 시작하지 않았을 것이다. 그래서 당신이 상처를 받는다면 당신의 파트너 또한 상처를 받는다는 것은 너무 당연한 일이다. 그렇기에 당신 둘이 같은 배를 타고 있어 당신이 원하던 방향과는 매우 다르게 변해 버린 관계로부터 둘 다 상처받는다는 것을 인식하기 시작하면 다르게 반응할 가능성이 열리게 된다. 즉, 증오와 거절 대신에 친절함과 배려로 반응할 수 있게 되는 것이다. 어떤 것이 당신의 관계를 더 건강하게 만드는가를 알기 위해서 노벨상 수상자가 될 필요는 없다.

90

그래서 지금 당신이 무엇을 할 수 있는가를 이야기해 보려 한다.

① 시간을 잠시 내어 당신의 관계에서 중요한 문제에 대해 써 보라. 그 목적은 혹독한 판단과 비난보다는 판단하지 않고 한 기술을 통해 그 문제를 보려는 데 있다. 예를 들어, '그레그는 게으른 놈이다.' 대신에 '그레그는 집안일을 자주 도와주지 않는다.'라고 쓰는 것이다. 처음에는 이렇게 하는 것이 쉽지 않은데 곧 익숙해질 수 있다. 그리고 당신의 혹독한 판단이 당신을 스치고 지나갈 때마다 그냥 그에 대한 정신적인 기록을 하면 된다. 당신 자신에게 마음속으로 "오! 판단이 또 시작이네!" 아

니면 "판단을 하고 있네!"와 같이 말해 주라. 그런 다음에 그것을 없애 버리고 대신에 판단하지 않게 된 사실을 적으라.

② 이런 문제들의 결과로 당신이 경험한 고통스러운 감정에 대해 써 보라. 당신은 어떤 고통스러운 생각 및 감정과 싸우고 있는가? 만약 당신이 알아차린 주 감정이 화남, 격분, 증오, 분노 혹은 좌절과 같은 감정이라면 당신이 '더 깊이 들어갈' 수 있는지 살펴보라. 이런 감정들은 전형적인 수면 위의 감정이다. 외부로 드러난 분노 아래는 흔히 상처, 슬픔, 죄책감, 수치심, 공포, 거절, 외로움, 부적절감, 절망감 및 사랑받지 못하는 느낌이나 아무도 원하지 않을 것이라는 느낌, 진가를 인정받지 못하는 느낌 및 무시받은 느낌과 같은 것들이 발견된다.

③ 이 관계가 고통스럽다는 사실을 마음을 열고 정직하게 인정하라. 당신들은 괴로운 상태이다. 지금까지 쉽지 않았다. 당신들은 이 관계에 모든 기대를 걸었으나 많은 것이 그렇게 되지 못했다. 당신들은 이 관계에서 미래에 대한 많은 꿈을 꾸었으나 많은 것이 현실화되지 못했다. 당신은 당신의 파트너에 대해 모든 종류의 환상을 가졌으나 대부분이 깨져 버렸다. 이렇게 당신이 거쳐 온 길을 감안한다면 당신이 괴로워하는 것은 너무 자연스러운 것이다.

④ 이제 이것이 가장 어려운 부분이다. 잠시 시간을 내서 당신의 파트너 또한 얼마나 괴로움으로 고통받고 있는지를 심사숙고해 보라. 그는 아마도 이에 대해 당신에게 전혀 내색을 하지 않았을 수도 있다. 많은 남자가 자신의 감정에 대해 이야기하

는 것에 익숙하지 않다(이것은 생물학적인 차이 때문이 아니라 단지 그들이 자라온 문화적 환경이 그들에게 어떻게 자신의 감정을 이야기하는지를 가르치지 않았기 때문이다). 그래서 여기에서 당신의 상상력을 발휘해야만 한다. 당신의 파트너가 당신의 불평과 비난을 다 받고 나면 어떻게 느낄 것인지 생각해 보라. 만약 그녀가 단절해 버리거나, 침묵하거나, 철퇴하는 경향이 있다면, 그녀에게 어떤 반응이 나타날까? 이 문제에 대응해서 숨어 버리거나 마음의 문을 걸어 버리지 않을까? 만약 그녀가 과거를 다시 끄집어내거나, 골몰하기를 잘하거나, 다시 생각하기를 잘하는 경향이 있다면, 그것이 얼마나 그녀에게 고통스러울지에 대해 생각해 보라. 결코 풀릴 수 없는 지난 일들을 다시 생각하면서 고통받기를 반복하지 않을까? 만약 그가 화가 나서 소리를 질러 댄다면 분노와 증오에 사로잡힌 그가 얼마나 힘들지 생각해 본 적이 있는가? 당연히 즐거움이나 기쁨이 있을 수가 없고, 분노에 빠져 헤매는 것이 그를 얼마나 고통스럽게 만들겠는가?

비록 마지막 단계가 당신에게 힘들고 마주하기 어려울지라도 당신이 이 단계를 위해 시간을 가지는 것은 중요하다. 그러나 당신의 마음이 이 과정을 방해하려 할 수 있다. 당신의 마음은 당신에게 "만약 그가 상처를 받고 있다면 그건 그가 자초한 거야. 그 자신이 그렇게 만들었어. 근데 내가 왜 그걸 이해해야 하는데?"와 같은 전혀 도움이 되지 않은 이야기를 할 것이다. 당신의 마음이 당신에게 이런 식으로 이야기를 할 때, 당신이 선택할 수 있는 것은 두 가지이다. 하나는 그 이야기에 사로잡혀 그것이 당신을 조절하도록 허용하는 것이다. 만약 당신이 이 방법을 선택한다면 당신은 더한 갈등과 긴장을 겪을 것이 틀림없다.

다른 하나는 그 이야기에 사로잡히지 않고 그것을 알아차리는 것으로, 마치 길의 다른 편에서 옛 친구를 발견한 것처럼 그렇게 알아차리는 것이다. 그리고 당신 자신에게 "아, 나는 이 오래된 이야기를 잘 알고 있어. 이 이야기를 전에 들은 적이 있어."라고 이야기해 주라. 그리고 잠시 동안 심사숙고할 시간을 가지고 '내가 이 이야기에 깊이 빠져들게 되면 어떤 일이 일어나게 될까? 이 이야기가 나를 낭비하도록 놔둬 버리면 어떻게 될까?'와 같은 생각을 깊게 해 보라. 그리고 자신에게 "만약 이 이야기에 나의 모든 주의를 기울이고 그것이 내가 어떻게 행동할지를 결정하게 놔두는 것이 나의 관계를 재건하거나 깊게 하는 데 도움을 줄 수 있을까?" 하고 물어보라. 이렇게 하면서 당신은 중요한 마음챙김 기술을 배우게 된다. 마음챙김 기술은 당신의 마음이 이야기하는 것을 알아차리고 그것을 당신의 손 안에 꽉 잡을지, 아니면 느슨하게 잡아 그대로 놔줄지와 같이 당신의 반응을 선택할 수 있는 능력을 말한다.

당신 둘의 상호적인 고통을 인식하는 것이 갈등에서 해결로 움직이는 핵심 단계이다. 두 사람 모두가 상처받고 있다는 것을 진심으로 인식할 때, 당신은 당신의 관계에서 활력과 사랑을 회복하는 데 필수적인 두 가지 요소인 배려와 온정으로 조율하기가 훨씬 쉽다는 것을 알게 될 것이다.

93

당신의 파트너가 원한다면

이 훈련은 당신과 당신의 파트너에게 어떻게 둘이 상처받고 있는지를 인식하고 알아차릴 수 있도록 도와주는 훈련이다. 이 훈련이 당신들에게 서로에 대한 온정이 생겨나게끔 도와줄 수 있기를 바란다.

1. 각 작업은 모두 앞의 네 단계를 통해 이루어진다. 일단 당신 둘이 이 네 단계를 다 했다면 1단계와 2단계에서의 당신의 반응을 서로에게 읽어 준다(만약 당신이 글로 쓰지 않았다면 말로 할 수 있다).

2. 당신의 파트너가 이야기하면 '전념하기'를 연습하라. 다른 말로 마음챙김적이 되라는 것으로, 호기심에 찬 태도와 마음을 열고 모든 주의를 기울이는 것이다. 그녀의 목소리 톤이나 그의 얼굴 표정. 그녀의 신체 언어, 그의 단어 선택 등을 알아차리라. 그녀가 보여 주는 생각, 아이디어 혹은 태도에 진심으로 호기심을 가지라. 중단시키고 싶거나, 방어하고 싶거나, 받아치고 싶은 욕구를 그대로 놓으라. 당신이 항상 영웅으로 생각하는 사람 중 한 사람의 대단한 연설을 듣고 있는 것과 같은 마음으로 들으라. 온전하게 전념하는 것이 당신이 당신의 파트너에게 줄 수 있는 가장 큰 선물 중 하나이다. 이것이 '나는 당신을 걱정하고 있고, 당신은 나에게 소중한 존재이다.'라는 메시지를 강하게 보내는 방법이기도 하다. 그러나 나의 방식을 그대로 따라 하지 말고 당신의 경험을 확인하라. 누군가가 이런 식으로 당신에게 주의를 기울이면 그때 당신은 어떻게 느끼는가? 특별하다고? 중요한 사람인 것처럼? 혹은 존중받는다고?

3. 마지막으로, 4단계에 대해 논의하고 당신이 얼마나 정확하게 당신의 파트너의 기분을 짐작하고 있었는지를 확인하라. 당신이 정확하게 맞추었어도, 아니면 당신이 얼마나 잘못 짐작하고 있었는지를 알게 되어도 당신은 놀라게 될 것이다.

갈등에서 온정으로

당신의 가장 친한 친구, 사랑하는 친척, 당신의 아이 혹은 당신의 개가 고통받고 있다면 당신의 기분은 어떤가? 당신은 그들의 고통을 알기 때문에 당연히 그것을 완화시켜 주기를 원할 것이다. 당신은 무엇인가 친절하게 해 주길 원하고, 그들을 돕고 지지해 주려 할 것이다. 아무도 당신에게 그렇게 하라고 가르쳐 주지 않는다. 이것은 거의 본능적으로 이루어진다. 우리는 그것을 '온정'이라고 부른다. 우리가 온정에 관심을 가지고 그것을 우리의 행동 지침으로 사용하게 되면 다른 사람들에게 다가서서 친절하게 행동하게 된다.

그렇다. 우리 모두는 우리의 파트너가 고통 속에 있을 때 그것을 알아차리지 못하거나 무시하거나 일축해 버리는 경우가 많다. 더 나쁜 경우는 우리가 "그의 탓이야."라는 말을 믿어 버리는 것이다. 이런 반응은 매우 흔하지만 전혀 도움이 되지 않는다. 관계를 되살리기보다는 독으로 물들게 만들어 버린다. 온정은 이런 독성에 대한 해독제이다. 온정은 일어난 일을 바꾸어 주지는 않는다. 그러나 이 온정이라는 향유는 상처가 빨리 나을 수 있도록 도와준다.

온정에 있어 첫 번째 단계는 당신의 파트너가 고통받고 있다는 사실을 아는 것이다. 그녀는 무자비한 상어가 아니며 당신과 같은 인간일 뿐이다. 그녀는 상처받고 있다. 그다음 단계는 당신이 가지고 있는 원래의 친절함과 만나는 것이다. 여기서 당신에게 도움을 줄 수 있는 기법은 당신의 파트너를 많이 놀라 떨면서 울고 있는 작은 아이로 상상해 보는 것이다. 그렇다. 당신의 파트너는 몸은 성인이지만 마음 안에는 고통받고 있는 작은 아이를 간직하고 있다. 이 작은 아이가 고통받고 있는 것을 상상해 보라. 그리고 이 아이를 위해 당신의 생각이나 감정을 나누어 줄 수 있는지 살펴보라.

당신이 너무 화가 나 있거나 너무 상처를 받아서 아직 이렇게 하는 것이 어려울 수가 있다. 만약 그렇다 해도 문제가 없다. 그냥 지금 당신이 어디에 있는지 알아차리고 자신에게 친절해지라.

앞으로 수 주에 걸쳐 갈등 때문에 당신이 상처를 받을 때마다 잠깐 시간을 내서 이 장에 대해 다시 생각해 보라. 당신이 고통받고 있음을 알아차리고 또 당신의 파트너도 그렇다는 것을 알아차리라. 그리고 당신에게서 온정을 불러일으킬 수 있는지 살펴보라.

동시에 자신에 대해서도 온정을 느껴 보라. 당신에게도 당신의 파트너 못지않게 온정이 필요하다. 당신이 그렇게 하기를 지속하면 당신의 가슴이 닫히는 대신 열리는 느낌으로 바뀌는 것을 알아차릴 수 있을 것이다. 그리고 당신이 이를 알게 되면 그것을 즐기라. 그것은 우리의 삶이 자유로울 수 있을 때 느낄 수 있는 몇 안 되는 즐거움 중의 하나이다.

96

6장

모든 사람은 자기 마음대로 하고 싶어 한다!

만약 당신의 파트너가 당신이 원하는 대로 해 준다면 신나지 않겠는가? 그녀가 당신의 마음을 미리 읽을 수 있어서 당신이 무엇을 원하는지를 알고는 당신이 바라는 대로 행동한다면 삶은 훨씬 편안해질 것이다. 그렇지 않겠는가? 나는 나를 찾는 내담자들에게 "만약 내가 마법의 지팡이를 가지고 있는데 그것을 당신의 파트너에게 흔들어서 그를 마술처럼 변화시킬 수 있다면 당신은 그가 어떻게 변하기를 원합니까?"라고 잘 물어본다. 때로는 처음에는 "네, 조지 클루니처럼 보였으면 좋겠네요!"와 같은 경솔한 반응을 보이기도 하나, 일단 이 질문을 심각하게 받아들이게 되면 이런 식의 반응은 더 이상 나오지 않는다.

이 질문에 대한 당신의 답을 무엇인가? 당신은 파트너가 마음이 더 열리고, 더 사랑하고, 더 다정해지기를 바라는가? 더 정리를 잘하고, 더 절제를 잘하고, 책임감이 더 강해졌으면 하는가? 아니면 더 자발적이고, 더 편안하며, 더 느긋해졌으면 하고 바라는가? 혹은 당신은 그녀에게 더한 것이 아니라 좀 덜한(less) 것을 바라는가? 예를 들어, 덜 긴장하고, 덜 심각하며, 덜 요구적이고, 술도 덜 마시길 바라는가? 아니면 그가 어떤 식이든 좀 더 나아지는(better) 것을 바라는가? 예를 들어, 의사소통이 좀 더 나아지길, 부양에 대해 좀 더 책임을 지기를, 혹은 좀 더 사랑해 주기를 바라는가?

우리는 어떻게 조절을 배우는가

98

진실은 우리는 태생적으로 다 자기 마음대로 하고 싶어 하는 사람들이라는 것이다. 우리 모두는 우리가 원하는 것을 갖기를 원한다. '미운 세 살'이라는 말로 알 수 있듯이, 당신은 이를 어린아이들에게서도 볼 수 있다. 걷기 시작하는 아이들은 자신이 원하는 대로 가기를 원한다. 만약 그렇게 할 수 없으면 울고, 소리 지르고, 발을 동동 구르고, 바닥에 뒹굴고, 골을 내고, 숨을 쉬지 않고, 장난감을 내던지고, 물어뜯고, 치고, 머리끄덩이를 잡아당기고, 혹은 "엄마, 엄마, 미워!"라고 소리를 지를 것이다. 그들은 당신을 조절할 수 있다고 생각하는 방법은 다 동원하려 할 것이다. 당신이 뒤로 물러서서 그들을 그대로 놔두거나 아니면 그들이 원하는 장난감이나 아이스크림을 줄 때까지 말이다.

우리는 이렇게 조절하는 방법을 아주 어릴 때부터 배운다. 그리고 우리는 그것을 결코 잊어버리지 않는다. 사실상 우리는 흔히 나이가 들어 가면서 그것을 더 발전시키고 정교화시킨다. 그래서 지금 겉으로는 어른이지만 '미운 세 살 아이'는 아직도 우리 안에 있다. 그리고 그 아이는 지금도 자기가 원하는 방식대로 모든 것을 얻으려 한다. 더 불행한 것은 일이 더 힘들어지게 되면 우리는 흔히 이런 어린아이의 방식으로 쉽게 되돌아가게 된다는 것이다. 우리는 소리치고, 덤벼들고, 가혹할 정도로 비난을 해댄다. 우리는 욕을 해대고, 문을 차고, 탁자를 치고, 혹은 신랄한 비판을 가하거나 그냥 내려놔 버린다. 우리는 울거나 의기소침해지고, 철퇴하거나, 소위 말하는 '침묵치료' 상태로 들어가 버린다. 아니면 아이가 소리질렀던 것과 똑같이 "엄마, 엄마, 미워!"라고 소리 지르거나 상처를 주는 모든 것을 이야기할 것이다. 이전 파트너와의 불쾌한 비교부터 관계를 끝내거나 이혼하자는 위협까지. 실제로 어떤 어른들은 물건을 던지거나 신체적 폭력에 의존하기도 한다.

　그래서 지금은 우리 자신에 대해 좀 더 정직한 평가를 해 보아야 할 시간이다. 책을 내려놓고 당신의 일지나 작업지를 펴고 자신이 원하는 대로 되지 않을 때 당신이 어떻게 행동하는지를 모두 적으라. 설령 그것이 부끄럽더라도, 모욕을 주는 것부터 접시를 던지는 것까지, 이혼하자는 위협부터 때리겠다는 위협까지, 혹은 우는 것부터 거짓말에 부정하는 것까지 당신이 이전에 사용했던 모든 조절 전술을 전부 적으라. 제발 성의 없이 대충 적지 않기를 바란다. 나는 당신이 용기를 내서 고통스럽더라도 자신에게 정직하기를 바

99

란다.

당신이 아이였을 때 당신 주위에 있던 어른들이 당신에게 당신이 원하는 것을 항상 얻을 수는 없는 것이 삶의 현실이라는 중요한 교훈을 가르쳐 주었기를 바란다. 그러나 이를 안다고 해서 우리가 원하는 것을 포기하는 것은 아니다. 우리는 그렇게 하도록 진화적으로 결정되어 있다. 이런 기본적인 욕구가 없다면 인간 종족은 이렇게까지 진화하지 못했을 것이다. 우리의 고대 조상들은 음식과 물 그리고 은신처와 자식이 더 많고 풍부하기를 바랐다. 그리고 이런 욕구가 그들로 하여금 도구와 무기 그리고 사냥과 농사 및 건축 기술을 발견하도록 만들었다. 세대가 지나면서 우리의 마음은 점점 더 정교화되었고 우리 사회는 오늘날 우리가 있는 지금 이 시점까지 더 진화하게 되었다. 이제 우리는 컴퓨터, 우주선, 냉장고, 휴대폰, TV, 에어컨, 차, 비행기, 인공심장 박동기 및 전자레인지 팝콘까지 많은 것을 가지고 있다.

우리 환경을 만들고 변화시키는 데 있어 이 놀라울 정도의 우리 능력은 조절에 대한 강력한 환상을 만들어 내었다. 그래서 오늘날과 이 시대에 와서 우리는 원하는 것을 얻으려는 강력한 욕구뿐만 아니라 우리가 그것을 가질 수 있을 것이라는 기대까지 가지게 되었다. (이런 기대는 만약 당신이 원하는 것은 어떤 것이든 얻을 수 있다는 강한 믿음을 가지고 그것을 꼭 믿는다면 무엇이든 얻을 수 있다는 주장을 하는 자가치료 지도자들에 의해 더 강화되었다.) 그러나 이 조절에 대한 욕구는 우리가 그것을 어떻게 효과적으로 다룰 수 있는지를 모른다면 심각한 문제가 될 수 있다.

우리가 진짜로 우리를 조절할 수 있을까

그래서 한번 생각해 보자. 당신은 실제 생활에서 정말로 얼마나 조절할 수 있는가? 당신이 확실하게 조절할 수 없는 것들이 있다. 날씨, 주식 시장, 부모에게 물려받은 유전자 등이 그것이다. 그러나 다른 것들은 이렇게까지 확실하지 않다. 만약 당신이 사업을 하고 있다면 당신은 고객이나 소비자가 계속해서 당신의 물건을 사줄지 그렇지 않을지를 조절할 수 없을 것이다. 그렇다. 당신이 훌륭한 물건과 뛰어난 서비스로 그들을 끌어들일 수는 있을지 몰라도 그들이 그것을 최종적으로 살 것인지 말지를 결정하는 것은 당신의 조절 능력 밖의 일이다. 만약 당신이 다른 누군가의 일을 해주고 있다고 해도 마찬가지이다. 당신은 열심히 일하고 훌륭한 서비스를 제공해 줄 수 있다. 그러나 고객이나 소비자가 그로 인해 행복할지 아닐지는 당신이 조절할 수 없다.

당신은 당신의 차를 어떻게 몰 것인지를 조절할 수 있지만 교통 상황을 조절할 수는 없다. 당신은 자신이 남들을 어떻게 대할 것인지를 조절할 수 있지만 그들이 당신에게 어떻게 반응할 것인가를 조절할 수는 없다. 건설업자와 건축가 및 기술자들은 고층 건물을 어떻게 지을지 조절할 수 있지만 갑작스러운 지진이나 비행기가 건물을 들이받는 것은 조절할 수 없다.

그렇다면 우리 감정에 대해서는 어떨까? 당신은 당신이 어떻게 느끼는지를 조절할 수 있는가? 아마도 당신은 분명히 시도해 봤을 것이다. 잘 되던가? 당신은 끝없이 행복한 상태에서 사는 것이 가능했는가? 당신은 성공적으로 슬픔, 두려움, 화남, 죄책감, 당황, 증오 및 스트레스를 제거하는 데 성공한 적이 있는가? 예를 들어, 명상 또는 이완 교실에 있거나 편안함을 위해 동기 유발을 위한 CD를 듣고 있거나 차 또는 침실에서 사적인 생활을 하고 있는 것처럼 우리가 안전하고 힘든 것이 없는 상황에 있다면, 이런 상황에서는 우리의 감정을 어느 정도 조절하는 것처럼 느낄 수도 있다. 그러나 더 힘들거나 어려움에 부딪히는 상황에서는 우리의 감정은 더 강렬해지고, 우리는 감정을 조절하기가 더 힘들어진다. 그렇다면 솔직하게 이야기해 보자. 만약 당신이 본인의 감정을 조절할 수 있다면 이 책은 읽을 필요가 없다. 당신은 자신의 관계에서 어떤 일이 일어나든 상관없이 당신을 기분 좋게 만들면 된다. 당신이 관계 문제에 대해 노력할 필요가 없는 것이다.

그리고 다른 사람들에 대해서도 이야기해 보자. 당신은 그들을 조절할 수 있는가? 유감이지만 그렇지 않다. 당신이 다른 사람의 머리에 총을 겨누고 있을지라도 그들을 조절할 수 없다. 그들은 당신에게 복종하느니 죽음을 택할 수도 있다. 사실상 역사적으로 많은 순교자가 이와 같은 선택을 하였다. 전쟁 중인 경우를 생각해 보라. 체포된 군인과 망명자들을 숨겨 주어서 잡혀간 시민들은 적들에게 자신들의 동료들에게 해를 줄 정보를 제공하기보다는 죽음을 택한 경우가 많았다. 물론 총이 당신의 머리를 겨누고 있다면 그것이 당신의 행동에 많은 영향을 줄 것이다. 그렇지만 그것이 당신을 조절하지는 못한다. 아우슈비츠 포로 수용소에서 살아남은 유대

훈련: 나는 나의 파트너를 조절하기 위해 어떤 시도를 해야 하는가

이제 나는 당신이 지금까지 당신의 파트너를 조절하기 위해 시도해 온 모든 방법을 다시 들여다보기 위해 시간을 가져 볼 것을 권한다. 그런 다음 그 방법들이 단기적으로는 얼마나 효과적이었는지 그리고 장기적으로는 얼마나 대가를 치렀는지를 평가해 볼 것을 권한다. 이를 하는 가장 좋은 방법은 다음과 같은 표나 내려받은 표를 일지에 그려 작성하는 것이다.

내 파트너가 한 말이나 행동 중에 내가 싫어하는 말이나 행동은 무엇인가?	내 파트너가 변화하도록 하기 위해 내가 이제까지 한 말이나 행동은 무엇인가?	이것이 길게 볼 때 내 파트너의 행동을 변화시켰는가?	나의 행동이 길게 볼 때 우리 관계를 증진시키거나 붕괴롭게 만들어 주었는가? 만약 그렇지 않았다면 건강, 활력, 고통, 시간 낭비, 화남, 후회 등의 관점에서 그 대가는 무엇이었는가?

다음은 나의 내담자 중 한 명이 한 답변이다.

103

6장 모든 사람은 자기 마음대로 하고 싶어 한다!

인 정신과 의사 빅터 프랭클(Victor Frankl)은 자신의 놀라운 자서전 『삶의 의미를 찾아서(Man's Search for Meaning)』에서 나치의 총 앞에서 죽어 간 유대인에 대해 썼는데, 그는 많은 유대인이 존엄을 위해 죽음을 선택하기를 주저하지 않았다는 것을 지적하였다. 물론 이것이 너무 극단적인 예일 수는 있으나 요점을 강력하게 말해 주고 있는 것은 사실이다.

이들 예는 모두 같은 기본적인 진실을 말해 준다. 당신의 삶에서 당신이 조절할 수 있는 단 하나는 당신의 행동이라는 것이다. 당신의 관계에 적용했을 때 이것은 매우 힘든 문제일 수 있다. 왜냐하면 우리는 우리의 파트너가 우리가 원하는 대로 해 주기를 너무나 바라기 때문이다. 그러나 만약 우리가 관계에서 강하고 건강한 연합을 이루기를 원한다면 그것이 우리가 가장 직면해야 할 현실인 것이다.

작업 가능성의 중요성

만약 당신이 당신 파트너의 '문제 행동'에 대해 앞서 제시한 양식을 다 완성하였다면, 당신의 파트너를 조절하기 위해 당신이 시도했던 것들이 단기적으로는 종종 당신의 요구를 충족시키는 효과가 있었지만 장기적으로는 대부분 당신의 관계를 더 망치는 결과를 가져왔음을 발견할 수 있었을 것이다. 이것이 우리에게 바로 '작업 가능성(workability)'이라고 알려진 ACT에서의 매우 중요한 개념을 생각하게 해 주었다. 어떤 것의 **작업 가능성**이란 그것이 풍부하고 의미가 있는 삶을 만들기 위해 장기적으로 볼 때 얼마나 잘 작용하는가를 일컫는다. 그래서 ACT에서 우리는 당신이 하고 있는 것이 길게 볼 때 당신의 삶을 풍부하게 만들고 당신의 활력을 증진시켜 준다면 그것이 작업 가능성이 있다고 이야기한다.

이 책에서 나는 당신의 관계에서 당신이 하는 것을 살펴보는 데 있어 '옳고 그름'이나 '좋고 나쁨' '해야 할 것과 하지 않을 것' 혹은 '정당한 것과 부당한 것'의 관점에서 살펴보라고 하지 않고 순전히 이 작업 가능성의 관점에서 보라고 요구할 것이다. 간단히 말하면, '당신이 하고 있는 것이 길게 볼 때 당신의 관계를 풍요롭게 하고 서로 보상적인 관계를 만드는 데 도움이 되는가?'이다.

당신이 화가 나서 이 책을 쓰레기통에 던져 버리기 전에 분명히 하고 싶은 것이 있다. 나는 당신이 잠시 동안 고통스럽더라도 침묵을 지키고 있고 당신의 파트너가 무엇을 원하든 그냥 놔두라는 이야기를 하는 것이 아니다. 그것은 명백하게 관계를 풍요롭게 하고 서로 보상적인 관계를 만드는 것이 아니다. 의미가 넘치고 풍요로운 관계에서는 양쪽 파트너가 다음과 같은 태도를 공유하게 된다. 우리는 모두 서로를 존중하고 돌보고 배려해 줄 가치가 있는 온전하고 자격이 있는 인간으로, 서로가 기꺼이 선택한 동료로서 삶의 행로를 함께하기로 선택하였다.

이를 좀 더 시적으로 표현하자면, 만약 두 사람이 환상적인 관계를 만들기를 원한다면 각자 산과 같을 필요가 있다. 산은 그 자체로 온전하고-완벽하다. 그러나 다른 산과 만나게 되면 그 산들 사이에는 새로운 무엇인가가 만들어진다. 바로 계곡이다. 건강한 관계는 둘 사이에 커다란 계곡을 가진 아주 큰 산과 같다. 그리고 그 계곡에는 삶의 강이 강하고 빠르게 그리고 자유롭게 흘러간다. 다른 산을 필요로 하는 산은 없다. 그러나 산들은 서로 연결되어 자연의 경이로움으로 가득 찬 푸르른 계곡을 만들어 낸다.

그래서 만약 당신의 파트너가 당신을 온전하게 만들어 주고, 당신을 구해 주고, 제대로 된 사람을 만들어 주고, 당신을 도와주며 당신의 문제를 해결해 주고, 당신의 모든 상처를 치유해 주고, 당신의 모든 요구를 만족시켜 줄 수 있는 사람이라는 생각이 들거나 반대로 당신이 그 사람을 고쳐 주고, 구해 주고, 마치 과제처럼 완성시킬 수 있다는 생각이 든다면, 당신은 문제를 향해 뛰어들고 있는 것이다. 산은 단단한 기반과 확실한 경계를 가지고 있고 그 자체로 강하고 온전하고 완벽하다. 더욱이 그것은 풍요롭고 매혹적인 경관의 일부이기도 하다. 만약 당신이 이런 태도를 자신에게 적용한다면 이것은 당신이 원하는 것과 욕구를 무시해야 한다는 것을 의미하지 않는다. 당신도 당신의 파트너와 마찬가지로 충분히 인정받고, 배려받고, 존중받고, 칭찬받고, 좋은 대우를 받는 것을 원할 수 있음을 의미한다. 그래서 이런 욕구, 바람, 요구가 완벽하게 '반드시 그래야만 하는' 것이 아니고, 알아주고 존중해 주어야 하는 것이라는 것은 납득할 만한 사실이다. 만약 당신이 반드시 그래야 한다는 태도를 가진다면 당신은 빈궁해져서 매달리게 될 것이며, 의존적이 되거나 아니면 비난적이고 요구적이 될 것이다.

107

여기에 아주 큰 역설이 존재한다. 당신이 파트너를 조절하려는 시도를 놓아줄수록 그녀는 흔히 당신이 원하는 것을 더 하게 될 것이라는 것이다. 당신이 요구하고 조절하려는 시도를 중단할 때, 당신의 파트너는 흔히 안심하게 될 것이다. 그리하여 당신의 바람에 대해 더 수용적이 되어 더 자발적으로 당신을 잘 대해 주려 할 것이다. 당신은 변화에 대해 어떤 약속도 할 수 없다는 것을 잘 알 것이다. 그러나 이런 긍정적인 변화는 매우 흔히 일어난다. 물론 당신은 원하는 것을 더 요구하려 하거나 요구할 수 있다. 그러나 만약 당신이 아주 가혹한 요구를 하는 대신에 부드럽게 부탁을 한다면 당신의 파트너는 더 반응적이 될 것이다(당신은 16장에서 이것을 어떻게 하는지 찾아볼 수 있다).

또 다른 보너스가 있다. 당신이 이런 헛된 조절 전략에 힘을 허비하는 걸 그만두게 될 때, 당신은 파트너를 당신이 원하는 대로 하게 하는 데 그 힘을 투자할 수 있다. 이것은 통상적으로 매우 도움이 되는데, 관계하는 것은 춤과 같아서 당신이 스텝을 바꾸면 그에 따라 당신의 파트너도 자신의 스텝을 바꾸기 때문이다. 다시 말하지만, 이 경우에도 어떤 확실한 약속을 해 줄 수가 없다. 당신의 파트너는 이전 스텝을 고집해서 당신의 발을 계속해서 밟을 수도 있다. 그러나 그렇게 하는 것이 당신이 자신의 가치와 연결되고 그것을 본인의 행동을 안내하는 데 의식적으로 사용할 수 있도록 만들어 주어서, 당신과 파트너 모두는 긍정적인 방식으로 변할 것이다. 그 첫 번째 단계는 당신의 마음속을 들여다보는 것이다.

7장

당신의 마음속을 들여다보기

"당신이 나의 파트너를 고쳐 줄 수 있나요?"

109

커플이 상담을 받으러 왔을 때, 이것이 흔히 그들의 주제이다. 그리고 많은 사람이 인터넷에서 관계에 대한 관련 자가치료서를 읽고 온다. 그래서 '상담이 나의 파트너가 무엇이 잘못되어 있는지를 해결하는 데 도움을 줄 것이고, 그러면 나는 그를 어떻게 고칠지를 알게 될 것이다.'라고 생각한다. 그러나 이는 도움이 되는 태도가 아니다. 만약 당신이 진정으로 당신의 관계가 나아지기를 바란다면 당신이 그것을 고치는 데 가장 효과적인 출발점은 바로 당신 자신이다. 그렇기에 당신은 거울 속의 자신을 제대로 볼 필요가 있다. 다음 질문들을 진정으로 생각해 보라.

- 당신은 어떤 파트너인가?
- 당신은 어떤 파트너가 되고 싶은가?
- 당신이 되고 싶은 것과 지금 현재 당신이 행동하고 있는 것 사이에는 차이가 있는가?

당신의 가치를 재발견하기

거듭 말하지만, 가치란 당신이 이 행성에서 사는 동안 당신이 하고자 원하는 것과 되고자 원하는 것에 대한 당신의 가슴 가장 깊은 곳에서 올라오는 열망을 말한다. 그것은 당신의 인생을 대표하는, 당신이 바라는 어떤 것을 반영한다. 즉, 지속해서 당신이 어떻게 행동하기를 원하는가를 보여 주는 것이다. 당신의 가치는 당신의 사랑을 지속시켜 주는 데 기초가 될 것이다. 만약 그것을 무시하거나 소홀히 한다면 당신의 관계는 기초가 없는 집처럼 무너져 가루가 되어 버릴 것이다. 일반적으로 우리는 관계에서 긴장과 갈등이 더할수록 우리의 진정한 핵심 가치와 더 단절되는 경향이 있다. 그래서 이 장에서 우리는 가치를 재발견하려 한다.

110

훈련: 당신의 10주년 기념일

지금부터 10년 후를 상상해 보자. 당신은 당신 관계의 지난 10주년을 축하하기 위해 가까운 친구들과 친척들과 함께 모여 있다. 이 모임은 당신의 집에서 작은 친목 모임의 형태로 이루어질 수도 있고, 좋은 식당에서 호화롭게 이루어질 수도 있다. 이것은 당신의 상상이다. 그러니 당신이 원하는 대로 상상하라.

당신의 파트너가 지난 10년간 함께했던 당신들 삶에서의 당신에 대해 이야기하는 모습을 상상해 보라. 당신이 무엇을 위해 살았는지, 그에게 당신의 의미는 무엇인지, 그의 삶에서 당신은 어떤 역할을 해 왔는지 등. 그가 무슨 이야기를 한다고 상상하든 간에 마음 깊은 데서 당신이 가장 듣고 싶은 것을 상상하라(이것은 그가 실제로 무엇을 이야기하는가가 아니라 상상의 세계에서 당신이 그에게서 듣고 싶어 하는 것을 말한다). 그가 당신의 성격이나 장점 그리고 당신이 둘의 관계에 얼마나 이바지하였는가에 대해 자세히 이야기하는 것을 상상하라.

이제 눈을 감고 수 분 동안 이 훈련을 수행하라.

이 훈련이 당신에게 당신의 가치에 대해 무엇을 이야기해 주는가? 당신은 정말로 당신이 되고 싶어 하는 파트너처럼 행동하였는가? 만약 당신이 쌜쭉하고, 철퇴해 버리고, 불평을 늘어놓고, 덤벼들고, 투덜대고, 후갈기려 하고, 상처를 주는 말을 하거나 악담을 하고, 위협하고, 판단하고, 비난하고, 발끈하는 행동을 하였다면 그것이 기억되었으면 하고 바라는 행동이었는가?

ACT에서는 가치를 '진행되고 있는 행동을 통해 이루어지길 원하는 특성(desired qualities of ongoing action)'으로 정의한다. 다른 말로 하면, 가치는 지속적으로 당신이 그렇게 하기를 바라는 어떤 것이고 당신이 그렇게 하기를 바라는 방식이라고 말할 수 있다. 그래서 가치라는 것은 일종의 풀 같은 것이어서 아주 작은 행동들을 함께 결합시켜 아주 큰 장기적인 목표를 만들어 낸다. 만약 당신이 당신의 파트너를 돌보는 데 가치를 두고 있다면 그녀를 위해 문을 열어 주는 것부터 출산 시에 그녀의 이마를 닦아 주는 것, 임종 시 그녀의 손을 잡아 주는 것까지의 모든 것이 하나로 결합될 것이다. 만약 당신이 파트너와 연결되는 것에 가치를 두고 있다면 그녀가 무슨 이야기하는가 귀 기울이는 것부터 손을 잡아 주고 섹스를 하는 것까지의 모든 것이 하나로 결합될 것이다. 그리고 만약 당신이 파트너를 돕는 데 가치를 두고 있다면 집안일을 나누어 하는 것부터 직업을 바꾸려 할 때 집세를 대신 지불해 주는 것까지의 모든 것이 하나로 결합될 것이다.

명심해야 할 것이 하나 있다. 가치라는 것은 당신이 '해야만 하는 어떤 것'이거나 '책임지고 해야 할 어떤 것'을 의미하지 않는다는 것이다. 가치는 당신에게 중요하거나 의미 있는 것에 대한 것이다. 그래서 만약 '책임지고 해야만 한다.' '하지 않아야만 한다.'와 같은 말이나 '해야만 한다.' '해야 할 필요가 있다.' '꼭 해야 한다.'와 같은 말이 나타난다면 당신은 더 이상 가치의 영역에 있는 것이 아니다. 당신은 이미 다른 쪽으로 넘어간 것이다.

규칙의 땅

타당한 상황에서 규칙은 매우 유용하다. 만약 우리가 어느 쪽으로 운전을 할 것인지, 얼마나 빠른 속도로 운전할 것인지, 운전하기 전에 얼마나 많은 양의 술을 먹는 것이 가능한지 등에 대한 규칙이 없다면 우리는 매우 곤란할 것이다. 그러나 만약 우리가 규칙을 지나치게 꽉 잡고 있으면 문제가 될 수 있다. 그러면 우리는 경직되거나 유연성이 없어지게 되어 결국에는 삶이 아주 제한적이 되거나 공허해지게 될 것이다. 당신의 가치가 규칙 쪽으로 움직이게 될 때 당신이 스스로에게 해 줄 수 있는 몇 가지가 있다. 가치는 당신의 가슴을 열어 주는 것이고, 진정으로 의미에 찬 것을 하는 것을 의미한다. 따라서 가치는 당신에게 밝음과 개방 그리고 확장의 느낌을 가져다준다. 그러나 규칙은 일반적으로 무거운 느낌, 빚진 느낌, 의무감 혹은 부담감과 같은 것을 가져다준다. 가치는 '원한다' '선택한다' '바란다' '가치' '소중한' '의미가 있는' '중요한' 등의 단어를 포함하는 경향이 있는 반면, 규칙은 '책임지고 해야만 하는' '해야만 하는' '꼭 해야만 하는' '해야 할 필요가 있는' '해야 하는' '옳은' '틀린' '좋은' '나쁜' 등의 단어를 포함하는 경향이 있다.

여기에 이런 차이를 명확히 하는 몇 가지 예가 있다.

- 규칙: 나는 내 파트너의 요구를 고려해야만 해.
- 가치: 나는 내 파트너의 요구를 고려하기를 원해.

- 규칙: 나는 운동을 규칙적으로 해야만 해. 그렇지 않으면 살이 찔 거야.
- 가치: 운동을 규칙적으로 하는 것이 나에게 **중요해**. 나는 나의 건강과 안녕을 유지하는 것에 **가치**를 두고 있어.

- 규칙: 나는 내 파트너와 시간을 더 잘 보내야만 해. 그렇게 하는 것이 옳은 일이야.
- 가치: 내 파트너와 시간을 더 잘 보내는 일은 나에게 **중요한 일**이야. 이것은 내가 **원하는** 관계를 만들기 위해서는 **중요한 부분**이니까.

규칙과 가치 사이의 이런 구분은 적어도 다음 세 가지 면에서 중요하다. 첫째, 만약 당신이 규칙에 따라 살아간다면 당신의 삶이 제한되어 있고 부담스러우며 스트레스로 꽉 차 있다고 느끼게 되는 반면, 당신의 가치에 따라 살아간다면 삶이 밝음과 자유로움 그리고 개방적인 느낌으로 가득할 것이다. 둘째, 어떤 가치든 그에 따라 행동하는 데는 수없이 많은 방법이 있지만 규칙은 당신의 선택을 매우 제한적으로 만들 것이다. 따라서 가치는 당신에게 풍부한 유연성을 가져다주는 반면, 규칙은 당신의 선택을 제한하게 만든다. 그리고 만약 당신이 규칙을 맹목적으로 따른다면 경직되고 유연성을 잃게 될 것이다. 셋째, 커플이 가진 가치가 서로 다른 것은 드문 일이 아니다. 더 흔하게는 두 파트너가 같은 가치를 가졌다고 해도 그것을 행동으로 어떻게 옮길 것인가에 대한 규칙은 다를 수 있다는 것이다. 만약에 당신이 자신의 규칙에 지나치게 매달리고, 당신의 규칙이 '옳다고' 주장하고, 파트너의 규칙은 '틀렸다'고 주장하면 이것이 바로 갈등의 근원이 되어 버릴 것이다. 모두가 근본적인 차원에서는 비슷한 가치를 가지고 있다는 것을 깨달을 수 있다면 이것이 당신에게 서로를 받아들이고 존중하는 데 도움이 된다는 것을 알 수 있다.

재닛과 미치의 예를 들어 보자. 재닛의 노부모는 480킬로미터 떨어진 곳에 살고 있어서 그녀는 3~4주에 한 번 그들을 방문하고 싶어 한다. 미치는 너무 자주 간다고 느껴졌고 일 년에 두세 번 정도 가는 것이 좋겠다고 생각한다. 이 문제를 해결하는 데 있어 좋은 출발점은 재닛과 미치가 서로 비슷한 가치를 가졌다는 것을 인식하는 것이다. 그들은 모두 가족과 시간을 보내는 것에 가치를 두고 또한 둘 다 그들의 가족과 건강한 관계를 유지하는 것이 중요하다고 생각하고 있다. 따라서 갈등은 가치 때문이 아니라 그것을 어떻게 행동으로 옮기는가에 대한 규칙이 다르기 때문에 일어나는 것이다.

재닛과 미치가 같은 가치를 공유하고 있다는 것을 아는 것이 공통의 바탕을 제공해 준다. 이것이 그들이 서로를 공격하거나 자신의 입장을 방어할 필요 없이 서로를 대할 수 있는 안전한 공간을 만들어 준다. 이것은 유익한 논의를 더 할 수 있도록 해 준다. 여기서부터 그들은 서로 다른 자신들의 규칙을 바라볼 수 있고, 그 규칙을 너무 경직되게 잡고 있을 때 치러야 할 대가에 대해 생각하여 규칙을 조금씩 양보할 의사가 있는가를 논의할 것이다.

115

물론 커플들은 종종 아주 다른 가치를 가지고 있는 경우가 있다. 가족들과 함께 시간을 보내는 것이 미치에게는 아주 어려운 일이라고 잠깐 가정해 보자. 이것은 확실히 상황을 더 까다롭게 만들 것이다. 그러나 만약 서로가 배려, 친절함 그리고 존중과 관련된 가치를 조율하면서 이 문제에 대한 타협을 시도한다면 훨씬 나은 결론에 도달할 수 있을 것이다.

가치, 가치 부여하기 그리고 목표: 당신의 삶에 방향을 부여하기

가치는 당신에게 방향을 알려 주는 나침반과 같다. 그것은 당신을 인도하고 당신이 여행하는 동안 여행이 순조롭게 이루어지도록 해 준다. 그러나 나침반을 보는 것과 당신이 가기를 원하는 곳에 대해 생각하는 것은 여행을 가는 것과는 다른 것이다. 여행을 떠나기 위해서는 당신이 움직여야만 한다. 그래서 당신의 가치를 명확히 하는 것도 중요하지만 그것을 행동으로 옮길 때만 당신의 삶은 호전될 수 있을 것이다. 당신의 가치가 유도하는 대로 행동을 취하라. 이것이 바로 ACT에서 알려진 가치 부여하기이다.

116

가치 부여하기란 진행되는 과정이다. 그것은 서쪽으로 여행하는 것과 같다. 당신이 여행하고자 하는 서쪽이 얼마나 먼가에 상관없이, 당신은 결코 그곳에 도착하지 못할 것이다. 목표는 당신이 여행 중에 지나쳐야 할 강이나 산 혹은 계곡과 같다. 그래서 목표는 도달하거나 완수할 수 있지만 가치 부여하기는 끝이 없다. 예를 들어, 만약 당신이 사랑하기, 배려하기 그리고 지지하기를 원한다면 그것은 가치이다. 즉, 진행되고 있는 행동을 통해 이루어지길 원하는 특성이 가치이다. 그것을 행동으로 옮겼을 때, 당신은 가치를 부여하는 것이다. 그리고 그것을 소홀히 하였을 때, 당신은 가치를 부여하지 못하는 것이다. 그러나 당신이 행동으로 옮기든 그렇지 않든 간에 가치는 항상 거기에 있다. 그것은 도달하거나 완수될 수 없다. 그것은 매일매일 당신의 남은 삶의 거기에 있을 것이다. 반면에, 당신이 결혼하기를 원한다면 그것은 목표이다. 그것은 '목록에서 지워질 수 있고' '끝낼 수 있으며' '완수할 수 있고' '도달할 수 있다.' 당신은 사랑하기와 돌보기와 연관된 당신의 가치를 완전히 무시하고도 결혼이라는 목표를 이룰 수 있다(비록 결혼이 아마도 그리 오래 지속되지는 못하겠지만).

가치, 원함, 요구 및 욕구

가치는 원함, 요구 및 욕구와 같은 것이 아니다. 당신이 파트너에게 원하는 것이나 파트너에 대한 당신의 요구 및 욕구는 무수히 많을 수 있다. 흔히 여기에는 친절함, 배려, 존중, 부드러움, 온정, 애정, 친밀, 섹스, 수용 등이 포함된다. 당신이 파트너로부터 무엇을 원하는지를 아는 것은 중요하다. 16, 17 및 18장에서 우리는 당신이 그런 것들을 얻을 수 있는 기회를 어떻게 증가시킬 수 있는지에 대해 살펴볼 것이다. 그러나 지금은 그것이 우리의 주제가 아니니 당신의 요구와 욕구는 당신의 가치와 같은 것이 아님을 좀 더 확실히 짚고 넘어가자. 당신의 가치는 당신이 하고자 원하는 것 그리고 당신이 어떻게 행동하고자 원하는 것이다. 가치는 당신이 다른 사람들로부터 얻고자 원하는 것이 아니다. 더 간단하게 이야기하자면, 만약 당신이 그것을 할 수 없다면 그것은 가치가 아니다. 그

117

래서 당신의 파트너로부터 애정을 얻는 것이 당신이 원하는 것이고 당신의 요구이며 욕구라면, 그것은 가치가 아닌 것이다. 반면에, 애정을 주는 것이나 격려하는 것, 애정에 보답하는 것, 혹은 애정이 전달될 수 있는 분위기를 조성하는 것은 가치일 수 있고 모두 당신이 실행할 수 있는 것으로 진행 중인 행동인 것이다. 당신이 당신의 원함이나 요구 혹은 욕구를 이야기하기 전에 우선 먼저 당신의 가치에 초점을 맞추는 것이 더 좋겠다는 것에는 그럴 만한 이유가 있다. 즉, 당신은 당신의 가치에 준하는 행동을 할 것인가 아닌가에 대해서는 조절할 수 있지만 당신의 파트너가 어떻게 반응할 것인가에 대해서는 조절할 수 없다는 것이다. 그래서 당신이 조절할 수 있는 것에 먼저 초점을 맞추게 되면 당신은 힘을 가지게 되는 느낌을 받는다. 이것이 당신의 파트너와 타협하게 될 때 당신에게 좀 더 좋은 위치에 서도록 도움을 줄 것이다.

가치: 당신이 하고자 원하는 것

잠시 나는 당신에게 당신의 가치를 써 보라고 요청하려 한다. 그러나 그렇게 하기 전에 한 가지만 명확히 하고 넘어가고자 한다. 당신의 가치는 당신이 하고자 원하는 것이라는 것이다. 가치란 당신이 어떻게 느끼고자 원하는 것이 아니다. 만약 당신이 느끼고 싶어 하는 것에 대해 쓰기 시작한다면 아마도 사랑받고 싶고, 소중히 여김을 받고 싶고, 지지받고 싶고, 양육받고 싶고, 존중받고 싶고, 중요하게 여겨지고 싶고, 적절한 대우를 받고 싶다와 같은 것을 쓰게 될 것이다. 그런데 당신은 가치를 쓰기보다는 '감정적 목표'를 쓰고 있는 것이다. 이런 감정들을 원하는 것은 당연한 것이고 우리 대부분이 그렇게 한다. 문제는 당신이 그것을 얻거나 얻지 못하는 것에 대해서 거의 조절할 수 없다는 것이다. 그러나 가치는 훨씬 더 힘을 가지게 해 주는데, 당신이 어떻게 느끼는가와 상관없이 항상 당신의 더 깊은 곳에 존재하기 때문이다. 매 순간 그리고 어떤 순간이든 당신의 가치는 접근 가능하며, 마치 훌륭한 친구와 같아서 당신이 필요로 할 때면 언제나 도움과 안내의 손을 내밀어 줄 것이다.

또 명심해야 할 것은 당신의 가치는 **바로 당신의 것**이라는 사실이다. 즉, 가치란 당신을 대표하기를 원하는 어떤 것 혹은 당신이 어떻게 행동하고자 원하는 것이라는 것이다. 그래서 만약 당신이 파트너에게 원하는 것을 쓰거나 파트너가 다르게 행동해 주기를 바라는 당신의 바람을 쓰고 있다면, 이것은 당신의 가치가 아닌 당신의 요구나 욕구에 대한 것을 쓰고 있는 것이다.

119

당신은 이번에 무엇을 발견하였는가? 당신의 가치를 좀 더 명확히 해 주는 어떤 것이기를 바란다. 때로 나의 내담자들은 이에 대해 잘못 생각하는 경우가 있다. 그들은 "그러면 당신은 내가 모든 면에서 달콤하고 언제나 사랑을 하며 그가 나를 마음대로 하도록 놔두란 이야기를 하시는 겁니까?" 하고 항의를 한다.

그러면 나는 "물론 절대 아닙니다."라고 대답하고는 다음과 같은 이야기를 한다. "저는 진짜 진심으로 자신이 동네북이 되기를 원하는 사람은 없다고 생각합니다. 저는 많은 사람이 동네북처럼 행동하는 것을 알고는 있습니다. 그러나 그것은 당신의 관계에서 활력을 고갈시킬 뿐인 처방입니다. 당신의 관계가 살아나기 위해서는 자신을 잘 돌아봐야 합니다. 자신에게 솔직해져야만 합니다." 그렇다면 당신의 주요 가치 중 하나는 자기주장적이 되는 것이다. 당신 자신을 옹호해 주고, 당신의 요구를 표현하고, 당신이 무엇을 원하는지를 물어보고, 아닐 때는 아니라고 대답할 수 있어야 한다. 그러나 이것이 당신이 벽을 부수는 기계가 되거나, 소리를 지르거나, 고집을 부리거나, 요구를 하거나, 비난을 하거나, 당신이 원하는 방식으로 할 수 있을 때까지 무리하게 밀어붙여야 한다는 것을 의미하지 않는다. 누군가가 당신과 그의 관계에 대해 마음을 열고 솔직하게 이야기할 때, 그 사람이 친구건, 동료건, 내담자건, 부모건, 아이들이건, 파트너건 간에 당신은 그들이 어떻게 이야기를 해 주기를 바라는가? 화나서, 공격적으로, 증오심을 가지고, 거칠게, 혹은 신랄하게 해 주길 바라는가? 아니면 존중과 온정, 배려와 이해 그리고 수용적인 태도로 이야기해 주길 바라는가?

자기주장이란 자신을 옹호해 주고 자신의 요구를 다루는 데 당신과 다른 사람들을 돌보고 존중해 주는 방식으로 하는 것을 말한다. 그래서 만약 자기주장이 당신의 가치라면 그것을 써 놓으라. 공격적이라는 것은 당신 자신을 옹호해 주고 자신의 요구를 다루는 데 다른 사람을 돌보지 않고 존중해 주지 않는 방식으로 하는 것을 의미한다. 이것은 마치 벽을 부수는 기계처럼 되는 것을 말한다. 수동적이라는 것은 자신을 옹호하지 못하고 자신의 요구를 다루지 못하는 것을 말한다. 수동적이 되면 당신은 항상 자신의 개인적인 대가가 무엇이든지 다른 사람의 요구를 자기 자신의 요구보다 우선해야 한다. 다른 말로 이야기하면, 당신은 동네북이 되는 것이다. 당신이 더 수동적이 되면 될수록 당신은 당신 자신에 대해 더 진실하지 않게 되고, 더 쉽게 지쳐 버리고, 진이 빠져 버리며, 스트레스를 많이 받게 되고, 소진되어 버리고, 불안해지고 우울해질 가능성이 높다. 따라서 길게 보면 그것이 당신과 당신 파트너 모두에게 피해를 줄 것이다. 그래서 동네북과 벽을 부수는 기계 모두는 관계에서 활력을 고갈시킨다. 그렇기에 당신의 가치를 명확하게 할 때 자기존중과 자기배려 및 당신 파트너에 대한 존중과 배려를

121

함께 고려해야 한다.

'나는 옳고 당신은 틀리다' 이야기

내가 나의 내담자들과 이 가치 명료화 훈련을 할 때는 가끔 그들의 화를 돋우기도 한다. "왜 나에게만 그래요? 저 사람이 문제거든요." "이봐요, 나는 문제가 없어요. 나는 단지 그녀가 나를 더 이상 괴롭히지 않았으면 할 뿐이거든요."

나는 그들의 항의를 주의 깊게 듣고 나서 조용히 물어본다. "그래서 당신은 솔직하게 나에게 관계를 호전시키기 위해 당신은 아무것도 할 필요가 없다는 이야기를 하고 있는 건가요? 그렇다면 더 나아질 방법이 전혀 없다는 이야기이고, 당신은 이미 완벽한 파트너라는 이야기입니까?"

122

"아니, 아니요, 그런 이야기를 하는 것이 아니라……." 당황한 내담자의 대답이 돌아온다. 그리고 흔히 이것이 그들의 분노를 내려놓기 시작하는 데 충분한 도움을 준다. 그러나 항상 그런 것은 아니다. 때로 그들은 계속 주장한다. "물론 나는 완벽하지 않습니다. 그러나 나는 괜찮아요. 그녀가 바로 태도를 바꾸어야 할 사람입니다, 내가 아니고!"

ACT에서 우리는 이를 '나는 옳고 당신은 틀리다' 이야기(I'm right, you're wrong' story)라고 부른다. 우리 모두는 이 이야기의 다양한 변형 판을 가지고 있다. 그리고 종종 우리 모두는 이 이야기

안에 빨려 들어가곤 한다. 이것은 매우 문제가 될 수 있다. 당신이 만약 당신은 옳고 다른 사람은 틀렸다는 것을 확신하고 있다면 당신과 그 사람의 관계에서 무슨 일이 일어나겠는가? 존중하고, 사랑하고, 열린 관계가 이루어지겠는가? 아니면 긴장으로 가득 차고, 갈등이 넘치고, 반대만 하는 관계가 이루어지겠는가?

이 시점이 일반적으로 내가 작업 가능성 개념을 설명하기 시작할 때이다. 나는 내담자에게 "당신이 자신은 확실하게 옳고 당신의 파트너가 꼭 변해야 할 사람이라고 확신한다면 그것이 길게 볼 때 당신의 관계에 어떻게 작용할 것이라 생각합니까? 그것이 당신의 관계에 힘을 불어넣어 주고 성장시켜 주는 데 도움을 줄 것이라 생각하십니까?"라고 묻는다. 만약 당신이 당신의 파트너는 고쳐야 할 필요가 있는 문제를 가진 사람이라고 보고 있다면 당신은 어쩔 수 없이 모든 종류의 긴장과 마주해야 할 것이다. 어찌하였던 만약 누군가가 당신을 그런 식으로 바라보고 있다면 당신의 기분은 어떨 것 같은가?

나의 내담자 중 일부는 그래도 문제에 대한 논쟁을 계속한다. "그러나 제가 말한 건 진짜예요." "그가 무얼 하고 있는지 한번 보세요!"

그러면 나는 그들에게 되묻는다. "이 방 안에서 당신과 무엇이 옳고 틀린지에 대한 논쟁을 더 이상 하지 않겠습니다. 우리가 관심을 가지고 있는 것은 옳고 그름을 떠나 더 중요한 어떤 것입니다. 우리는 무엇이 당신의 관계에 가장 효과적으로 작용할 것인가에 관심을 가지고 있습니다. 저는 당신이 그것을 알기를 바랍니다. 당

123

신이 당신의 파트너는 바뀌어야만 하고 당신은 그럴 필요가 없다는 생각에 매달리게 되면 진짜 옳고 틀린가에 상관없이 그것이 당신의 태도와 행동에 어떤 영향을 미칠 것이라 생각하십니까? 당신이 파트너를 대하는 데 그것이 어떤 영향을 줄 것이라 생각하십니까? 길게 볼 때 그것이 당신의 관계에 도움을 줄 것이라 생각하십니까?"

사랑하는 관계의 기초: 연결, 배려 그리고 기여

'옳은' 혹은 '틀린'이라는 것과 같은 가치는 없다. 그것은 마치 아이스크림과 같다. 당신이 좋아하는 맛은 메이플 월넛, 초콜릿 칩, 혹은 라즈베리 리플일 수 있다. 거기에는 옳고 그름이 있을 수 없다. 당신은 당신이 좋아하는 것을 좋아할 뿐인 것이다. 만약 민트가 당신이 좋아하는 맛이라면 그것을 정당화하거나 설명하거나 방어할 필요가 없다. 이와 마찬가지로, 당신의 가치는 당신의 가치일 뿐이다. 그것은 그 자체이고 그것을 정당화하거나 방어할 필요가 전혀 없다. (물론 사회가 당신에게 당신의 가치를 어떻게 행동화할 것인가에 대해 옳고 그름의 규칙 혹은 선과 악의 규칙과 같은 것을 부여할 수는 있다. 이런 규칙들이 '윤리' '도덕' 혹은 '행동 규범'과 같은 것으로 알려져 있다. 게다가 사회는 어떤 가치는 다른 가치보다 우위에 있다고 판단하는 경향이 있는데 이를 '미덕'이라고 부른다.)

그러나 옳고 그름과 같은 가치는 존재하지 않지만 풍요롭고 충만하며 의미가 넘치는 관계를 위해 꼭 필요해 보이는 어떤 것들은 존재한다. 예를 들어, 수용, 온정, 배려, 연결, 기여, 공정함, 친절함, 존중, 개방, 정직, 통합 및 신뢰와 같은 가치가 그것이다. 이것은 물론 완벽한 목록이 아니다. 당신이 채워 넣을 수 있는 수많은 가치가 존재할 것이다. 그러나 당신은 이 목록을 단순화해서 어떤 사랑의 관계든 그 치료를 형성하는 연결, 배려 그리고 기여의 3개 핵심 가치로 줄일 수 있다. 만약 당신에게 당신의 파트너와 깊게, 가깝게 그리고 충만하게 연결되는 것이 중요하다면, 만약 당신이 진심으로 파트너의 감정, 행복 그리고 활력을 돌보려 한다면, 그리고 만약 당신이 파트너의 건강, 안녕 및 삶의 질에 진정으로 기여하고자 한다면 목록에 있는 다른 모든 가치는 자연스럽게 따라오게 될 것이다.

배려, 연결 그리고 기여는 사랑, 따뜻함 및 친밀함을 짓기 위한 벽돌이다. 그래서 만약 이들 영역에 있어 가치 부여하기에 심각한 문제가 있다면 당신의 관계는 번창하지 못하고 시들어 버릴 것이다.

당연히 사람들은 자신을 표현할 때 저마다 다른 말을 쓴다. 여기에 당신이 생각해 볼 수 있도록 도움을 주는 몇 개의 예가 있다.

- **연결**: 나는 내 파트너와 친밀해지고 가까워지고 싶다. 나는 그에게 마음을 열어 내 생각과 감정을 함께 나누고 싶다. 나는 가식을 떨쳐내서 그가 진짜 내가 누구인지를 알게 하고 싶다. 나는 그와 연결이 되어 결합되고 싶다. 나는 그에게 관심이 많다. 나는 그와 즐겁게 보내고 싶다. 나는 그를 이해하고 싶고

125

내 자신도 그에게 이해시키고 싶다.

- 배려: 나는 내 파트너가 나를 필요로 할 때 그 자리에 있어 주고 싶다. 나는 그녀를 도와주고 지지해 주고 싶다. 나는 그녀에게 내가 필요한 사람이라는 것을 보여 주고 싶다. 나는 사랑으로 부드럽게 그리고 온정적으로 그녀에게 행동하고 싶다. 나는 그녀를 더 수용적으로 그리고 너그럽게 대하고 싶다. 나는 그녀에게 호의적으로 따뜻하게, 애정을 가지고 그리고 이해하는 마음으로 대하고 싶다.

- 기여: 나는 내 파트너에게 도움, 격려, 영감 혹은 인도 등, 내가 그의 삶에 도움을 줄 수 있는 것이라면 무엇이든 주고 싶다. 나는 필요할 때면 언제나 도움의 손이나 커다란 지지를 보내 주고 싶다. 나는 그를 돕기 위해 그의 삶이라는 여정 안에 나의 시간과 열정을 쏟고 싶다. 나는 그에게 지지해 주고 도움이 되는 사람이 되고 싶다.

당신의 관계에서 매 시간 갈등이나 긴장이 넘친다면 어떤 일이 일어날지 상상해 보라. 당신은 자신의 가치를 배려와 연결 그리고 기여에 잘 맞출 필요가 있다. 만약 당신이 당신의 문제를 논의하는 데, 당신의 문제를 표현하는 데, 아니면 타인의 요구를 타협하는 데 배려와 친절함 그리고 존중을 그렇게 하기 위한 기반으로 사용한 다면 당신의 관계는 얼마나 호전될 것 같은가?

당신의 가치에 대해 심사숙고할 때 고려해야 할 문제가 하나 더 있다. 당신이 갖기를 바라는 성격은 어떤 것인가? 예를 들어, 당신은 더 개방적이고 되고, 더 정직해지고, 더 사랑을 하며, 더 관능적이 되고, 더 섹시해지며, 더 농담을 즐기고, 더 자발적이며, 더 창조적이고, 더 관대하며, 더 용기가 있고, 더 차분하며, 더 낙관적이고, 더 멋지고, 더 진실하며, 더 신뢰할 수 있고, 더 믿음직해지고 싶은가?

이제 가치에 대해 좀 더 발전된 개념을 가지게 되었다. 관계에서 '나는 어떤 사람이 되고 싶은가?'라는 마지막 훈련으로 돌아가 보자. 이 훈련에 좀 더 추가하고 싶은 것이 있는가?

127

당신의 파트너가 원한다면

두 사람 모두 이 장에 쓰인 훈련을 마치라. 그런 다음 서로 자신의 생각을 나누기 위한 시간 30분을 따로 내라. 당신은 아마도 당신들의 가치가 얼마나 비슷한가에 매우 놀라게 될 것이다. 물론 서로 많이 다르다는 것을 발견할 수도 있다. 만약 서로 많이 다르다면 여기에 그것을 어떻게 다루어야 하는지에 대한 답이 있다.

첫째, 이것을 스트레스의 또 다른 근원으로 만들지 말아야 한다. "아니 어떻게. 우리는 너무 다르잖아! 이걸 무슨 수로 해결하지?" 이것은 단지 '다르다'는 것 이상의 어떤 것도 아니라는 것을 인식해야 한다. 그것이 당신은 '옳은' 가치를 가졌고 당신의 파트너는 '틀린' 가치를 가졌다는 것을 의미하는 것이 아니다. 그냥 당신들은 단지 다를 뿐인 것이다. 앞으로의 장에서 당신은 이런 차이가 아주 크더라도 건강한 관계를 유지할 수 있다는 것을 볼 수 있을 것이다.

둘째, 가치는 서로 다른 수준이 있다는 것을 인식하라. 표면적 수준에서 당신들의 가치는 매우 다르게 보일 수 있다. 그러나 만약 좀 더 깊게 들어

간다면 흔히는 그것이 같다는 것을 발견하게 된다. 예를 들어, 당신의 가치는 축구를 하는 것인 반면에 당신 파트너의 가치는 테니스를 치는 것이라고 해 보자. 첫눈에는 당신들은 서로 다른 가치를 가지고 있는 것처럼 보인다. 그러나 더 깊은 수준에서는 같은 것이다. 당신 둘은 경쟁적인 운동을 하는 가치를 가지고 있다. 이번에는 당신은 경쟁적인 운동을 좋아하는데 당신 파트너는 그림 그리기나 요가와 같은 여유 있는 활동을 좋아한다고 가정해 보자. 또다시 표면적인 수준에서는 이들 가치가 서로 다르게 보인다. 그러나 더 깊이 들어가면 당신은 그것 역시 같다는 것을 발견하게 될 것이다. 두 사람 모두 당신들을 자극하고 도전하게 하는 여가 시간 활동에 가치를 부여하고 있는 것이다.

한 가지 예가 더 있다. 히스는 직장에서 오랜 시간을 보내고 자주 집에 늦게 온다. 셀리는 이것이 아이들을 위해 좋지 않다고 생각하고 남편이 더 일찍 들어와서 아이들과 함께 시간을 더 보내 주길 원한다. 표면적 수준에서 그들은 다른 가치를 가지고 있는 것처럼 보인다. 히스의 가치가 일을 열심히 하고 돈을 버는 것이라면 셀리의 가치는 가족으로서 함께 시간을 보내는 것처럼 보인다. 그러나 좀 더 깊이 들어가 보면 그들은 같은 가치를 가지고 있음이 드러난다. 두 사람 다 아이들을 위해 최선을 하고 싶은 것이다. 그들에게 원하는 것을 제공해 주고 싶고, 돌봐 주고 싶으며, 성장과 발달과 확장을 돕고 싶은 것이다. 여기서 문제는 가치가 다름에 있지 않다. 문제는 히스와 셀리가 다른 법칙을 가지고 있다는 것이다. 히스의 법칙은 '아이들이 필요로 하는 것을 사 주기 위해 열심히 일하라.'이다. 이 법칙에 따라야만 그는 가족 휴일을 위해 지불할 돈을 벌 수 있고, 아이들의 옷이나 장난감을 사 줄 수 있으며, 좋은 동네에서 살게 해 줄 수 있는 것이다. 셀리의 법칙은 '가족으로서 함께 시간을 보내라.'이다. 이 법칙을 따라야만 그들은 하나가 되고, 의미 있는 시간을 보낼 수 있으며, 더 풍요롭고 건강한 관계를 발전시켜 나갈 수 있는 것이다.

그래서 만약 당신들의 가치가 갈등을 보이거나 아주 많이 차이가 나는 것처럼 보인다면 더 깊이 들어가 공통적인 바탕을 찾아보라. 그러면 찾을 수 있을 것이다. 항상 그렇다는 것은 아니지만 흔히는 그렇게 발견할 수 있다. 일단 당신들이 같은 가치를 가지고 있다는 것을 깨닫게 되면, 당신은 당신의 규칙을 작업 가능성이라는 관점에서 살펴볼 수 있다. 만약 당신이 이들 규칙을 지나치게 경직되게 따르거나 당신의 규칙은 '옳은' 것이고 '당신 파트너의 규칙은 '틀린' 것이라고 주장한다면 이런 태도가 당신의 관계를 호전시키는 데 도움을 줄 수 있을까? 규칙을 양보하거나 변경시키기 위해 공간을 만들거나 혹은 좀 더 나은 균형을 찾기 위해 그것을 살며시 쥐고 있을 수 있는가?

가치: 감추어진 계곡

당신의 가치는 멋지고 기름진 계곡과 같아서 당신 앞으로 길게 뻗어 있고, 달콤한 과일과 맑은 물 그리고 경이로운 생명으로 가득하다. 그런 계곡에 대해 생각하는 것은 즐거운 일이고 그곳에서 무엇을 발견할 수 있을까 생각하는 것도 즐거운 일이다. 그러나 당신이 그것을 탐색하지 않으면 그것이 어떤 느낌일지 전혀 알 수 없을 것이다. 가치 부여하기란 당신이 신발을 신고 걷기 시작하는 것을 의미한다. 그리고 당신이 움직이고 있는 한 설사 아무리 작은 걸음이라 할지라도 매 걸음이 한 걸음이 된다는 것이다.

가치에 따라 인도된 행동

당신이 할 수 있는 작은 일들에 대한 생각을 시작해 보자. 당신의 관계를 증진시켜 줄 수 있는 가치에 따라 인도된 간단한 행동들을 말이다. (물론 당신은 당신의 파트너에게 상처받았거나, 화가 나 있거나, 분노에 차 있을 수 있다. 그래서 아직 이런 행동을 하고 싶은 마음이 없을 수 있다. 만약 그렇다면 당신이 지금 어디에 있는지에 대해서만 알아차리라. 우리는 앞으로 두 장에 걸쳐 이 문제에 대해 이야기할 것이다.) 다음은 당신이 시작하는 것을 도울 수 있는 몇 가지 방법이다. 비록 여기서는 우리가 연결, 배려 그리고 기여의 핵심 가치에 초점을 맞추고 있지만 그것이 관계에서 중요한 가치의 전부는 아니다. 그래서 당신의 다른 것들을 추가해도 좋다. 이제 당신의 일지나 내려받은 작업지를 펼쳐 다음에 대한 당신의 답을 적는다.

130

- 단어: 당신은 당신의 파트너에게 더 깊은 연결감을 촉진시켜 주기 위해 혹은 당신이 그를 돌보고 있다는 것을 보여 주기 위해 어떤 말을 해 줄 수 있는가? "나는 당신을 사랑해." "나는 항상 당신을 위해 존재해." "내가 당신을 어떻게 지지해야 할지를 알려 줘." 혹은 "당신이 내 인생을 함께해서 나는 너무 고마워."와 같은 말은 어떻겠는가? "고마워." "미안해." 혹은 "제발 용서해 줘."와 같은 간단한 말조차도 진심으로 이야기한다면 큰 영향을 미칠 수 있다. 말과 함께 문자 메시지, 카드 혹은 이메일과 같은 방법도 함께 사용할 수 있다.

- 제스처: 당신은 파트너의 건강, 안녕, 활력에 기여하기 위해 어떤 행동을 취할 수 있는가? 여기에는 저녁 준비, 차 수리, 저녁 외출 준비하기, 집안일이나 과제를 도와 함께 하기, 꽃이나 CD와 같은 작은 선물 주기 등이 포함이 될 수 있다.
- 육체적인 것: 결합을 촉진시키고 육체적으로 가까워지기 위해 당신은 어떻게 할 수 있는가? 안아 주기, 키스하기, 손잡기, 머리 쓰다듬기, 등 쓰다듬어 주기, 의자에 함께 앉아 있기 등을 시도해 보라.

모든 것이 달콤하고 장밋빛이지는 않다

당신의 가치를 행동으로 옮기는 것은 그 자체가 만족스러운 것이다. 그것은 당신에게 의미, 목적 그리고 활력감을 줄 뿐만 아니라 자신에게 진실해졌다는 것에서 오는 깊은 충족감을 더해 준다. 여기에 보너스로 그것은 많은 경우에 당신의 관계에도 도움이 된다. 그러나 이것이 삶이 진정으로 즐거워지거나 행복해진다는 것을 의미하는 것은 아니다. 가치에 따라 인도된 삶은 고통과 불편함을 동반하기도 한다. 당신이 계속을 탐험할 때 당신은 때때로 걸려서 넘어질 수도 있고, 비어서 피가 나거나 멍이 들 수도 있고, 미끄러져 상처가 날 수도 있다. 그리고 천둥이나 비 혹은 눈을 만날 수도 있고, 춥고 물에 젖을 수도 있고, 길을 잃고 배를 주릴 수도 있으며, 혼자여서 무서울 수도 있다. 높으면 낮음이 있고, 달콤함이 있으면 쓰디씀이 있으며, 즐거움이 있으면 고통이 있을 것이다. 그러나 당신은 온전하게 살아 있음을 느낄 것이다. 그리고 당신 자신에 대해 도전하고 있고 성장하고 있다는 것을 알 수 있을 것이다. 그리고 이것이 편안한 곳에 머무르며 당신을 소모하는 것보다는 확실히 더 나을 것이다.

이 모든 것이 이론상으로는 그럴듯하게 들리지만 드물지 않게 문제를 가져올 수 있다. 흔히 이 굉장한 계곡은 숨겨져 있다는 것이다. 그것은 화남, 분노, 좌절, 두려움, 상처, 비탄 등의 어둡고 오염되어 있는 구름 뒤에 가려져 있다. 이 '심리적 스모그'는 당신의 파트너가 무엇이 틀린지, 당신의 관계는 무엇이 부족한지, 과거에 어떤 일들이 당신에게 상처 주고 화나게 만들었는지 등의 많은 고통스러운 이야기로 이루어져 있다. 이 고통스러운 생각과 기억들은 함께 덩어리를 이루어 겹겹이 쌓여서 당신이 그 뒤에 있는 계곡을 완전히 볼 수 없게 더 두터워지고 검게 되어 간다. 다음 두 장에서 당신은 자신이 이 스모그를 어떻게 만들게 되는지 그리고 그것을 어떻게 흩어지게 할 수 있는지에 대해 공부할 것이다. 그 사이에 나는 당신에게 당신의 일지나 작업지에 몇 가지 문제를 시도해서 그것을 적어 보게 하려 한다. 적는 날에는 거기에 적어도 5분을 투자하도록 하고 다음의 것들 각각에 대해 심사숙고해 보길 바란다.

- 당신이 자신의 가치와 마주하고 있어 당신이 되고 싶어 하는 파트너처럼 행동한 시간들에 대해 생각해 보라. 그러면 어떤 기분이 느껴지는가? 그것이 당신의 관계에는 어떤 영향을 미치는 것 같은가?

- 당신이 '나는 옳고 당신은 틀리다' 이야기에 사로잡혀 있거나 당신의 파트너를 고쳐야 할 문제처럼 바라보게 되면 무슨 일이 일어나는지 살펴보라. 당신의 태도, 기분 그리고 행동에는 무슨 일이 일어나는가? 당신의 관계에는 무슨 일이 일어나는가? 당신의 건강, 안녕 그리고 활력에는 무슨 일이 일어나는가?

- 가치 부여하기를 시작하라. 그것을 간단히 그리고 쉽게 시작할 수 있도록 노력하라. 배려, 연결 그리고 기여를 하는데 아주 작은 행동에서 시작하라. 예를 들어, 기대하지 않은 전화를 걸 수도 있고, 일하면서 "당신을 사랑해."와 같은 문자 메시지나 이메일을 보낼 수도 있다. 그리고 매일 하루 일과를 끝내고 나서 당신이 무엇을 했는지, 그것을 어떻게 느꼈는지 적으라.

- 만약 가치 부여하기를 시작하지 않았다면 무엇이 그것을 못하게 하는지 살펴보라. 무슨 생각이나 감정이 방해가 되는가?

가치에 따라 인도된 행동은 당신 관계의 활력소와 같다. 그것이 없이는 당신의 관계는 시들어서 죽게 될 것이다. 그러나 경고 한마디 하자면, 만약 당신이 이 행동을 당신의 파트너에게서 무엇인가를 얻어 내려는 목적으로 시작하였다면 당신의 가치에서 요구, 원함, 욕구, 감정적 목표 등으로 움직인 것임을 알아야 한다. 그러면 이것은 당신에게 문제를 가져올 가능성이 높다. 그것은 당신을 실망하게 만들고 좌절하게 만들 것이다. 그래서 그것이 그냥 당신에게 중요하기 때문에, 또 그것이 당신이 자신의 삶에서 보여 주고 싶은 것을 반영해 주기 때문에 당신은 이 행동을 해야 한다. 그리고 당신이 되고 싶은 사람으로서 진정으로 행동하는 것이 어떤 기분을 느끼게 해 주는지 살펴보라.

134

8장

스모그 속으로

이제 당신은 당신이 어떤 종류의 파트너가 되고 싶은지에 대해 알게 되었다. 이제 질문은 '바로 그것을 막는 것이 무엇인가?'이다. 의심할 여지 없이 당신은 더 돌봐 주고, 배려하고, 친절해지고, 사랑하고, 온정을 가지고 싶어 한다. 그런데 무엇인가가 당신을 방해하고 있다. 그렇지 않은가? 만약 당신이 당신 가치라는 푸르게 우거진 계곡의 탐험을 시작하고 싶다면 당신은 그것을 보지 못하게 가리고 있는 스모그부터 흩어 놓아야 한다. 그렇게 하려면 우선 그 스모그가 무엇으로 이루어져 있는지 알 필요가 있다. 다음 질문들은 당신이 그렇게 하는 데 도움이 될 질문들이다. 그러니 당신의 일지나 작업지를 꺼내 놓고 우리가 각 질문을 할 때마다 가능한 한 답을 구체적으로 적어 넣으라.

기적이 일어나서 당신의 파트너가 갑자기 당신의 완벽한 '애인'으로 바뀌었다고 상상해 보라. 당신의 파트너는 아무런 결점도 없고, 부정하는 버릇도 없어졌으며, 항상 당신을 위해 있고, 당신의 모든 요구와 욕구 그리고 원하는 것을 들어줄 수 있다.

- 만약 이런 일이 일어났다면 그것이 당신을 어떻게 변화시킬 수 있는가?
- 당신은 무엇을 그만두거나 시작하거나 혹은 무엇을 더 하거나 덜 하거나 하겠는가?
- 당신은 어떤 종류의 파트너가 되려고 노력하겠는가?
- 당신은 어떤 종류의 개인적인 자질을 발전시키고 싶은가?
- 당신의 파트너를 위해 개발하고 싶은 태도에는 어떤 것이 있는가?
- 그가 고통 속에 있다면 당신은 그에게 어떻게 반응하고 싶은가? 그녀가 잘못을 저지르거나 혹은 혼란스러워할 때 당신은 그녀를 어떻게 대하겠는가?

이제 당신은 자신에 대해 무엇을 알게 되었는가? 당신은 간격이나 차이를 알아차릴 수 있었는가? 당신이 이상적으로 행동하고 싶은 것과 실제로 행동하게 되는 것 사이의 차이를 발견하였는가? 만약 당신이 이 차이를 알아차렸다면 그것은 좋은 신호이다. 그것은 당신이 정상적인 인간이라는 것을 의미한다. 그리고 당신의 관계에 스트레스가 더 많아지고 관계가 더 어려워지게 되면 이 차이는 점점 더 벌어질 것이다. 앞으로 시간이 지나면서 당신이 이 간격 사이에 다리를 놓을 수 있기를 바라지만 지금 첫 단계는 단지 그것이 있다는 것을 알아차리는 것이다.

지금은 당신의 마음이 당신에게 무슨 이야기를 하는지 알아차리라. 대부분의 사람은 이 차이나 간격을 알아차리자마자 자신의 마음이 그것을 정당화하기 위해 무지무지 노력하기 시작함을 알게 된다. 흔한 정당화에는 '만약 그가 X, Y, Z만 해 주었다면 내가 이렇게 행동하지 않았을 텐데.' 혹은 '만약 그녀가 그것만 하지 않았다면 나도 이것을 할 이유가 없었어.' 등이 있다. 비록 이런 생각이 정상이지만 특별히 도움이 되지는 않는다. 정당화는 당신을 가치 있는 삶에 대한 굉장한 모험으로부터 당신을 끌어내는 심리적 스모그의 많은 층 중 단지 하나일 뿐이다. 다음의 네 가지 질문이 당신이 다른 층들을 발견하는 데 도움을 줄 수 있을 것이다(지금 당신의 답을 쓰라).

- 무엇이 지금 당장 당신이 본인의 가치에 따라 사는 것을 중단시키는가?
- 만약 당신이 더욱 자신의 가치에 따른 삶을 살아가려고 시작한다면 어떤 일이 일어날까 봐 두려운가?
- 당신이 생각하기에, 보다 당신의 가치에 따른 삶을 살아가기 전에 우선 일어나야 할 일은 무엇인가?
- 당신은 파트너가 당신보다 먼저 변해야만 한다고 생각하는가? 만약 그렇다면 당신의 파트너가 무슨 행동을 하기를 기대하는가?

심리적 스모그의 겹겹이 쌓여 있는 층

당신의 심리적 스모그는 도움이 되지 않는 생각, 두려운 예측, 경직된 태도, 혹독한 판단 그리고 고통스러운 기억으로 버무려진 강하고 맹독성의 것이다. 시간이 지나면서 그것은 층층이 쌓여서 당신을 질식시키고 감추어 버릴 수 있는 검은 구름이 되어 버린다. 이것은 당신이 진짜로 원하는 삶으로부터 떠나게 만든다. 만약 당신이 앞서 제시한 질문에 답을 했다면 당신은 그 모든 질문에서 다음의 스모그 층들의 전부 아니면 일부를 발견할 수 있었을 것이다.

'하여야만 한다' 층

'하여야만 한다' 층(should layer)은 다음과 같은 생각들로 이루어져 있다.

- 내가 왜 힘들어야만 하는데?
- 이것은 나의 문제가 아니야. 나는 바뀌어야만 할 필요가 없어.
- 내가 왜 그를 위해 그것을 쉽게 만들어야만 하지?
- 그녀는 나를 그런 식으로 대하면 안 돼.
- 그는 자신의 잘못을 인정하고 사과해야만 해.
- 이렇게 힘들면 안 돼.

이런 생각에 사로잡히게 되면 우리는 자신이 옳다고 생각하게 되고, 분개하게 되며, 화가 나거나 분노하게 된다. '하여야만 한다(should)'라는 단어는 준수해야만 하는 규칙이 있다는 것을 함축한다. 만약 우리의 파트너가 우리가 주장한 규칙을 따르지 않는다면 우리는 분명 화가 나게 될 것이다. 다음 질문에 대해 심사숙고하기 위해 잠깐 시간을 갖자. 당신의 마음은 당신의 파트너가 어떻게 행동해야만 한다고 이야기하는가? 그가 당신이 무엇을 원하는지 알아야만 하는가? 그녀가 당신의 소원을 존중해야만 하는가? 그는 그의 옷을 정리해야만 하는가? 그녀는 당신의 친구들을 좋아해야만 하는가? 그는 전희에 시간을 더 들여야만 하는가? 그녀는 섹스에 더 관심을 가져야만 하는가?

이런 식으로 생각하는 것은 정말로 자연스러운 것이다. 당신의 마음은 '하여야만 한다 공장'이다. 마음은 모든 종류의 형태와 크기의 '하여야만 한다'를 끊임없이 대량으로 만들어 낸다. 당신은 아마도 "그러나 그것은 사실이야. 그는 자신의 옷을 정리해야만 해."라고 계속 주장할 것이다. 여기서 문제는 옳고 그름이 아니라 그것이 얼마나 작업 가능성이 있는가이다. 당신이 '하여야만 한다'에 전적으로 매달리고 있다면 그것이 당신의 관계에 어떻게 도움이 되는가? 그것이 단지 당신의 분노를 배출하는 길은 아닌가? 아니면 그것이 단지 긴장과 갈등을 증가시키고 있는 것은 아닌가?

139

'해 봤자 소용없다' 층

'해 봤자 소용없다' 층(no point trying layer)은 미래는 운명이 정해져 있고 암담하기 때문에 해 봤자 소용이 없다는 믿음으로 이루어져 있다. 여기에 두 가지 예가 있다.

- 이제 너무 늦었어. 너무 심하게 손상을 입었어. 우리는 이것을 전혀 회복시킬 수 없을 거야. 그런데 왜 내 시간을 허비해야 하지?
- 그녀는 전혀 변하지 않을 거야. 그런데 내가 왜 노력을 해야만 하지?

당신은 이런 종류의 생각을 해 본 적이 없는가? 대부분의 사람은 그런 경험이 있고 특히 상황이 어려울 때 더욱 그렇다. 그러나 만약 당신이 이런 생각이 당신을 못살게 굴도록 놔둔다면 무슨 일이 일어날 것 같은가? 만약 당신이 포기해 버린다면 당신의 관계에는 무슨 일이 일어날 것 같은가?

'~라면 좋을 텐데' 층

'~라면 좋을 텐데' 층(if only layer)은 소망으로 가득한 생각으로 이루어져 있다.

- 그가 자신의 자세를 가다듬기만 한다면 좋을 텐데.
- 그녀가 더 이상 나를 깎아내리지 않는다면 좋을 텐데.
- 그가 자신의 감정을 좀 더 개방적으로 공유할 수 있다면 좋을 텐데.
- 그녀가 나의 부모님과 잘 지낼 수만 있다면 좋을 텐데.

우리 모두는 때때로 이런 소망으로 가득 찬 생각에 사로잡히곤 한다. 이것은 잠깐 동안 환상의 나라로 도망가는 것이다. 그렇다. 당신이 '~라면 좋을 텐데' 나라에서 더 많은 시간을 보낼수록 당신은 '현실' 나라에서 더 불만스럽게 될 것이다. 만약 당신이 주의를 기울이지 않으면 당신은 이런 종류의 스모그에 싸인 생각 안에서 많은 시간을 보내게 될 것이다. 그렇다면 이것이 길게 보아 언젠가는 당신에게 도움이 될 것인가? 그리고 그것이 조금이라도 당신의 관계를 호전시키거나 만들어 주거나 혹은 형성시켜 줄 수 있을 것인가?

141

고통스러운 과거 층

고통스러운 과거 층(painful past layer)에서 당신은 그동안 당신의 관계 안에서 잘못된 모든 것에 대한 고통스러운 기억을 가지고 있다. 당신의 파트너가 당신을 걱정시키고, 상처를 주고, 실망시켰던 수없이 많은 방법이 다 떠오를 것이다. 우리 대부분은 이런 기억을 떠올리는 것이 어렵지 않다. 상황이 힘들어지면 곧바로 우리의 마음은 자동적으로 우리의 DVD 플레이어를 켜서 소리를 최고로 올리기 시작할 것이다. 그러면 우리 모두 바로 앉아서 그것이 도움이 전혀 되지 않는데도 그런 오래된 영화를 보기 시작할 것이다. 내 말이 진짜 그런가는 중요하지 않다. 이제까지의 당신의 경험을 통해 확인해 보라. 고통스러운 기억 속에 빠져 있는 것이 당신의 관계에 도움이 된 적이 있는가? 혹은 그것이 단지 분노와 당신이 옳다는 생각을 강화시키기만 한 것은 아니었는가? 그것이 단지 당신의 불만을 더 증가시키지는 않았는가?

두려운 미래 층

142

두려운 미래 층(scary future layer)은 만약 우리가 바뀌려 한다면 우리가 어떻게 잘못될 것인지에 대한 두려운 생각으로 온통 채워져 있다.

- 그녀가 나를 이용할 거야.
- 나는 상처받을 거야.
- 그는 책임을 지지 않을 거야.
- 그녀는 결코 바뀌지 않을 거야.
- 그는 또 그렇게 하고 말 거야.
- 그녀는 당연하게 생각하고 나를 소홀히 대할 거야.
- 내가 이 관계에 빠져 있을수록 나는 점점 나빠지기만 할 거야.
- 나는 잘못된 선택을 했어. 다른 사람이었다면 더 행복했을 텐데.

• 만약 내가 지금 떠나지 않는다면 나에게 더 잘 맞는 누군가를 찾기에는 너무 나이 들어 버릴 거야.

우리 대부분은 미래에 대해 두려운 시나리오를 상상하는 경향이 있다. 이것이 이상한 것은 아니며 진화의 산물이다. 우리의 원시 조상들은 위험을 예견해야만 했다. 그렇게 하지 못하면 그들은 잡아먹혔다. 그들이 더 잘 예견하고 위험에 대해 준비할수록 그들은 더 오래 살 수 있었고 더 많은 자손을 가질 수 있었다. 그래서 세대를 거쳐갈수록 인간의 마음은 예기되는 위험에 대해 더 잘 준비할 수 있게 되었다. 그 결과, 우리 현대인의 마음은 이제 이를 항상 시행하게끔 되었다. 우리 마음은 우리에게 해를 입히거나 상처를 줄 수 있는 것이 있지는 않은지 끊임없이 찾는다. 불행하게도, 이런 경향이 '걱정하기' '스트레스 쌓이기' 혹은 '최악의 상황을 상상하기'로 나타난다. 다음이 이런 두려운 미래 이야기의 가장 강력한 예이다. '만약 내가 바뀌면 나의 파트너는 나를 이용할 거야. 그래서 내가 모든 힘든 일을 다 하게 될 거야. 나는 모든 것을 다 주어야 할 것이고, 그는 오직 받기만 할 거야.' 이것은 아주 흔하고 완전히 정상적인 두려움으로, 아마도 당신의 파트너도 당신 못지않게 이런 종류의 생각을 이미 가지고 있을 것이다. 문제는 당신이 이런 생각을 받아들인다면 그것이 당신을 꼼짝도 못하게 만든다는 것이다. 당신은 아마도 이미 그가 먼저 변하지 않으면 나도 변하려 할 필요가 없다는 기다리기 게임을 시도하고 있을지도 모른다. 그런데 그것이 당신에게 효과가 있었는가? 당신이 그에 사로잡히지 않고 빠져나

143

올 수 있는 유일하게 확실한 길은 당신이 먼저 움직이는 사람이 되는 것뿐이다. 그런데 왜 그렇게 하지 않을까? 당신이 먼저 움직이면 당신의 예측이 맞는지 아닌지 확실하게 알 수 있는데도 말이다. 그렇다. 실망스럽겠지만 그렇게 확실히 알려면 당신이 시도해 봐야 한다. 만약 그래도 당신이 시도하지 않는다면 당신은 자신의 관계가 어디로 갈 것인지를 확실하게 알아야 한다. (그리고 당신의 마음이 공놀이를 할 것이라 기대하면 안 되고 이 이야기를 계속할 것이라 생각해야 한다. 마음은 그렇게 하는 것이 당신의 주의를 더 쉽게 잡는 방법이라는 것을 알고 있기 때문이다.) 이제 잠깐 시간을 내어서 다음의 질문을 심사숙고해 보라.

144

- 당신의 마음이 당신에게 이야기하려 하는 가장 두려운 이야기는 무엇인가?
- 당신이 이런 이야기에 빠져 있을 때 그것이 당신에게 당신의 관계를 호전시키기 위한 행동을 취하게 하는 데 도움을 주는가? 그것이 당신에게 당신이 파트너에게 더 가까워질 수 있게 도움을 주는가?
- 이런 이야기에 빠져 있는 것이 당신이 중요한 변화를 만드는 데 방해가 되지는 않는가? 그리고 그것이 포기하려 하거나 도망가고 싶은 당신의 욕구를 더 강하게 만들지는 않는가?

이유 대기 층

이유 대기 층(reason-giving layer)은 당신이 왜 변화할 수 없는지 혹은 변화를 원치 않는지에 대해 당신이 떠올릴 수 있는 모든 이유로 이루어져 있다.

- 나는 너무 우울해/스트레스를 받고 있어/피곤해/지쳤어.
- 나는 이미 충분히 노력했어. 이제 나는 더 이상 뭘 해 보기 위한 에너지가 남아 있지 않아.
- 나는 나로서 만족해. 변화가 필요한 건 그녀이지 내가 아니야.
- 나는 변하기에는 너무 나이가 들었어.
- 나는 항상 이렇게 해 왔어. 이것이 내 방식이야. 그걸 받아들이거나 싫으면 떠나면 돼.
- 나는 이제 아무래도 상관없어.
- 그가 먼저 변한다면 나도 변할 거야!

우리의 마음은 이유 대기 선수이다. 그러나 거의 모든 경우 이유는 거의 항상 '핑계'일 뿐이다. 단기적으로는 그것이 편리하다. 그것이 우리로 하여금 어렵게 노력하는 것에서 오는 불편함을 피할 수 있게 도와준다. 그러나 길게 볼 때 그것이 당신에게 진정 도움이 되었는가? 만약 당신이 핑계에 사로잡혀 있다면, 즉 당신이 그것을 꽉 잡고 놓지 않고 있어 그것이 당신의 행동에 영향을 주게 만든다면 당신의 관계에 그것은 장기적으로 어떤 영향을 줄 것 같은가?

판단 층

판단 층(judgement layer)은 우리가 파트너에 대해 모든 부정적인 판단을 하게 만드는 것으로 이루어져 있다.

- 그는 그렇게 대우받을 만해.
- 그녀는 나쁜 여자야. 내가 왜 그녀에게 잘해야 하는데?
- 그는 형편없어. 그는 내 존중을 받을 자격이 없어.
- 그녀는 너무 공격적이야. 바로 그것이 그녀의 문제야.
- 그가 모든 문제의 근원이지. 내가 아니라.

잠시 시간을 내어 생각해 보자. 당신의 마음은 당신의 파트너에게 어떤 종류의 판단을 내리는가?

- 당신의 마음이 진짜로 '악의에 찬 비난'을 하기를 원할 때, 즉 마음이 당신의 파트너를 아주 작은 단위의 조각으로 갈기갈기 잘라 버리려 할 때, 그런 마음이 당신의 파트너에 대해 하는 가장 비열한 판단은 어떤 것인가? 마음이 사용하는 가장 비열한 이름은 무엇인가? 이기적인 놈? 게으름뱅이? 나쁜 년? 사생아? 정신병자? 개자식? 우울증 환자? 약해빠진 놈? 거만한 자식? 독선적인 놈? 심술궂은 놈? 질투의 화신? 자기 마음대로 조정하는 놈? 제멋대로 하는 놈? 구역질나는 놈? 지배광 같은 놈?
- 당신이 이와 같은 생각에 빠져 버리면 당신의 관계에서는 무

슨 일이 일어나는가? 당신은 이런 생각을 계속 붙잡고 있기 원하는가? 이런 생각에 말려들어 있을 때 당신의 기분은 어떤가?

- 만약 이런 생각이 당신의 행동을 지배하게 둔다면 그것이 당신으로 하여금 당신의 관계를 회복시키거나 강화시키게 하는 데 도움을 주는가?

'나는 그 이유를 알아' 층

'나는 그 이유를 알아' 층(I know why layer)은 가정으로 이루어져 있다. 당신은 당신의 파트너를 분석하고 그녀와 이런 일들을 계속해서 하는 이유를 생각해 내려 한다. 그녀는 왜 그만두지 못할까? 당신의 마음은 모든 종류의 그럴듯한 아이디어들을 내놓는다. 그녀의 무의식적 동기, 그녀의 숨겨진 욕구, 그녀의 비밀 문제 등. 마음은 이런 것을 끝없이 새롭게 만들어 낼 수 있다. 잠시 시간을 내서 당신의 마음이 당신의 파트너의 행동을 설명하기 위해 무슨 이야기들을 새롭게 만들어 내는지 살펴보라. 다음과 같은 것들이 생각나지 않는가?

147

- 그녀는 자기주장이 옳다는 것을 보여 주기 위해 의도적으로 그것을 하고 있어.
- 그는 나에게 상처 주기 위해 그렇게 하고 있어.
- 그녀가 정말로 바꾸기 원한다면 변할 수 있을 거야. 그녀는 단지 괴롭고 싶지 않은 거야.

- 그는 여자에 대해 무의식적인 증오심을 가지고 있어.
- 이것은 마음속 깊이 나를 떠나고 싶은 마음이 있기 때문이야.

당신의 파트너를 분석하는 것은 확실히 재미있는 게임이다. 그리고 그 결과는 매우 확실해 보이기까지 한다. 그러나 당신이 앞과 같은 가정을 사실로 여길 경우 무슨 일이 일어날 것 같은가? 만약 당신이 이런 설명에 사로잡혀 있어 그것을 문자 그대로의 사실로 여긴다면 그것이 좀 더 나은 관계를 만들게 하는 데 도움을 주는가?

뿌리 깊은 두려움

148

뿌리 깊은 두려움은 종종 우리의 가치를 방해할 수 있다. 가장 흔한 세 가지 두려움으로는 유기의 두려움(당신의 파트너가 당신을 떠나갈 것이라는), 조절에 대한 두려움(당신의 파트너가 당신을 숨 막히게 하고, 조절하고, 침범하고, 당신에게 사랑과 애정을 지나치게 요구해서 꼼짝도 못하게 할 것이라는) 그리고 가치 없음에 대한 두려움(당신이 적절하지 않고, 가치가 없으며, 사랑스럽지 않을 것이라는)이 있다. 이런 뿌리 깊은 두려움은 다음과 같은 완벽하게 강력한 이야기를 통해 나타날 수 있다.

- 그는 나를 떠날 거야. 나는 그가 없이는 살 수 없어.
- 나는 그녀에게 너무 부족해. 나는 그녀가 나보다 나은 사람을

찾고 싶어 할 것이라 확신해.

- 그는 나는 조절하려고 해. 그는 나를 그냥 나대로 놔두지를 않아.
- 만약 내가 그녀에게 그녀가 원하는 것을 주면, 나에게는 아무 것도 남는 것이 없을 거야.
- 만약 그가 내가 진짜 어떤 사람인지를 알게 되면 나를 떠나 버릴 거야.

당신이 버림받을 것이라는 생각을 꽉 잡고 있으면 어떤 일이 일어나는가? 당신은 매달리게 되거나, 요구적이 되거나, 질투하게 되거나, 지나치게 집착하게 되지 않는가? 아니면 당신은 파트너가 동의하지 않는 경우에 당신이 원하는 것을 요청하는 것이 두려워 마치 '동네북'처럼 행동하면서 자기존중과 자기배려와 같은 당신의 가치에서 멀어지게 되지 않는가? 또 만약 당신이 조절과 관련된 이야기에 빠져 있게 되면 어떤 일이 일어나는가? 그것이 당신으로 하여금 당신의 파트너와 결합하게 하는 데 도움을 주는가? 아니면 그것이 당신과 당신 파트너 사이를 더 멀게 만들지는 않는가?

149

이제 당신이 알아차린 것을 살펴보자

당신은 목록에 있는 생각들 중 알아차린 것이 있는가? 우리 대부분은 우리의 머릿속에서 빙빙 돌고 있는 이 스모그를 이루고 있는 요소들 중 적어도 몇 개씩은 가지고 있다. 그리고 스모그 안에 있는 생각 중 일부는 말할 것도 없이 사실일 수 있다. 그러나 ACT를 생각해 본다면 우리는 무엇이 도움이 되는가를 따질 때 무엇이 사실인가에는 그렇게 크게 신경 쓰지 않는다. 다른 말로 한다면, 만약 당신이 이런 생각에 사로잡혀 있어서 그것이 당신의 행동을 조절하도록 놔둔다면 그것이 당신으로 하여금 더 풍요롭고 온전하며 의미 있는 관계를 만들어 내는 데 도움이 되겠는가?

당신은 이런 생각이 만들어지는 것부터 조절할 수 없다는 것을 알았다. 나는 당신이 이미 그것을 스스로 알게 되었다고 생각한다. 그렇지 않다면 내 말을 듣지 말고 당신 스스로 점검해 보라. 당신 마음이 그 생각을 중단시키도록 시도해 보라. 긍정적인 생각 이외는 다른 생각은 하지 않으려 시도해 보라. 그리고 부정적인 생각이 나타나기까지 얼마나 걸리는지 지켜보라. 아니면 당신의 머리에서 그 생각을 지워 버리려 시도해 보라. 그리고 얼마나 빨리 그것이 다시 튀어오르듯 돌아오는지 지켜보라. 아니면 그 생각에 반대해 보라. 그리고 자신의 마음과 논쟁에 끌려 들어가는 데 얼마나 많은 시간이 걸리는지 지켜보라. (만약 당신이 이 논쟁에서 임시적으로나마 실제로 이겼다면 바로 같은 생각이 얼마나 빨리 다시 나타나는지 지켜보라. 그것은 진 채로 그렇게 오래 가만히 있지 않는다.)

물론 당신은 이런 생각이 때로는 당신에게 잠시 틈을 준다는 것을 알게 될 것이다. 당신이 기분이 좋을 때나 휴가 중일 때 혹은 당신의 파트너가 최선을 하고 있을 때 말이다. 그러나 당신은 기분이 나빠지거나, 스트레스 수준이 올라가거나, 당신 파트너의 행동이 달라지자마자 그 생각이 즉각적으로 다시 튀어오른다는 것을 분명히 알게 될 것이다. 그리고 그중 일부는 아주 오래된 생각이다. 그렇지 않은가? 그중 일부는 당신 관계가 시작된 지 얼마 되지 않아서부터 있어 왔을 것이다. 또 어떤 것은 다른 관계에서도 있었을 것이다. (나는 독심술사가 아니다. 그러니 이것은 이 행성에 살고 있는 거의 모든 인간이 그렇기 때문인 것이다. 그래서 나는 당신이 '우리 중 한 명'이라고 가정해서 이런 이야기를 하는 것이다.) 그래서 당신이 그 생각이 다시 나타나는 것을 막을 수 없는 상황이라면 그것이 다시 나타날 때 어떻게 반응할 것인가를 생각해 보아야 한다.

한 가지 반응은 당신을 그 생각 안에 사로잡혀 있도록 놔두는 것이다. 그것에 당신의 모든 주의를 기울이고 그것이 마치 절대적인 복음적 진실인 것처럼 여기라. 만약 이것이 당신의 생각에 대한 당신의 반응이라면 그것이 당신이 되고자 하는 파트너가 될 수 있도록 도와주거나 당신이 바라는 대로 당신의 관계를 만들어 나갈 수 있도록 도와주는가? 만약 당신이 그 생각 안에 잠겨 있거나, 그로 인해 화가 나서 안절부절못하거나, 당신의 머리 안에서 조용히 또는 다른 사람들에게 시끄럽게 그것을 재연하거나 한다면, 혹은 당신이 그것에 당신의 모든 주의를 기울여 그것을 꽉 잡고 있고 그 안으로 완전히 녹아들게 된다면 당신의 행동에는 무슨 일이 일어나겠는가? 당신의 가치에는 어떤 일이 일어나겠는가? 또 당신의 관계에는 무슨 일이 일어나겠는가?

당신은 DRAIN을 기억하는가? 당신이 당신 마음 안에 빨려 들어가 있을 때 당신은 당신 파트너로부터 단절될 것이고, 반응적이 되고, 당

151

신의 가치를 소홀히 하게 될 것이다. 본질적으로 이것은 이해하는 것이 어렵지 않다. 그러나 여기에 정말로 교묘한 부분이 있다.

당신의 생각 자체가 스모그를 만드는 것은 아니다.
그것은 당신이 그것을 잡았을 때만 스모그로 바뀌게 된다.

이를 인식하는 것은 매우 중요하다. 만약 당신의 생각이 스모그를 만들어 냈다면 그것을 흩어 버릴 수 있는 유일한 방법은 그 생각을 제거하는 것일 것이다. 그러나 우리가 이미 이야기한 바 있듯, 이런 생각을 영원히 제거할 수 있는 방법은 없다. 당신은 그것을 잠시 밀어낼 수는 있다. 하지만 시간의 차이는 있을지 몰라도 그것이 다시 돌아올 것이다. 그렇다면 당신은 어떻게 스모그를 흩어 버릴 수 있을까? 생각에 완전히 사로잡혀 있는 대신에 그것을 오고 가도록 놔두는 것을 배움으로써 가능하다. 10달러짜리 지폐를 손아귀에 꼭 쥐듯 쥐고 있는 대신, 마치 나비를 쥐듯이 그것을 살며시 쥐고 있음으로써 가능하다. 또한 당신의 머리 안에서 솟아오르는 단어보다는 더도 덜도 아닌 생각을 있는 그대로 보는 법을 배움으로써 가능하다. 그리고 그것을 마치 당신의 집을 지나치는 차들처럼 자유롭게 오가게 둠으로써 가능하다. 당신이 그 생각을 잡고 있을 때 그것은 강화되고, 당신의 손에 힘을 빼게 되면 그것은 흩어진다. 이것이 우리가 이야기하는 '그대로 놔두기'인데, 다음 장에서 당신은 그것을 어떻게 실행하는지에 대해 배울 것이다. 그러나 지금은 어떻게 스모그를 만들어 내는지 스스로 경험하는 것이 우선이다.

훈련: 어떻게 스모그를 만들어 내는가

이 훈련은 당신이 본인의 생각을 꼭 쥐고 있으면 당신에게 어떤 일이 일어나는지를 보여 준다. 당신의 일지와 작업지를 다시 꺼내라. 그리고 당신이 확인할 수 있는 한 많이 '스모그를 만드는' 생각을 써 넣으라. 이미 제시한 예들을 토대로 다음의 항목 아래 당신의 생각을 적어 넣으라.

- 하여야만 한다
- 해 봤자 소용없다
- ~라면 좋을 텐데
- 고통스러운 과거
- 두려운 미래
- 이유 대기
- 판단
- 나는 그 이유를 알아
- 뿌리 깊은 두려움

좋다. 이제 당신은 '스모그를 만드는 생각'의 긴 목록을 만들었다. 다음 단계는 그것을 자세히 읽고 당신이 할 수 있는 한 그것을 많이 받아들이는 것이다. 그것에 당신의 모든 주의를 기울이고, 곰곰이 생각하고, 그것을 믿으며, 그에 완전히 녹아 들어가라. 이렇게 하는 것의 목적은 가능한 한 스모그를 짙게 만들어서 당신이 그 생각 안에 완전히 흡수되어 다른 모든 것과 접촉하지 못하게 만드는 것이다. 이것을 적어도 일 분 이상 지속하라.

이제 당신의 기분이 어떤지 확인해 보고 살펴보라. 스모그 안에서 길을 잃었을 때, 우리는 바로 고통스러운 감정의 위기 속으로 비틀거리며 들어가게 된다. 당신은 상처받는다고 느끼는가? 화가 났다고? 분노에 찼다고?

외롭다고? 슬프다고? 옳다고? 불안하다고? 우울하다고? 경멸스럽다고? 역겹다고? 증오스럽다고? 좌절된다고? 화가 난다고? 울고 싶다고? 격노에 가득 찼다고? 지금 당신의 파트너에게는 어떻게 느끼는가? 당신은 그에게 가깝고 연결되어 있다고 느끼는가, 아니면 거리 있고 단절되어 있다고 느끼는가? 이런 생각을 곰곰이 생각하는 것이 당신 둘 사이에 이제까지 만들어진 벽을 허무는 데 도움이 되는가? 아니면 그것이 그 벽을 더 두껍게 하지는 않는가? 지금 당신은 자신의 가치에 준해서 행동하기를, 즉 당신의 파트너를 돌보고 당신의 파트너와 연결되는 것과 같은 행동을 하기 원하는 것처럼 느껴지는가? 아니면 포기하거나 도망가거나 강하게 비난하고 싶은 마음을 더 느끼는가?

당신의 파트너가 원한다면

두 사람 모두 이 훈련을 마치고 그에 대해 마음을 열고 이야기할 시간을 가지라. 당신들은 아마도 당신들의 스모그를 만드는 생각 중 많은 부분이 비슷하다는 것에 놀랄 것이다. 그것이 새로운 생각인지, 아니면 오래된 생각인지 의논해 보라. 그것은 단지 수년 동안 지속되어 왔던 오래된 생각들의 변형에 지나지 않는 것은 아닌가? 그것이 다른 관계에서도 나타났던 것은 아닌가, 또 단지 파트너와의 관계만이 아니라 친구들이나 가족들 사이에서도 보인 생각들은 아닌가?

접촉을 잃어버리기

당신이 이런 생각에 더 사로잡혀 있을수록 스모그는 더 짙어진다는 것을 볼 수 있기를 바란다. 이를 진짜로 깨닫기 위해서 당신의 일지나 작업지를 당신의 코끝에 닿을 정도로 가깝게 가져다 놓으라. 그러면 당신은 방 안에서 일어나는 일에 대해 무엇을 볼 수 있는가? 당신은 아무것도 볼 수가 없다. 그렇지 않은가? 만약 당신의 파트너가 당신 앞에 있다면 당신은 가려서 그녀를 볼 수가 없을 것이다. 당신이 볼 수 있는 모든 것은 당신의 스모그를 만들어 내는 생각뿐이다. 우리가 이런 심리적인 스모그에 사로잡혀 있을 때, 우리는 두 명의 매우 중요한 사람과의 접촉을 잃어버리게 된다.

- 우리의 파트너: 우리의 시야가 스모그로 막혀서 우리는 더 이상 그들을 실제 있는 그대로 볼 수가 없다.
- 우리 자신: 스모그로 덮여서 우리는 길을 잃고 우리의 가치 모두를 잊어버린 채 앞을 보지 못하고 헤맬 수 있다. 스모그가 짙어질수록 우리가 진짜로 되기를 원하는 우리와의 접촉을 더 잃어버린다.

심리적 스모그는 우리 관계에 대한 중요한 DRAIN이다. 그에 휩쓸리면 우리는 단절되고, 반응적이 되며, 우리의 파트너를 회피하고, 우리의 마음 안에서 길을 잃어버리고, 우리의 가치를 소홀히 하게 된다. 만약 우리가 이 스모그를 흩어 버리기를 원한다면 우리는 먼저 판단하는 기계를 어떻게 다루어야 하는지 배워야 한다.

155

9장

판단하는 기계

무능해! 바보! 뚱뚱해! 추해! 지루해! 거짓말! 이기적이야! 욕
심쟁이! 마음대로 조정해! 거만해! 판단적이야! 아무도 너를 좋
아하지 않아! 당신은 무책임한 아빠야! 노인이 되어 가고 있군!

질문: 이들 단어 모두가 가지고 있는 공통점은 무엇인가?
답: 그것은 모두 내가 나를 사정없이 때리고 싶거나 나를 끌어내
   리고 싶을 때 내 마음이 나에게 말하는 것들이다.

이제 어떤 독자는 내가 무슨 이야기를 하려는지 감을 잡았을 것
이다. '이게 뭐지? 이 사람은 자가치료서를 쓰고 있는데, 그렇다면
그는 자기 자신에 대해 이렇게 생각하나 보지?' 글쎄…… 이것은 그

렇게 아주 간단한 문제는 아니다. 그렇다. 흔히 내가 당황하거나 나의 가치를 완전히 지키지 못하는 방식으로 행동으로 옮길 때 이런 생각이 때때로 내 머리 안에서 튀어오르기는 한다. 그러나 내가 말하고자 하는 점은 그런 생각이 튀어오를 때에도 일반적으로 나는 그 생각 속으로 빠져들지는 않는다는 것이다. 나는 아주 드물게 그 생각에 사로잡히게 되고 그것을 매우 신중하게 선택한다. 그 생각이 나타나는 대부분의 경우에 그것은 나를 괴롭히지 않는다. 그것은 아무런 효과가 없다. 나의 마음은 나를 학대하려고 소리 지를 수 있으나 그것은 마치 라디오 소리가 배경에 부드럽게 깔리는 것 이상의 효과를 가져오지 못한다. 어떻게 이게 가능한가? '탈융합(defusion)'이라고 불리는 핵심 ACT 과정 덕택이다.

우리가 탈융합에 대해 알아보기 전에 당신에게 '당신의 마음이 마치 나에게 한 것처럼 자신에게 그렇게 이야기한 적이 있는가?'를 물어보고 싶다. 나는 내가 맞혔기를 바란다. 나는 글자 그대로 매년 수천 명의 사람들과 워크숍을 진행하는데 항상 청중에게 묻는다. "오늘 여기 계신 분 중에서 어느 누구라도 마음속에 '나는 많이 부족해' 이야기를 가지고 있지 않은 분이 계신가요? 여기에 계신 누구라도 마음이 가끔씩은 무엇이 잘못되었는지, 무엇이 부족한지, 그리고 무엇이 잘못한 것인지에 대해 이야기하지 않는 분이 계신가요? 만약 그런 분이 계시다면 손을 들어 보세요." 이제까지 손을 든 사람이 한 명도 없다!

훈련: 판단적인 마음 – 1부

그래서 당신이 정말로 자신을 사정없이 때리고 싶어질 때 당신의 마음이 무어라고 이야기하는가? 당신의 마음이 재판관, 배심원 그리고 집행관이 되었을 때. 당신이 틀렸다는 모든 증거를 내보이거나 당신이 부족하다고 판단을 내릴 때, 그리고 당신에게 고통받아 마땅하다고 선고할 때 마음은 어떻게 이야기하는가? 만약 내가 당신의 생각을 들을 수 있다면 당신의 마음이 무슨 이야기를 하는 것을 들을 수 있겠는가?

잠깐 시간을 내서 당신의 마음이 하는 이야기를 적어 보자. 당신은 그것을 이 책이나 내려받은 작업지에 쓰거나 혹은 당신의 일지에 당신의 반응을 적을 수 있다. 각 문장을 당신이 생각할 수 있는 한 많은 단어와 어구로 완성해 보라.

나의 마음이 내가 '부족하다고' 판단하기 원할 때, 다음은 마음이 하는 이야기이다.

- 나의 마음은 나에게 내가 _____하다고 이야기한다.
- 나의 마음은 나에게 내가 너무 _____하다고 이야기한다.
- 나의 마음은 나에게 내가 _____ 면에서 부족하다고 이야기한다.
- 나의 마음은 나에게 나의 행동 중 _____ 점이 너무 지나치다고 이야기한다.
- 나의 마음은 나에게 나의 행동 중 _____ 점이 너무 부족하다고 이야기한다.
- 나의 마음은 나에게 내가_____ 점이 결여되어 있다고 이야기한다.

일단 당신이 이것을 완성하고 나면 이 목록을 다 읽어 보라. 당신을 가장 괴롭히는 자기판단을 하나 선택해서 예를 들어 '나는 패배자야.' '나는 너무 이기적이야.' 혹은 '나는 재치가 전혀 없어.'와 같은 대여섯 단어 이하의 간단한 어구로 줄여 보라.

다 되었는가? 그렇다면 좋다. 나는 판단과 관련해서 당신에게 간단하게 할 수 있는 일을 하나 요청하려고 한다. 우선 그 판단을 받아들여 거기에 당신의 주의를 모두 집중해서 그것을 최대한 믿으라. 당신이 무어라 답할지 나는 알고 있다. "뭐라고요? 당신 제정신이에요?" "나는 이 생각들이 별로예요. 근데 왜 당신은 나에게 그걸 믿으라고 말하는 거죠?" 또다시 강조하지만 여기에 바로 중요한 핵심이 존재한다. 분명히 이런 생각을 받아들이는 것이 당신을 불쾌하게 만들 가능성이 높다. 그러나 나는 당신이 수 초 동안 그것을 기꺼이 해 주기를 바란다. 이를 통해 당신이 진짜로 유용한 것을 배울 수 있기 때문이다. 바로 내가 앞에서 언급한 중요한 ACT 과정인 '탈융합' 연습을 어떻게 하는지 배울 수 있다. 그 방법은 다음과 같다.

당신의 부정적인 자기판단을 '나는 X해.'라는 형식의 말로 마음에 떠올리라. 그리고 20초 동안 그것을 최대한 받아들이라. 그리고 어떤 일이 일어나는지 관찰하라.

이제 조용히 당신의 머리로 그 판단을 다시 반복하라. 같은 말로 한 마디, 한 마디 반복하라. 그러나 이번에는 그 말 앞에 '나는 ~와 같은 생각을 하고 있어.'라는 어구를 붙여 놓으라. 그리고 어떤 일이 일어나는지 관찰하라.

그다음에 이런 과정을 다시 반복하라. 그런데 이번에는 조금 다른 어구인 '나는 ~와 같은 생각을 하고 있다는 것을 알고 있어.'를 붙여 보라. 그리고 어떤 일이 일어나는지 관찰하라.

어떤 일이 일어났는가? '나는 ~와 같은 생각을 하고 있어.' 혹은 '나는 ~와 같은 생각을 하고 있다는 것을 알고 있어.'와 같은 어구를 붙이게 되면, 대부분의 사람은 자신들의 자기판단에서 분리되거나 거리를 갖게 된다고 이야기한다. 생각이 없어지지는 않지만 그것이 가지는 효과는 달라지고 영향이 줄어들게 된다. 이 과정을 '탈융합'이라고 부른다. 왜 그렇지? 음, 서로 붙어 있는 금속판을 생각해 보자. 만약 당신이 그것을 기술할 때 '붙어 있는 혹은 융합되어 있는(fused)'이라는 단어를 쓸 수 없다면 당신은 어떤 단어를 쓸 수 있겠는가? 결합되어 있는? 뭉쳐진? 하나로 되어 있는? 녹아 붙어 있는? 용접으로 붙여진? 이 모든 단어는 금속판이 완벽하게 하나로 뭉쳐져 있어 분리되지 않은 상태라는 것을 표현할 때 사용되는 것들이다. ACT에서는 당신이 자신의 생각과 '융합되어 있다'고 이야기할 때 그것이 당신이 자신의 생각에 사로잡혀 있거나 휘말려 있다는 것을 의미하는 기술적인 용어로 사용된다. 탈융합이란 당신의 생각으로부터 분리되어 일정한 거리를 유지하는 것을 말하고, 그 생각 안에서 헤매는 대신에 당신의 생각을 한 걸음 물러서서 관찰하는 것을 의미한다.

161

탈융합: 당신의 생각에서 벗어나기

다시 DRAIN(단절, 반응하기, 회피, 당신 마음 안에 있기, 가치를 소홀히 하기)으로 돌아가 생각해 보면, 융합이란 당신 마음이라는 덫에 사로잡히게 되는 것을 의미한다. 그리고 **탈융합**이란 이 덫에서 벗어나는 길을 의미한다. 탈융합은 당신의 마음으로부터 '한 걸음 물러서는' 것을 포함한다. 여기서 한 걸음 물러선다는 것은 당신의 마음이 당신에게 말하는 이야기에 빠져들기보다는 그것을 알아차리는 것을 말한다. **융합** 상태에서는 당신의 생각 안에서 길을 잃게 되나, **탈융합**의 상태에서는 한 걸음 뒤로 물러서서 자신의 생각을 지켜볼 수 있고 그래서 그에 어떻게 반응할지를 선택할 수 있다.

훈련: 어떻게 벗어나는지를 배우기

이 훈련은 당신에게 한 걸음 물러서서 자신의 생각을 지켜볼 수 있도록 도와줄 것이다. 20초만 책 읽기를 중단하고 눈을 감고 당신의 마음이 당신에게 무슨 이야기를 하는지에만 집중하고 그것을 알아차리라.

이제 그것을 다시 반복하는데, 이번에는 당신의 생각이 마치 그림이나 단어나 소리와 같은 특정 형태를 지녀서 당신이 그것을 알아차릴 수 있는 것처럼 시도해 보라.

그리고 또 한 번 더 반복하는데, 이번에는 당신의 생각이 특정 장소에 놓여 있는 것을 당신이 알아차릴 수 있는 것처럼 시도해 보라. 그것은 당신 앞에 놓여 있을 수도 있고, 당신 뒤에 놓여 있을 수도 있으며, 위 혹은 왼쪽이나 오른쪽, 당신의 머릿속, 아니면 당신 몸속에 놓여 있을 수도 있다. 그 생각은 어디에 있는가? 그리고 그것은 혹시 움직이는가, 아니면 정지해 있는가?

이 짧은 훈련은 우리에게 우리의 생각으로부터 탈융합할 수 있도록 도와준다. 그로부터 조금 떨어져서 거리를 두게 되어 그것을

바라볼 수 있게 도와준다. 만약 우리가 의미 있는 관계를 만들고 우리의 삶을 전반적으로 호전시키고 싶다면 우리는 어떻게 그렇게 할 수 있는지를 꼭 배워야만 한다. 왜? 음, 그에 대한 답을 그냥 이야기하는 것보다 훨씬 효과적으로 핵심을 알 수 있게 만들어 주는 훈련이 있다.

훈련: 만약 당신 손이 당신의 생각이라면

잠시 당신의 손이 당신의 생각이라고 상상해 보자. 이 훈련을 하기 위해 이 책을 당신 무릎이나 책상 위에 올려놓아 당신의 두 손을 자유롭게 움직일 수 있게 하라. 양손을 펴고 손바닥을 위로 해서 마치 책을 펼쳐 놓은 것처럼 양손을 가지런히 놓으라. 그 손을 당신 앞에 들고 그대로 있으라. 그래서 당신이 당신의 손을 명확하게 볼 수 있고 당신을 둘러싸고 있는 방도 명확하게 볼 수 있음을 알아차리라.

163

이제 일단 이 문장 읽기를 마치고 나면. 양 손바닥이 당신의 얼굴에 닿고 당신의 눈을 완전히 가려 버릴 때까지 아주 천천히 얼굴을 향해 손을 들어 올리라. 그리고 당신이 이제 당신을 둘러싸고 있는 방을 어떻게 볼 수 있는지 알아차리라.

당신은 무엇을 알아차렸는가? 당신은 아마도 손가락 틈 사이로 방의 아주 작은 일부나 조각처럼 보이는 장면만 볼 수 있었을 것이다. 아니면 방의 거의 대부분이 시야에서 사라져 버렸을 것이다. 이것이 바로 우리가 생각과 융합되었을 때 일어나는 것이다. 우리는 그 생각에 사로잡혀서 커다란 그림을 놓쳐 버리고 만다. 이제 당신의 손이 당신이 파트너에 대해 만들어 낸 모든 부정적인 판단을 나타내며, 파트너가 당신 바로 앞에 서 있다고 가정해 보자. 당신이 손을 얼굴 바로 앞까지 가져가게 되면 당신의 파트너가 어떻게 보이는가? 그렇다. 당신의 손을 얼굴에 가까이 가져갈수록 당신은 파트너를 점점 더 명확하게 볼 수 없게 되어 종국에는 손가락 사이의 틈으로 파트너의 아주 작은 부분만 볼 수 있게 될 것이다.

이것이 바로 우리가 부정적인 판단과 융합되었을 때 어떤 일이 일어나는가를 확실하게 보여 준다. 우리의 파트너가 잘못되었다는 이야기에 사로잡히게 되면 우리는 그들을 더 이상 있는 그대로 볼 수 없다. 우리가 볼 수 있는 모든 것은 우리의 마음이 그들에 대해 붙여 놓은 딱지들뿐이다. 즉, 패배자, 이기적인 사람, 게으름뱅이, 냉담한 사람, 거지 같은 놈, 나쁜 여자, 무능한 사람, 믿을 수 없는 사람, 거짓말쟁이, 감정적인 사람, 어려운 사람 등이 그것이다. 우리는 우리 앞에 있는 온전한 사람으로서 그 사람의 실제와의 접촉을 잃어버리게 된다. 그 사람은 서로 다른 다양한 성격적 측면을 가진 사람이고 넓은 범위의 장점과 약점을 가진 사람인 것이다. 우리가 우리 파트너를 비판과 비난의 안경을 쓰고 보기를 끝내면 아주 놀랍게도 불만과 불평도 끝낼 수 있다.

"그래요. 다 좋기는 하죠." 나는 당신이 무슨 말을 할지 알고 있다. "그러나 만약 그 판단이 다 사실이면 어떻게 하죠?" 좋은 지적이다. ACT에서는 모든 것이 작업 가능성으로 요약된다는 사실을 기억하라. 당신의 판단이 옳은가 틀리는가는 문제가 아니다. 문제는 만약 당신이 그들과 융합되어 있다면 **장기적으로** 볼 때 그것이 어떻게 작용하는가이다. 그것이 당신의 관계에 어떤 영향을 주어

왔는가? 만약 당신이 이 관계 안에서 머무르기로 마음을 먹었고 그것을 가장 잘 활용하려 한다면 그 판단과의 융합은 당신의 만족감을 증가시켜 줄 것인가 혹은 감소시켜 줄 것인가?

재빨리 이 작은 훈련을 다시 해 보자. 그런데 이번에는 당신의 손이 얼굴을 덮고 있는 동안에 효과적으로 행동하는 것이 어렵다는 사실을 알아차리자. 당신의 양손이 얼굴을 덮고 있는데 차를 운전한다든지, 야채를 다듬는다든지, 혹은 컴퓨터 자판을 친다고 생각해 보라! 이와 비슷하게, 파트너에 대한 당신의 모든 판단에 의해 당신의 눈이 멀어 있다면 당신은 자신의 가치에 따라 효과적으로 행동하는 것이 매우 어렵다. 그러나 이 모든 판단으로부터 탈융합되고 당신의 가치와 조율할 수 있다면 당신은 아주 크게 달라진다는 것을 알게 될 것이다.

예를 들어, 당신이 파트너에게 집안일을 도와달라고 부탁한다고 가정해 보자. 당신의 마음은 즉각적으로 '나쁜 파트너' 이야기하기를 시작할 것이다. 당신의 마음은 아마도 "그는 게으르고 이기적이야. 왜 그는 집안일을 전혀 하지 않는 거지? 그에게 도와 달라고 해도 소용이 없어. 내가 그의 종이야 뭐야?"라고 이야기할 것이다. 만약 당신이 이 이야기에 융합되어 있다면 어떻게 될 것인가? 그렇다. 당신은 그에게 딱딱거리거나 신경질적으로 무언가를 말하게 될 것이다. 아니면 당신은 그에게 부드럽게 요구할 수 있다. 그러나 이것은 바로 모멸감과 경멸감, 분노 혹은 괴로움으로 가득 차서 돌아올 것이다. 어쩌면 당신은 아무런 말도 하지 않을 수 있다. 당신은 그냥 집안일을 혼자서 할 수 있다. 그러나 당신은 아마도 분노감에 가득 차서 그것을 하게 될 것이다.

이제 당신이 그 이야기에서 탈융합할 수 있었다고 가정해 보자. 당신이 그 이야기에 사로잡히는 대신에 그것을 한쪽으로 밀어 두고 자기주장, 수용 및 친절함과 같은 당신의 가치와 연결될 수 있었다고 생각해 보자. 스모그는 걷히고 당신 앞에는 풍요롭고 푸른 계곡이 펼쳐질 것이다. 그러면 당신은 파트너가 당신과 다르며, 당신과 다른 태도와 습관을 지녔다는 것까지 받아들일 수 있다. 그리고 그는 당신의 친구이지 적이 아니라는 사실을 다시 상기할 수 있다. 이와 함께 당신은 친구를 어떻게 대하고 싶어 하는지도 기억할 수 있다. 당신은 자기주장적이 되는 것도 연습할 수 있다. 자기주장적이 된다는 것은 당신이 파트너의 권리를 존중하면서 당신이 원하는 것을 부드럽게 이야기해서 요청하는 것을 의미한다. 그렇게 되면 당신은 화가 나거나 괴로워하지 않고도 "만약 당신이 나를 도와서 저걸 깔끔하게 정리해 준다면 정말로 고마워할 거야."와 같이 말할 수 있다. 물론 이것이 당신의 파트너가 도와줄 것임을 보장해 주지는 않는다. 그러나 이런 식으로 이야기할 때 그가 도와줄 가능성이 높고, 화가 나서가 아니라 자발적으로 도와줄 가능성이 높다. 물론 그에게 딱딱거리는 것이나 비난하는 것도 집안일을 돕게 채찍질할 수 있으나, 그런 경우에 그는 아마도 괴로워하면서 또는 분노에 차서 그것을 할 것이다. 길게 보면 그것은 당신들의 관계에 좋은 영향을 미치지 않을 것이다.

166

당신의 마음이 판단하기를 멈추도록 할 수 있을까

당신의 마음이 판단하기를 멈추도록 할 수 있는 방법 중 내가 아는 유일한 방법은 수술로 생각과 관련된 뇌 부위를 제거하는 방법뿐이다. 그러나 나의 말에 의지하지 말고 당신 스스로 생각해 보라. 시계에 타이머를 작동시키고, 걸으려다 당신의 마음이 누군가 혹은 어떤 것에 대해 부정적인 판단을 시작하기 전까지 얼마나 시간이 걸리는지 측정해 보라. 나는 그렇게 되는 데 시간이 얼마 걸리지 않을 것이라 확신한다. 그러니 이에 대해 당신이 죄책감과 같은 감정을 느낄 필요가 없다. 그것은 완벽하게 정상적이고 자연스러운 현상이다. 진화 덕에 현대 인간의 마음은 결코 멈추지 않는 아주 정교하게 작동되는 판단 기계가 되어 있다.

167

당신도 알고 있듯이, 우리의 원시 조상들의 마음은 위험하고 적대적인 세계에서 생존하기 위해서 '저 멀리 보이는 사람은 친구인가 적인가?' '풀숲에 있는 동물은 위험한가 아닌가?' '가파른 돌로 만들어진 등산로는 안전한가 아닌가?'와 같은 끊임없이 중요한 판단을 해야만 했다. 그래서 만약 우리 조상의 원시적 마음이 이런 판단을 만들어 내는 데 잘 작동하지 않았다면 그들은 자신의 유전자를 재생산하고 대대로 물려줄 수 있도록 길게 생존하지 못했을 것이다. 그래서 수없이 많은 세대를 거쳐 진화한 결과 우리는 판단을 결코 멈출 수 없는 마음을 가지게 되었다. 이것이 의미하는 것은 판단 기계가 대량으로 생산해 내는 모든 말에는 유용한 말도 많으나 쓸모없거나 철저히 도움이 되지 않은 말도 아주 많다는 것이다. 그렇다면 우리는 이런 쓸모없는 것들을 어떻게 해야 하는가?

솔직하게 이야기하라

　당신의 파트너에 대해 도움이 되지 않은 판단이나 이야기로부터 탈융합하는 방법에는 다양한 방법이 있다. 간단한 방법 중 하나는 그런 것이 보일 때마다 이름을 붙이는 것이다. 판단 기계가 쓸모없는 자신의 물건을 쏟아내는 것을 알아차리자마자 당신은 조용히 "자! 또 판단의 시간이군." 혹은 "아하! 또 '나쁜 파트너' 이야기가 시작되었군. 나는 이걸 잘 알지."라고 자신에게 이야기해 줄 수 있다. 그렇게 하는 순간, 당신은 그것의 덫에 걸리는 대신에 그로부터 탈융합하기 시작하는 것이다. '나쁜 파트너' 이야기로부터 탈융합하기는 자연적으로 오지 않는다. 그러나 연습을 하면 더 쉬워질 수 있다. 이와 함께 당신은 당신의 '나쁜 파트너' 이야기에 '게으른 거지 이야기'나 '일중독자 이야기'와 같은 특별한 이름을 붙일 수도 있다. 그런 다음 그 이야기와 연관된 생각이나 감정에 당신이 사로잡히게 되는 것을 알아차릴 때마다 그에 대해 "아하! 일 중독자 이야기이구나. 또 시작되었네."라고 이름을 부를 수 있다.

168

　여기에 당신이 가벼운 마음으로 이용할 수 있는 몇 개의 어구가 있다. "또 판단의 날이군!" "아하! 판단 기계가 달아오르셨네." 혹은 더 간단하게는 "또 판단하고 있군."과 같은 것이다. 나는 당신이 앞으로 수 주에 걸쳐 이들 어구를 가지고 마치 장난 삼아 하듯 시도해 보기를 바란다. 만약 당신이 자신의 판단 기계가 작동한다는 것을 알아차릴 수 있다면 그것이 하고 있는 것에 이름을 붙이고 어떤 변화가 일어나는지 살펴보라. 목표는 판단을 멈추는 것이 아니다. 또 그렇게 할 수 있는 방법은 존재하지 않는다는 것을 기억하라. 목표는 그것이 무엇인지를 있는 그대로 보고, 바로 그것이 당신의 마음이 자동적으로 대량 생산한 말들의 묶음에 지나지 않음을 보는 것이다.

나는 이제 판단적 마음 훈련의 2부를 시행할 것을 권한다. 이번에는 당신 자신에 대한 판단보다는 당신 파트너에 대한 판단을 살펴보게 될 것이다. 다음 각 문장을 당신이 생각할 수 있는 한 많은 단어나 어구로 채워 넣으라.

훈련: 판단적 마음 - 2부

나의 마음이 나를 '나쁜 파트너' 이야기 속으로 잡아 넣으려 할 때, 다음은 마음이 이야기하는 것이다.

- 나의 마음은 '나의 파트너는 나에게 _____하다'고 이야기한다.
- 나의 마음은 '나의 파트너는 나에게 너무 _____하다'고 이야기한다.
- 나의 마음은 '나의 파트너는 나에게 _____ 면에서 부족하다'고 이야기한다.
- 나의 마음은 '나의 파트너는 나에게 _____ 점이 너무 지나치다'고 이야기한다.

- 나의 마음은 '나의 파트너는 나에게 _____ 점이 너무 부족하다'고 이야기한다.
- 나의 마음은 '나의 파트너는 나에게 _____ 점이 결여되어 있다'고 이야기한다.

당신이 이것을 완성하고 난 다음에는 이 목록을 다 읽어 보라. 당신을 가장 괴롭히는 자기판단을 하나 선택해서 '나의 파트너는 X야.' 혹은 '나의 파트너는 Y가 아니야.'와 같은 간단한 어구로 줄여 보라.

이제 그 생각을 당신의 마음 안에 집어넣고 20초 동안 그것을 최대한 받아들이라. 그리고 어떤 일이 일어나는지 관찰하라.

그러고는 조용히 당신의 머리로 그 판단에 대해 다시 반복하라. 같은 말로 한 마디, 한 마디 반복하라. 그러나 이번에는 그 말 앞에 '나는 ~와 같은 생각을 하고 있어.'라는 어구를 붙여 놓으라. 그리고 어떤 일이 일어나는지 관찰하라.

그다음에는 이 과정을 다시 반복하라. 그런데 이번에는 조금 다른 어구인 '나는 ~와 같은 생각을 하고 있다는 것을 알고 있어.'라는 어구를 붙여 보라. 그리고 어떤 일이 일어나는지 관찰하라.

이렇게 하니 당신은 어땠는가? 나는 당신이 '나쁜 파트너' 이야기로부터 조금 탈융합했기를 바란다. 만약 그렇지 않다면 목록에서 다른 판단에 대해 이 과정을 다시 시도해 보라.

훈련: 당신의 판단을 운반하기

여기에 또 다른 탈융합 훈련이 있다. 우선 빈 종이를 마련하라. 묶여 있지 않은 종이가 좋다. 만약에 일지나 공책 같은 것을 사용할 경우에는 한 장씩 뜯어 낼 수 있는 것이 좋다. 종이의 한 면에는 당신의 마음이 당신 파트너에 대해 말하는 가장 심한 판단이나 이야기를 4~5개 정도 적으라. (이것을 쉽게 하기 위해서 판단적인 마음 2부 훈련에서 당신의 답을 복사해서 '나의 마음은 나에게 _____을 이야기한다.'라는 어구만 빼 버리고 사용할 수 있다.)

일단 이렇게 다 하고 나면 종이를 뒤집어서 뒷면에 진한 글씨로 '아하! 나의 나쁜 파트너 이야기, 다시 그것이 시작되었다!'라고 쓴다. (당연히, 만약 당신이 더 나은 것을 생각할 수 있다면 이야기의 이름을 바꿀 수 있다.)

이제 종이를 다시 돌려서 당신의 모든 판단과 이야기를 빠짐없이 읽으라. 그리고 난 다음 다시 종이를 뒤집어서 뒤에 진한 글씨로 적혀 있는 것을 읽는다. 그리고 어떤 일이 일어나는지 관찰하라.

171

이렇게 해 보았는가? 만약 그러지 않았다면 부탁하건대 꼭 한 번 시도해 보라. 대부분의 사람은 이렇게 하는 것이 즉각적으로 탈 융합하는 데 도움을 준다고 느낀다. 나의 내담자들에게는 이 훈련을 마치고 나면 "이 종이를 접어서 당신의 지갑이나 주머니에 넣어서 다음 주 내내 가지고 다니고, 그것을 하루에 네다섯 번 펴서 먼저 모든 판단을 빠짐없이 읽고 난 뒤에 당신이 뒷면에 쓴 것을 읽는 훈련을 반복해 보세요."라고 요청한다. 나는 당신이 용기를 내어서 스스로 이것을 해 보았으면 한다. 이 책의 어떤 기법들에 대해서도

9장 판단하는 기계

보장할 수는 없지만 대부분의 내담자가 일주일 후에 와서는 자신들이 '나쁜 파트너' 이야기로부터 훨씬 더 쉽게 탈융합할 수 있었고 그 생각에 훨씬 덜 사로잡혀 있을 수 있었다고 보고한다.

당신의 파트너가 원한다면

나는 특별히 커플을 위해 고안된 이전 훈련을 약간 변형한 훈련으로 이 장을 마치려 한다. 만약 당신의 파트너가 원한다면 당신은 이것을 함께 할 수 있다. 그러나 그렇지 않다면 당신이 상상할 수 있는 한 실제적이 되도록 생생하게 상상하라. 다음에 상담 회기에서 내가 실제로 어떻게 이 훈련을 진행하는지를 보여 주려 한다.

각 파트너가 마지막 훈련에서 했던 것처럼 종이의 양쪽 면을 채우도록 한다. 그러고 나면 나는 서로 마주보고 서라고 주문한 다음 종이를 각자의 얼굴 바로 앞에 들어서 오직 각자의 부정적 판단 목록만을 볼 수 있도록 한다. 그리고 수 초간 서로 이야기하라고 한다. 그러고는 "이것은 무엇을 하려고 하는 것 같습니까? 두 분이서 서로 연결되어 있다고 느끼시나요? 서로 간의 표정을 읽을 수 있습니까? 서로 결합되어 있거나 가깝거나 혹은 친밀하다고 느껴지나요?"라고 물어본다.

다음으로, 나는 그들의 종이를 팔로 감싸서 가지고 있으면서 서로 수 초간 다시 이야기해 보라고 주문한다. 그리고 "이제는 어떻게 느껴지나요? 두 분이 더 연결되어 있다고 느껴지나요?"라고 묻는다. 대답은 언제나 예이다.

마지막으로, 나는 "당신은 이런 판단을 제거할 수는 없습니다. 그것은 항상 당신과 함께합니다. 그러나 당신은 그것과 상호작용하는 당신의 방식은 변화시킬 수 있습니다."라고 지적하고 강조한다. 이것이 탈융합의 핵

172

심적 측면이다. 탈융합은 원치 않는 생각을 제거하는 방법이 아니라 단지 그것과 다르게 상호작용하는 방법인 것이다.

연습, 연습, 연습

당신은 책만 읽어서는 운전을 배울 수 없다. 당신은 실제로 차를 타고 연습해야만 한다. 이 책에 있는 모든 심리적 기술도 마찬가지 이다. 그래서 만약 당신의 관계가 당신에게 중요하다면 당신은 기꺼이 다음을 연습하겠는가?

- 앞서 언급한 당신의 판단 운반하기 훈련을 하라. 접은 종이를 당신의 지갑이나 주머니에 넣고 다니면서 그것을 하루에 적어도 4번은 꺼내어서 거기 쓰여 있는 판단의 목록을 읽고 그 뒷면에 진한 글씨로 적혀 있는 것들을 읽으라.
- 하루 동안 당신의 마음이 판단하고 있는 것에 사로잡힐 때마다 조용히 "또 판단하기네." "아하! '나쁜 파트너' 이야기이네." 혹은 더 간단하게 그냥 '판단하기'와 같은 어구를 사용해서 이름을 붙이라.
- 당신이 도움이 되지 않는 이야기나 판단에 걸려들었다는 것을 알아차린 순간, '나는 나의 마음이 ~을 판단하고 있다는 것을 알아차리고 있어.' '나의 마음이 ~라는 이야기를 나에게 하고 있어.' 혹은 더 간단하게 '나는 ~라는 생각을 하고 있어.'와 같

173

은 어구를 사용해서 그로부터의 탈융합을 시도하라.

내가 언급했던 어구들을 장난스럽게 사용해 보라. 그것을 자신
의 말로 바꾸어 보고 어떤 일이 일어나는지 살펴보라. 심리적 스모
그가 흩어지기 시작하는지 살펴보라. 그렇지 않다고 해도 놀랄 필
요는 없다. 매혹적인 이야기를 다룰 수 있는 수많은 다른 방법이 또
있으니까.

174

10장

매혹적인 이야기

당신은 시간가는 줄 모르고 책이나 기사 내용에 빠져들어 주위 사람들이나 방을 잘 알아차리지 못한 채 지나친 경험을 한 적이 있는가? 우리 마음은 이야기꾼이고 우리의 주의를 전부 원한다. 우리의 마음은 우리에게 하루 종일 이야기한다. 우리는 흔히 이런 이야기를 '생각'이라고 부른다. 그중 어떤 것은 말할 것도 없이 맞는 이야기이다. 우리는 이를 '사실'이라고 부른다. 그러나 우리의 마음이 우리에게 이야기하는 것 중 아주 많은 것은 '사실'이 아니다. 대부분은 의견, 판단, 믿음, 태도, 아이디어, 가정, 가치, 목표, 예상, 바람, 환상, 욕구 등이다. 그리고 그 이야기에 빠져들게 되면 우리는 쉽게 우리가 어디에 있고 무엇을 하는지 알지 못한 채 길을 잃어버리게 된다. 친구, 파트너 그리고 친척과 이야기하고 있는 동안에도 당신은 문득 당신이 그들의 이야기를 듣고 있지 않다는 것을 깨달은 적이 있지 않은가? 당신이 차를 운전하여 목적지에 도착한 후에 어떻게 그곳에 왔는지를 잘 기억할 수 없었던 적이 있지 않은가? 무언가를 가지러 방 안에 들어왔다가 뭘 가지러 왔는지 기억할 수 없던 적이 있지 않은가? 파티나 저녁 식사 혹은 사교 모임 같은 곳에 있을 때에도 그곳과 어울리지 않은 생각에 빠져 있던 적이 있지 않은가?

이 모두는 당신이 마음 안에 꿈쩍도 못하고 갇혀 있는 몇 가지 일상적인 예이다. 그러나 이야기 속에 빠져드는 것은 단지 문제의 한 측면일 뿐이다. 다른 측면은 그 이야기를 잡는 것이다. 걱정하기가 좋은 예이다. 당신의 마음은 파트너가 당신에게 나쁘게 행동할 거라는 두려운 이야기를 들려줄 수도 있고, 당신의 관계를 망칠 문제에 대한 걱정되는 이야기를 들려줄 수도 있다. 흔한 것은 당신의 파트너가 당신을 떠날 것이라는 이야기이다. 그리고 또 다른 것은 당신이 덫에 걸렸고 빠져나가지 못할 것이라는 이야기이다. 걱정을 한다는 것은 단순히 말해 당신이 그 이야기를 그냥 놔두려 하지 않는다는 것으로, 그것을 잡고는 반복해서 되풀이한다는 것이다. 과거에 머물러 있는 것, 기술적으로 말해 **반추하기**(ruminating)도 유사한 과정이다. 당신은 오래된 상처나 고통스러운 기억을 반복적으로 살펴보며, 그것을 당신의 머릿속에서 되풀이해서 재생시키고 당신의 파트너가 한 이야기나 행동 하나하나에 자신을 집중시킨다. 과거를 변화시킬 수 없고 그 안에 머물러 있는 것이 아무런 효과가 없음에도 불구하고 당신은 그냥 놔두려 하지 않을 것이다.

걱정하기와 반추하기는 별도로 하더라도 당신의 판단, 비판 그리고 옳고 그름의 법칙이 있고, 당신의 기대, 실망과 좌절도 있으며, 버림받거나 상처받거나 조절당할 것에 대한 두려움도 있다. 그러나 이런 생각, 믿음 그리고 기억이 스모그를 만들지 않는다는 것을 명심하라! 스모그는 오직 당신이 그것을 잡을 때만 만들어지는 것이다. 당신이 가볍게 잡으면 스모그는 흩어지고 당신은 자유롭게 계곡을 넘어 탐색할 수 있다.

당신의 생각에 대해 유연해지는 법을 배우기

주먹을 쥐어 보라. 꽉 쥐어 보자. 그리고 잘 살펴보라. 모양과 윤곽 그리고 하얗게 된 주먹 관절 부위까지 주의 깊게 살펴보라. 주먹을 꽉 쥐고 있는 것은 무엇에 좋을까? 단 하나, 공격에 좋을 뿐이다. 당신은 협박하거나 한 방 날리는 데 꽉 쥔 주먹을 사용할 수 있다. 대충 이 정도로 해 두자. 꽉 쥔 주먹으로는 사랑하는 사람의 얼굴을 쓰다듬어 줄 수 없고, 새롭게 태어난 아이의 작은 손을 잡아 줄 수도 없으며, 파트너의 몸을 부드럽게 애무해 줄 수도 없다.

이제 당신의 주먹에 힘을 천천히 빼라. 손을 풀어서 손가락을 펴고 손에 힘을 빼고 편안하게 두라. 당신은 이제 글을 쓰거나, 그림을 그리거나, 타이핑하거나, 채소를 다듬거나, 차를 운전하거나, 개를 쓰다듬어 주거나, 이를 닦거나, 파트너의 얼굴을 애무해 주거나, 아이의 머리를 받쳐 주거나, 아픈 관자놀이를 마사지하는 데 당신

177

의 손을 쓸 수 있다.

우리의 생각을 단단히 잡고 있을 때, 우리는 유연해질 수 없다. 꽉 쥔 주먹처럼 우리는 우리가 할 수 있는 것을 제한하게 된다. 그리고 그 생각이 우리 파트너에 대한 비판이라면 우리는 상처를 줄 수 있는 말이나 행동을 할 가능성이 높다. 그러나 우리가 그 생각을 잡고 있는 손아귀의 힘을 느슨하게 하거나 그것을 좀 더 가볍게 잡으면 우리는 좀 더 유연해지고 우리의 어려움에 좀 더 효과적으로 반응할 수 있다.

어려운 생각을 위한 기법

유연해지기 위해서는 연습이 필요하다. 여기에 당신을 도와줄 수 있는 몇 가지 기법이 있다.

훈련: 한줌의 생각

이 훈련을 다 완수하기 위해서는 각 단계를 수행하는 동안에 여유를 가지라. 시작하기 전에 지시 사항을 다 읽어 보라.

1. 도움이 되지 않는 당신의 파트너에 대한 이야기로 마음이 옮아 가도록 만들라. (**기억하기**: '도움이 되지 않는' 것에 대해 이야기할 때 우리는 '옳은' 혹은 '틀린'의 관점에서가 아니라 '작동되는' 혹은 '작동되지 않는'의 관점에서 이야기한다. 이야기가 '도움이 되지 않는다' 혹은 '작동되지 않는다'고 말할 때는 당신이 그 안에 빠져 있어 당신의 관계가 고통스럽게 될 때를 의미한다.)

2. 이 이야기를 한두 문장으로 압축하라.

3. 약 20초간 그 이야기 안에 빠져 들어가라. 그것을 받아들이고 그것에 융합되라.

4. 당신의 손을 당신의 얼굴 앞에 들고 그 생각을 당신의 머리에서 빼내어 당신의 펼쳐진 손바닥 위에 올려놓는다고 상상해 보라.

5. 마치 그 이야기에 당신의 삶이 달려 있어서 꼭 잡아야 하는 것처럼 서서히 손을 최대한 꼭 쥔다. 그렇게 수 초간 꼭 쥐고 있는다.

6. 서서히 당신의 손을 풀라. 손을 열어 이야기가 손바닥 위에 그대로 놓여 있도록 놔두라. 그것을 튕겨 내거나 씻어 버리려 하지 않고 그냥 거기에 놔둔다.

어떤 일이 일어났는가? 그 이야기가 아직도 당신에게 같은 영향을 미치고 있는가, 아니면 '영향력을 잃어버린(더 이상 쥐지 못하게)' 상태인가? (그렇다. 손에 잡는 것은 두 방향이 있다. 한 방향은 당신이 그 이야기를 쥐는 것이고 다른 한 방향은 그 이야기가 당신을 쥐는 것이다) 당신이 생각으로부터 물러나서 자신을 어느 정도 놓아주는 느낌인 탈융합을 경험했기를 바란다. 나는 당신이 자신의 생각을 너무 꽉 잡고 있다고 느낄 때마다 이 기법을 사용해 볼 것을 권한다. 만약 이 기법이 당신에게 별로 도움이 되지 않는다면 여기에 다른 방법이 있다.

179

훈련: 이야기에 이름 붙이기

지난 장에서 우리는 '나쁜 파트너' 이야기에 대해 이야기하였다. 당신은 이 기법을 더 사용할 수 있다. 만약 당신이 자신의 관계 문제와 연관된 도움 되지 않은 이야기나 감정 혹은 기억 모두를 생길 때마다 매번 잡아서 모두 모아 책이나 영화로 만든다면 그것의 제목을 무엇이라 붙이겠는가? 그 제목을 아주 창의적으로 그리고 당신이 좋아하는 글자 그대로 만들어

볼 수 있다. 예를 들어, 블랙홀 이야기, 아주 큰 잘못 이야기, 끔찍한 결혼 이야기, 게으른 거지 이야기 등으로 붙여 볼 수 있다. 그리고 다음 몇 주간 당신이 이 이야기와 연관된 감정이나 생각 혹은 기억 중 어떤 것이든 인식하게 되면 바로 그것의 이름을 불러 보라. "아, 또 인생을 말아먹는 이야기가 시작이네!"와 같이 말이다.

물론 어떤 경우에는 당신이 그것을 깨닫기도 전에 그 이야기에 걸려들 수도 있다. 그렇지만 아무 문제없다. 무엇이 일어났는지 그것을 알아차리는 순간 그때 바로 이름을 붙이면 된다. "아하! 또 잔소리 이야기에 걸려들었네."와 같이 말이다. 유머와 장난스러움을 가지고 이것을 하는 목적은 이 이야기에 대해 너무 진지하게 되는 대신에 좀 더 가벼워지기 위해서이다. 시간이 지나면 이것은 당신이 이야기를 좀 더 느슨하게 잡아 좀 더 쉽게 놔줄 수 있도록 도와줄 것이다.

훈련: 이야기를 노래로 부르기

1. 당신의 파트너에 대한 신랄한 판단이나 비판을 골라서 그것을 '그는 이기적인 돼지야!'와 같은 몇 개의 단어로 구성된 짧은 문장으로 만들라.
2. 그것을 '생일 축하 노래(Happy Birthday)'에 맞춰 부르게 하라.
3. 그것을 당신이 원하는 곡을 골라 그 곡에 맞춰 부르게 하라.

어떤 일이 일어났는가? 대부분의 사람은 그 생각이 마치 노래 가사처럼 그냥 단어 연결 이상도 이하도 아니라는 것을 깨닫게 되는 순간 생각이 빠르게 힘을 잃어버리는 것을 발견한다. 물론 이런 단어들은 옳거나 틀릴 수도 있고, 현실적이거나 과장되어 있을 수도 있으며, 공정하거나 너무 혹독할 수도 있고, 낙관적이나 비관적일 수도 있다. 그러나 이것이 핵심은 아니다! 핵심은 단순하다. 그것은 단지 단어일 뿐이라는 것이다. 일단 당신이 생각은 단지 단어의 연결이라는(어느 때는 장면과 동반되기도 하지만) 생각의 진짜 모습을 볼 수 있게 되면 훨씬 쉽게 그것을 그냥 놓아줄 수 있다.

훈련: 라디오 마음

당신의 마음이 라디오라고 상상해 보라. 당신의 생각을 마치 당신이 스포츠 중계나 뉴스 아나운서가 이야기하는 것을 듣는 것처럼 들으라. 그 목소리가 어디에 위치하고 있는 것 같은지 살펴보라. 당신 머리의 정중앙에 자리 잡고 있는가, 아니면 어느 한쪽에 자리 잡고 있는가? 말의 속도와 리듬을 살펴보라. 말의 크기와 높낮이도 알아차리라. 목소리에서 드러나는 감정도 알아차려 보고 말이 멈춰지거나 늦어질 때 멈춤이나 간격도 알아차려 보라.

이것을 처음에는 5분 정도 시행하려 시도하라. 때때로 당신은 방송의 내용에 사로잡혀서 이 훈련의 핵심을 잊어버릴 수도 있다. 이것은 정상적인 반응이다. 당신이 이런 일이 일어난 것을 알아차리면 바로 한 걸음 물러나서 당신의 마음을 다시 라디오처럼 인식하면 된다. 다시 내용에 빠져들기보다는 말의 속도, 크기, 감정 그리고 전달에만 집중하라.

훈련: 강물에 나뭇잎 흘려보내기

이것은 어떻게 생각이 오고 가도록 놔둘 수 있는가를 배우기 위한 전통적인 ACT 훈련이다. 당신은 이를 훈련하기 위해서 5분 정도 비워 놓을 필요가 있다. 지시 사항을 몇 번 읽은 다음에 훈련을 시도해 보는 것이 좋다. (이것은 나의 CD 〈마음챙김 기술(Mindfulness Skills)〉 1권에 녹음되어 있는 유용한 훈련 중 하나이다. 이 책 끝 부분의 '이용할 수 있는 자원'을 보라.)

1. 편안한 자세를 잡으라.

2. 눈을 감거나 눈의 초점을 한 곳에 고정하고 천천히 그리고 깊게 숨을 몇 번 쉬라.

3. 천천히 흐르고 있는 강가에 당신이 앉아 있는 모습을 상상해 보라. 흐르는 물의 표면에 나뭇잎들이 떠서 천천히 흘러내려 가고 있다.

4. 앞으로 5분 동안 머리에 떠오르는 모든 생각을 잡아서 하나하나 나뭇잎 위에 올려놓고 그대로 흘러가도록 놔두라. 만약 당신이 시각화하는 것이 어렵다면 그냥 움직이는 검은 선이나 검은 공간을 상상하고 각각의 생각을 거기에 올려놓는다. 만약 당신의 마음이 "이것은 바보 같은 짓이야."라고 말한다면, 그 말을 잡아서 나뭇잎 위에 올려놓고 그것을 그대로 흘러가게 놔두라. 당신의 마음이 "지루하기 짝이 없네."라고 말한다면 그냥 그 말을 잡아서 나뭇잎 위에 올려놓고 그대로 흘러가게 놔두라. 당신의 마음이 말이나 단어보다 영상을 떠올린다면 각각의 영상을 나뭇잎 위에 올려놓고 그대로 흘러가게 놔두라.

수시로 당신은 생각에 사로잡히거나 이 훈련을 놓쳐 버릴 것이다. 이것은 문제가 될 게 없다. 100% 정상이며 당신은 이런 일이 앞으로도 수없이 반복해서 일어날 것임을 알아야 한다. 그것은 당신에게 우리의 마음이 당신을 얼마나 쉽게 자신의 이야기 속으로 끌어들이는가에 대한 통찰을 얻게 해 줄 것이다. 당신이 훈련을 놓쳐 버렸다는 것을 알아차린 순간 바로 다시 시작하면 된다.

만약 당신의 생각이 정지해 버렸다면 그냥 강물의 흐름이나 검은 공간을 바라보라. 머지않아 당신의 마음은 곧 다시 떠들어 대기 시작할 것이다. 만약 같은 생각이 계속 떠오른다 해도 문제가 아니다. 떠오를 때마다 그 생각을 그냥 나뭇잎 위에 올려놓으면 된다.

지시 사항을 다시 읽고 책을 내려놓은 다음 적어도 5분간 다시 훈련을 시도하라.

해 보니 어땠는가? 이 훈련은, 특히 규칙적으로 연습할 경우 정말로 당신이 탈융합 기술을 발달시키는 데 도움을 줄 수 있다. 하루에 한두 번 5~10분 정도가 이상적이지만 일주일에 몇 번 정도 하는 것도 변화를 가져 올 수 있다. 이 훈련은 당신의 파트너가 당신을 화나게 만들거나 짜증나게 만들어서 당신이 언쟁하고 난 직후나, 당신이 스트레스를 받았다고 느끼 거나 걱정을 할 때 혹은 마음이 다급하고 바쁠 때 하는 것이 좋다. (만약 주 로 당신의 생각이 머리에 소리처럼 들리거나 강물에 나뭇잎 흘려보내기가 어렵다고 느껴지면 당신에게는 라디오 마음 훈련이 더 나을 수 있다.)

LOVE와 그대로 놔두기

4장에서의 약성어 LOVE를 기억하는가? 어떻게 그대로 놔주고, 마음을 개방하고, 가치를 부여하고, 전념하는 것이 모두 연결되어 있는지 살펴보라. 당신이 비난, 판단 그리고 비판을 놓아줄 때 개방 은 훨씬 더 쉬워지며, 가치에 따라 행동하기와 당신이 하고 있는 것 에 전념하기가 훨씬 쉬워진다. 그대로 놔두기는 당신이 발달시켜 야 할 핵심 기술이다. 만약 도움 되지 않는 생각들에 지배되고 있으 면 당신은 중요한 문제를 효과적으로 논의할 수 없고, 해결책을 타 협할 수도 없으며, 당신과 당신 파트너의 다른 점을 조정할 수도 없 다. 그리고 당신이 결사적으로 과거에 매달려 있게 되면 효과적으 로 앞을 향해 나아갈 수가 없다. 따라서 당신이 이 이야기들을 좀

10장 매혹적인 이야기

더 가볍게 잡는 법을 배워서 과거의 아픈 기억의 지배로부터 좀 더 벗어나게 되면 심리적으로 더 유연해지게 될 것이다. 그대로 놔두기가 핵심적인 열쇠로, 단지 몇 초 동안 당신의 주먹을 쥐었다 푸는 것이 이것을 기억하게 만들어 주는 역할을 해 줄 것이다. 이 시점에서 당신은 '그래, 이 방법은 모두 잘되고 내 생각을 다루는 데 좋은 방법이군. 그러나 내 감정에 대해서는 어떻게 하지?'라고 생각할 수 있다. 아, 그렇다. 감정이 있었지. 당신의 파트너가 당신을 공격하거나, 당신의 기념일을 까먹어나, 당신을 공개석상에서 당황하게 만들거나, 매우 마음 아픈 상처를 주는 이야기를 하거나, 밤새 술을 먹고 취한 채 들어오거나, 집안 구석구석 벗어 놓은 옷으로 가득하게 하고는 나가거나, 일찍 들어온다고 약속해 놓고 지키지 않거나, 당신을 완전히 무시하거나, 당신에게 한마디 상의도 없이 중요한 결정을 해 버리거나, 혹은 당신을 화나게 만드는 수많은 행동 중 하나를 해 버렸을 때, 바로 이런 경우에 당신은 인공호흡이 필요하다.

184

11장

인공호흡

구강 대 구강 심폐소생술은 제대로 된 용어가 아니다. 옛날에는 이를 '인공호흡'이라고 불렸다. 이것은 당신이 다른 사람의 입에 입술을 대고는 그 사람의 텅 비고 생명력이 없는 폐에 공기를 불어넣어 주는 것이다. 나는 당신이 이 오래된 용어가 훨씬 더 시적이라는 것에 동의할 것이라 믿는다. 놀라운 것은 당신이 그것이 필요할 때마다 당신 자신에게 인공호흡을 해 줄 수 있다는 것이다. 삶이 당신을 고갈시켜 버렸을 때, 당신이 고통스러운 생각과 감정에 의해 숨막혀 할 때, 당신이 꼭 해야 하는 모든 것은 바로 마음챙김적으로 호흡하는 것이다. 당신의 입을 열고 공기를 들이마셔서 당신 폐의 깊은 데까지 깊게 들이쉬어 주는 것이다. 마치 당신이 더운 여름 날에 찬 음료를 마셨을 때의 느낌처럼 이 흐름에 감사하라.

마음챙김은 삶에서 얻을 수 있는 가장 큰 것 중 하나이다. 그것은 매 순간이 충만함으로 가득 차 있고 그 안에서 풍요로움을 발견할 수 있는 것이다. 그것은 호기심과 개방성과 같은 특정한 태도를 포함한다. 그래서 마음챙김적으로 호흡한다는 것은 **정말로** 당신의 호흡을 알아차리고 **정말로** 주의를 집중하며 그에 대해 진실로 호기심을 가지는 것을 의미한다. 마음챙김적으로 호흡할 때, 당신은 어깨, 가슴, 배 그리고 코 모두가 어떻게 함께 협조적으로 움직이는지, 어떻게 조화롭게 작용해서 폐에서 공기를 '들어갔다 나왔다' 하게 만드는지 알아차릴 수 있다. 당연하게 여기는 대신, 당신은 호흡이 당신에게 생명을 가져다주는 일련의 과정이라는 것에 대해 감사해야 할 것이다.

훈련: 마음챙김적 호흡하기

생명을 가져다주는 과정으로서의 호흡은 당신이 책을 읽어서 경험할 수 있는 그런 것이 아니다. 당신은 그것을 실제로 연습해 봐야 한다. 그래서 다음 지시 사항을 몇 차례 잘 읽은 다음에 훈련을 시도하라. 이 훈련의 목적은 10번의 느리고 깊은 그리고 마음챙김적인 호흡을 하는 것이다. 당신의 비어 있는 폐에 온전하게 집중하고, 마지막 한 줌의 공기조차 폐에서 밀어내라. 이것은 중요한데, 폐가 완전히 비어 있지 않으면 당신이 깊은 호흡을 할 수 없기 때문이다. 자, 시작해 보자.

이전에는 전혀 호흡하는 것을 보지 못했던 과학자가 호기심을 가지고 관찰하는 것처럼 당신의 폐로 들어갔다 나왔다 하는 호흡의 흐름을 관찰하라. 콧구멍을 통해 들어가는 공기의 흐름, 당신 어깨가 올라가고 내려가는 움직임. 당신의 흉곽이 올라갔다 내려갔다 하는 움직임과 같은 당신의 호흡이 가지고 있는 모든 측면을 알아차리라.

당신이 이렇게 할 때 당신의 마음은 당신의 주의를 흩어 놓으려 당신에게 이야기할 것이다. 그 생각을 마치 당신 집 밖에서 차들이 오고 가는 것처럼 그냥 놔두라. 당신 마음이 떠드는 것을 마치 배경에 라디오 소리가 들리는 것처럼 놔두라.

만약 당신이 자신의 생각에 사로잡혀서 당신의 호흡을 잃어버린다고 해도 이것은 정상적인 것이다. 이것이 앞으로도 반복해서 나타날 것이라 생각하라. 당신이 처음 이 훈련을 하는 것인데 '표류하기' 전에 10초를 유지했다면 잘하고 있는 것이다. 그래서 당신이 다른 곳으로 주의가 흩어진다는 것을 깨달으면 그 순간 바로 알아차리고 부드럽게 당신의 호흡에 다시 집중하라.

마치 록 콘서트에서의 리드 보컬인 것처럼 당신의 호흡을 관찰하라. 이 가수가 당신 주의의 중심에 있다. 그러나 당신은 무대 위의 다른 모든 음악가와 연주자도 무시하려 하지 않는다. 마찬가지로 당신은 자신의 호흡에 집중하면서도 자신의 모든 생각과 감정을 무시하려 하거나 지워 버리려 하지 않는다. 당신은 그것을 제거해 버리거나 '당신의 마음을 깨끗하게 치워 버리려' 하지 않는다. 당신은 그것을 알아차린 채 놓아두지만 당신의 주의는 굳건하게 당신의 호흡에 초점이 맞추어져 있다.

이제 호흡하기를 시도하자. 마음챙김으로 천천히 그리고 깊게 호흡을 10번 하라.

해 보니 어땠는가? 어떤 사람들은 이런 호흡을 하는 것이 쉽다고 하지만 어떤 사람들은 매우 어렵다고 한다. 대부분의 사람은 그것이 안정시켜 준다고 하지만, 일부 사람은 좌절하게 만든다고 말하기도 한다. 당신이 어떻든 간에 나는 당신이 그것을 기꺼이 연습하기를 바란다. 그렇게 하면 이 단순한 마음챙김 호흡하기 기법이 쉽게 당신의 삶에서 매우 유용한 도구 중 하나가 될 수 있음을 발견할 것이기 때문이다. 그것은 당신이 감정적 폭풍의 한가운데 있을 때 마치 닻을 내리는 것과 같다. 그것이 폭풍을 제거해 주지는 못할 것이다. 그러나 폭풍이 지나갈 때까지 당신을 꼭 잡아 줄 것이다.

마음챙김적 호흡하기로 닻 내리기

나는 앞 문단에 대해 좀 더 자세하게 설명하기를 원한다. 마음챙김적 호흡하기는 이완 기법이 아니라는 것을 아는 것이 중요하다. 만약 당신이 그것을 원한다면 그것을 그렇게 바꿀 수는 있다. 만약 당신이 스트레스가 없고 문제가 없는 환경에서 마음챙김적 호흡하기를 연습한다면 그것이 당신을 매우 이완시켜 줄 가능성이 높다. 그러나 만약 당신이 그것을 스트레스가 가득한 상황 가운데 시도한다면 그것이 당신을 이완시켜 주지 않을 것이다. 사실상 아무 도움이 되지 않을 것이다. 왜냐하면 당신의 몸이 당신이 어려운 상황이나 위협적인 상황에 처할 때마다 '투쟁-도피 반응'을 하도록 수백만 년에 걸쳐 진화해 왔기 때문이다. 투쟁-도피 반응(fight-or-flight response)은 당신의 몸이 당신이 도망가거나 아니면 머물러서 싸우거나 둘 중 하나를 할 수 있도록 빠르게 준비하는 것을 의미한다. 당신의 심박 수는 올라가고 근육은 긴장을 하고 아드레날린의 수치는 올라가며, 당신은 공포 혹은 분노와 같은 강한 감정을 경험하게 된다. 당신이 실제로 그런 어려운 상황에 있다면 우리에게 알려진 어떤 이완 기법도 이런 반응을 뒤집을 수 없다. 진화가 당신을 그렇게 만들어 놓았다. 만약 아주 날카로운 이빨로 가득 찬 턱을 가진 거대한 무서운 괴물이 당신을 공격한다면 당신의 뇌는 당신이 그것을 피하기 위해 최대한 빨리 달려서 도망가야 할지, 아니면 당신의 땅을 지키기 위해 그 괴물을 쫓아내려 싸워야 할지를 결정하길 원할 것이다. 이런 상황에서 당신의 뇌는 결단코 당신이 누워서 이완하기를 바라지 않을 것이다. 그래서 이완 기법은 당신이 어려운 상황이나 위협적인 상황에 있을 때는 작동하지 않는다.

그러나 일단 당신이 이런 상황에서 확실하게 벗어났다면 이야기는 달라진다. 만약 당신이 이완 기법을 배운 적이 있다면 당신은 자신의 경험으로부터 이런 다른 점을 알아차릴 수 있을 것이다. 당신이 점심 휴식 시간에 공원에 앉아 있을 때, 당신의 침실에서 CD를 듣고 있을 때, 요가 수업에서 바닥에 누워 있을 때, 혹은 당신 치료자의 치료실 의자에 앉아 있을 때는 이 기법이 효과가 좋을 것이다. 그러나 당신이 발표를 한다든지, 시험을 본다든지, 면접을 위해 간다든지, 혹은 당신의 파트너와 함께 고통스러운 문제로 힘든 이야기를 나누고 있을 때와 같은 실제로 힘든 상황의 한가운데 있을 때는 이 기법이 당신을 이완시켜 주지 못한다.

그래서 마음챙김적 호흡하기는 무엇보다 우선하는 닻이라고 할 수 있다. 그것은 폭풍이 잠잠해질 때까지 당신을 꼭 잡아 준다. 그러나 그것이 폭풍을 가라앉히는 마술적인 방법은 아니다. 다만 이

189

방법을 이완 기법처럼 당신을 치료해 주는 대신에 당신을 바닥에 굳건하게 디디고 있게 하고 중심을 잡게 해 주는 방법으로 여긴다면 그것이 당신에게 최선의 결과를 가져다줄 것이다. (내가 이야기했듯이, 당신은 마음챙김 호흡하기를 뒤에 말한 것처럼만 쓸 수 있다. 그러나 틀림없이 그것의 가장 큰 효과는 앞에서 말한 것, 즉 이완 기법의 치료 효과처럼 올 것이다.)

당신은 마음챙김적 호흡하기를 일종의 놀이터의 미끄럼틀처럼 생각할 수 있다. 마음챙김적 호흡하기는 당신이 당신의 마음에서 몸으로 미끄러져 내려올 수 있도록 해 준다. 마음과는 달리 몸에 대해서는 당신은 팔과 다리를 조절할 수 있고, 그래서 효과적인 행동을 하기 위해 그것을 사용할 수 있다. 따라서 마음챙김적 호흡하기는 두 가지 점에서 도움이 된다. 즉, 당신을 당신의 마음에서 나올 수 있도록 해 주고, 당신을 고통스러운 감정 가운데 그대로 머무를 수 있도록 해 준다. 불안해지고, 화가 나고, 원망에 가득 차고, 걱정하게 되고, 죄책감을 느끼고, 질투심을 느끼고, 두려워지거나 진짜 상처를 받았을 때 이 미미한 마음챙김적 호흡하기가 얼마나 유용할 수 있는지 놀라울 따름이다.

왜 마음챙김적 호흡하기가 그토록 유용한지 적어도 세 가지 이유가 있다. 첫째, 느리고 깊은 호흡하기는 활성화된 신경계를 진정시키는 데 도움을 준다. 마음챙김적 호흡하기는 당신의 감정을 조절하는 데 있어 특수한 마술적 방법이 아니다. 그것은 당신의 각성 수준을 낮추어 주어 당신을 현재 이 순간에 머무를 수 있게 도와주는 것이다. 둘째, 당신이 숨을 쉰다는 것은 당신이 살아 있다는 매

190

우 중요한 사실을 이야기해 준다. 이것은 좋은 소식이다. 당신이 살아 있다는 것은 당신이 할 수 있는 유의미한 혹은 목적적인 어떤 것이 항상 존재한다는 것을 의미하기 때문이다. 셋째, 마음챙김적 호흡하기는 당신이 행동을 다 실행하기 전에 당신에게 잠깐의 시간을 준다. 당신의 생각이 회전목마처럼 전속력으로 돌 때 마음챙김적 호흡하기는 당신이 거기서 내리거나 당신에게 '한숨 돌릴 수 있는 공간(breathing space)'을 내주는 데 도움을 줄 것이다.

그러니 마음챙김적 호흡하기를 당신의 일상생활의 일부로 만들라. 당신이 스트레스를 받을 때, 기분이 나빠졌을 때, 화가 났을 때, 불안할 때, 혹은 외로울 때마다 느리고 깊은 마음챙김적 호흡하기를 시행해서 자신에게 집중하라. 그리고 그 효과에 대해서는 100점짜리와 같은 마술은 없다는 것을 알아야 한다. 실제로는 아마도 30점 혹은 50점이나 70점 정도일 가능성이 높다. 천천히 그리고 깊게 쉬는 한 번의 마음챙김적 호흡조차 도움이 될 수 있다. 5~6초의 공간만 있어도 당신은 당신의 마음에서 몸으로 미끄러져 내려올 수 있고 현재 순간에 온전하게 닻을 내릴 수 있다. 물론 이것을 붉은 신호등을 기다리는 동안, 슈퍼마켓에서 줄을 서서 기다리는 동안, 그리고 TV를 보다가 광고를 보는 동안에도 연습할 수 있다. 당신이 그것을 일상생활의 일부가 되게 할수록 이것이 더 자연스러워질 것이다. 이 말은 당신이 파트너와 갈등을 겪고 있을 때나 그에 동반된 강한 감정이 당신 몸에 급격히 퍼져 나가기 시작할 때 당신은 닻을 내릴 수 있고 행동을 효과적으로 할 수 있을 것임을 의미한다.

한 가지 더 있다. 만약 당신이 기꺼이 연습하기를 원한다면 이 간단한 기법을 아주 집중적인 마음챙김 훈련 도구로 바로 바꿀 수 있다. 물론 당신이 꼭 이렇게 해야 하는 것은 아니다. 그러나 당신이 관심이 있고 기꺼이 그렇게 하고 싶다면 다음 지침을 활용할 수 있다.

훈련: 스스로 하는 마음챙김 훈련

이 훈련은 당신이 규칙적으로 연습한다면 적어도 세 가지 방법으로 당신에게 이득을 가져다줄 것이다.

1. 이것은 당신에게 현재에 집중하고 머무를 수 있게 가르쳐 준다. 만약 당신이 다른 많은 이와 같다면 자신의 호흡에 지속적으로 집중하는 것이 매우 힘든 일이라는 것을 발견하게 될 것이다. 당신은 대략 10초 내에 당신의 마음 안으로 다시 끌려 들어갈 것이다. 이 훈련은 현재에 머무를 수 있는 당신의 능력과 당신이 '표류하게' 될 때 당신 자신을 잡아 주어 재집중할 수 있는 능력을 연마시켜 준다. 만약 당신이 스모그 속에서 헤매고 당신의 파트너와 단절되는 대신에 현재에 그대로 머무르고 연결되어 있을 수 있다면 이것이 얼마나 유용할 수 있을지 상상해 보라!

2. 이것은 당신에게 도움이 되지 않는 생각을 그대로 놔주도록 가르쳐 준다. 만약 당신이 파트너에 대한 도움 되지 않는 이 모든 믿음, 판단 그리고 비판을 그대로 놔줄 수 있다고, 그것들이 별로 쓸모없는 상품에 대한 TV 광고처럼 당신에게 더 이상 영향을 미치지 않게 할 수 있다고, 또 당신이 그런 것에 휩쓸리거나 그로 인해 괴롭지 않고 그것을 그냥 오가는 대로 놔둘 수 있다고 상상해 보라. 그렇게 된다면 당

신의 삶이 얼마나 많이 쉬워질 수 있을까? 당신의 관계는 얼마나 많이 호전될 수 있을까?

3. 이것은 당신이 강한 감정에 휩쓸려 가는 대신에 중심을 잡고 닻을 내리고 있을 수 있도록 가르쳐 준다. 그리고 당신의 감정이 몸에 급격히 퍼져 나가는 경우에도 당신 안에 조용한 공간을 발견할 수 있도록 가르쳐 준다.

그래서 어떻게 하면 된다는 것인가? 답은 매우 간단하다. 10번의 마음챙김적 호흡하기를 하는 대신. 당신은 조용한 장소를 찾아 편안하게 앉아서 5~15분 동안 마음챙김적 호흡하기를 연습해 보라. 이것은 당신에게 달려 있다. 당신이 더 오래 연습할수록 당신의 마음챙김 기술들을 더 연마할 수 있다. 대부분의 사람은 하루에 한 번 5~10분 정도의 연습으로 시작해서 수 주에 걸쳐 서서히 늘려서 하루에 두 번 10~15분 정도씩 훈련을 한다. 그러나 모든 것이 다 의미가 있다. 만약 당신이 일주일에 단지 3분만 연습했다면 그것도 아주 하지 않은 것보다는 낫다. (그리고 만약 당신이 이 연습을 하는 데 녹음이 도움 되기를 원한다면 나의 CD 〈마음챙김 기술〉 1권을 이용할 수 있다. 이 책 끝 부분의 '이용할 수 있는 자원'을 보라.)

분명 뭔가 더 나은 것이 있지는 않은가

나는 당신이 무엇을 생각하는지 알고 있다. 감정을 조절하는데 분명히 마음챙김적 호흡하기보다 뭔가 더 나은 것이 있지는 않을까 하는 생각 말이다. 그렇다. 당신이 맞다! 감정과 느낌은 복잡한 것이라서 그에 반응하는 데 수없이 많은 효과적인 방법이 있다. 그러나 마음챙김적 호흡하기는 당신의 도구상자에 넣고 다닐 수 있는 아주 놀라운 유용한 도구이다. 폭풍이 올 때 닻을 내리라. 일단 당신이 확실하게 항구에 닻을 내리면 안전하게 갑판에 나와 여러 상황을 관찰할 수 있다. 그리고 그 위치에서 감정과 싸우는 대신에 당신은 그것에 이름을 붙여 길들일 수 있다.

12장

이름을 붙여 길들이기

위대한 철학자 장 폴 사르트르는 "타인은 지옥이다."라는 유명한 말을 했다. 그런데 그는 반만 옳다. 타인은 천국이기도 하기 때문이다. 달리 말해, 우리의 가장 깊은 관계는 가장 두려운 감정과 가장 경이로운 감정을 동시에 가져온다. 그렇다. 우리는 '나쁨' 없이 '좋음'만 얻을 수는 없다.

나는 '좋음'과 '나쁨'을 따옴표 안에 넣어 표기했다. 그 이유는 믿든 안 믿든 정말로 좋은 감정과 나쁜 감정은 존재하지 않기 때문이다. 그것을 '좋다' '나쁘다'로 표현하는 것은 단지 판단 기계가 다시 작동하기 시작해서일 뿐이고, 당신이 자신의 정상적인 기분과 힘들여 싸우기 시작했음을 의미할 뿐이다. 당신이 어떤 일을 '나쁜' 것으로 판단했다고 가정해 보자. 당신과 그 일의 관계에는 무엇이 일어나겠는가? 당신이 어떤 사람을 '나쁜' 사람이라고 판단했다고 하자. 그렇다면 그 사람과 당신의 관계에는 무엇이 일어나겠는가? 그리고 당신이 어떤 기분을 '나쁜' 기분으로 판단했다고 하면 그 기분과 당신의 관계에는 무엇이 일어나겠는가? 당신의 감정을 '나쁜' 것으로 판단하면 당신은 그 감정과 힘들여 싸우게 된다. 그리고 당신이 그 감정과 힘들여 싸울수록 그것을 더 강하게 한다. 당신은 스트레스에 의해 스트레스를 더 받고, 화에 의해 화가 더 나고, 불안에 의해 더 불안해진다. 그래서 당신은 자신이 적개심을 가지고 있음을 걱정하고 또 이 걱정에 대해서 죄책감을 느낄 수도 있다.

온전한 인간으로서 삶을 산다는 것은 모든 인간의 감정을 느낀다는 것을 의미한다. 그래서 좋거나 나쁜 감정 대신에 즐거운 감정 대 고통스러운 감정의 관점에서 이야기하는 것이 훨씬 더 유용하다. 책을 더 읽어 나가기 전에 당신의 관계에서의 주요 문제에 대해 잠깐 생각하는 시간을 가져 보자. 진짜로 그것에 대해 당신의 모든 심리적 스모그와 융합시켜서 아주 심각하게 생각하고, 일 분 정도 지나서 그 문제와 관련해서 느껴지는 고통스러운 감정에 이름을 붙일 수 있는지 살펴보라.

우리의 감정 – 그리고 우리가 그것을 어떻게 다루어야 하는지

당신은 당신의 심리적 스모그와 융합되어 있으면서 얼마나 많은 고통스러운 감정을 경험하였는가? 만약 우리가 우리 자신을 판단과 비판에 휩쓸리는 상황에 빠지도록 놓아둔다면, 우리는 바로 경멸, 분노, 좌절 그리고 적개심의 어둡고 축축한 구덩이로 빠져들 것이다. 우리가 절망적인 생각에 빠져 헤매면, 우리는 빠르게 슬픔, 낙담, 좌절, 실망, 외로움 및 무가치감에 빠져들 것이다. 우리가 두려운 생각 속에서 방황하면, 우리는 바로 불안, 공포, 불안정감, 취약함과 걱정에 둘러싸여 비틀거릴 것이다. 우리가 상처 가득한 기억에 붙들리면, 우리는 바로 슬픔, 분노, 상처, 불신, 적개심, 복수심, 질투심, 죄책감, 수치심 등에 압도될 것이다. 그리고 우리가 '이건 전부 너무 힘들어' 이야기에 사로잡히면, 우리는 무망감, 절망감, 무의미감 및 무감동의 상태에 빠져들 것이다.

이런 감정은 모두 매우 흔한 것이다. 그것은 정확히 우리가 정상이라고 생각하는 감정으로서 관계에서 좋지 않은 일이 진행될 때 건강한 성인이 가질 수 있는 것이다. 당신이 원하는 것과 얻은 것 사이의 간극이 클수록 더 고통스러운 감정이 나타나게 될 것이다.

당신의 관계가 호전되고 갈등과 긴장이 줄어들면 이런 고통스러운 감정은 자주 나타나지 않게 된다. 그러나 이것이 얼마나 좋은지에 상관없이 긴장의 영역과 갈등의 시간은 항상 있을 것임을 잘 알 것이다. 이 말은 결국 시간의 문제일 뿐 고통스러운 감정은 다시 돌아올 것임을 의미한다. 이는 특히 8장에서 언급했듯이 당신의 파트너가 당신을 버리거나 조절하거나 '숨 막히게 할 것'이라는 소위 뿌리 깊은 공포를 가지고 있을 때 더 사실이 된다.

이런 고통스러운 감정이 나타날 때 그 안에 빠져 있는 것이 도움이 되는 것 같은가? 그것을 분석하거나, 그 안에 머무르거나 그것과 힘겹게 싸우는 것이 도움이 되는 것 같은가? 그 감정을 당신에게 밀어붙이거나 당신에게 이것은 할 수 있다 저것은 할 수 없다는 식으로 이야기하는 것이 도움 되는 것 같은가? 당신이 자신의 감정을 더 잘 다룰 수 있으면 당신은 당신 파트너의 감정을 더 다룰 수 있을 것이다. 마음챙김이 당신이 그렇게 할 수 있도록 도와줄 것이다. 시작은 우리가 고통스러운 감정을 경험하면 일반적으로 회피 양식 혹은 자동항법 양식의 두 양식 중 한 가지 양식으로 들어감을 알아차리는 것이다. 각 양식에 대해 좀 더 자세히 살펴보자.

회피 양식

회피 양식(avoidarice mode)이란 원치 않는 감정을 회피하거나 제거하기 위해서 당신이 할 수 있는 모든 것을 시도하는 것을 의미한다. 회피의 흔한 예에는 주의 돌리기, 선택적으로 피하기, 생각으로 피하는 전략, 물질 사용 등이 포함이 된다. 이들 회피 유형에 대해 잠깐 살펴보자.

주의를 돌리기 당신은 주의를 감정에서 TV, 책, 컴퓨터 게임, 이메일, 인터넷 서핑, 교제, 노름, 운동, 일에 몰두하는 쪽으로 돌린다.

선택적으로 피하기 당신은 불쾌한 기분이 일어나는 상황을 선택적으로 피한다. 당신은 파트너를 육체적으로 피할 수 있고, 그녀를 피하기 위해 나갈 필요가 없지만 나가 버리거나 혹은 그와 중요한 문제를 의논하는 것을 피하려 할 수 있다. 그리고 만약 신체적 혹은 감정적 친밀감이 불안, 불안정감 혹은 취약함을 느끼게 만들면 당신은 아마도 친밀해지는 것을 피할 것이다.

생각으로 피하는 전략 당신은 다른 다양한 생각으로 피하는 전략을 통해 자신의 감정을 다루려 할 수 있다. 즉, 당신이 왜 이런 감정을 가지게 되었는지 이해하려 시도하거나, 과거를 다시 검토하고, 자책하고, 파트너를 비난하고, 자신에게 "**나는 이런 식으로 느낄 필요가 없어.**"라고 말하거나, 파트너를 분석하거나, 자신과 논쟁을 벌이거나, 긍정적인 말을 사용하거나, 문제를 벗어나는 것을 상상하는 것 등을 시도할 수 있다.

물질 당신은 담배, 알코올, 아이스크림, 초콜릿, 피자, 과자, 처방 약물, 기분 전환용 약물과 같은 물질을 사용함으로써 당신의 감정을 밀어내려 시도할 수 있다.

이런 전략들은 많은 경우에 당신의 고통스러운 감정으로부터 단기적인 완화를 가져다준다. 그러나 지속적인 효과를 가지는 경우는 극히 드물다. 그리고 당신은 아마도 당신의 감정이 더 강할수록 이들 전략이 효과가 적다는 것을 알게 될 것이다. 만약 당신이 극단적인 불안, 두려움 혹은 죄책감을 느끼게 된다면 초콜릿을 먹거나 맥주를 마시는 것 혹은 TV를 보는 것은 아마도 당신의 기분을 조금도 나아지게 만들어 주지 못할 것이다. 물론 당신이 그것을 유연하게 그리고 적당히 사용한다면 회피가 항상 문제가 되는 전략은 아니다. 그러나 당신이 그것을 경직되게 혹은 지나치게 사용한다면 그것은 금방 당신의 건강, 생기 그리고 안녕을 고갈시킬 것이다.

예를 들어, 만약 당신이 주의 돌리기에 지나치게 의존할 경우, 결국 당신은 만족스럽지도 않고 그렇다고 의미가 있지도 않은 잡다한 일들을 하는 데 많은 시간을 소모하게 될 것이다. (솔직해지자. 당신은 엉터리 같은 TV 프로그램을 보는 데 얼마나 많은 시간을 허비하는가? 당신이 만약 당신의 파트너에게 투자할 시간과 에너지를 무시할 정도로 TV를 본다면 그것이 무해한 것이라고 해도 당신의 관계를 망칠 수 있다.)

이와 유사하게, 만약 당신이 지나치게 선택적으로 피하기를 사용한다면 결국 당신은 파트너로부터 단절되고 소외될 것이고, 당신의 관계에서의 모든 친밀감과 개방성은 고갈되고 말 것이다. 당신이 생각으로 피하는 전략을 지나치게 사용한다면 당신은 마음 안의 덫에 빠져 아주 많은 시간을 허비할 가능성이 높다. 그리고 당신이 물질을 사용하는 데 더 많이 의존할수록 체중 증가에서부터 질병이나 중독에 이르기까지 다양한 건강 문제로 끝을 맺게 될 가능성이 높다.

그래서 당신이 감정을 조절하기 위해 회피 전략에 많이 의지하면 할수록 당신의 삶의 질은 더 떨어지게 된다. 우리의 감정을 피하는 것이 선천적으로 '나쁜' 것은 아니다. 어쩌면 우리 모두가 종종 그렇게 하고 있다. 회피를 지나치게 사용하거나 부적절하게 사용할 때만 문제가 되는 것이다. 다르게 말하면, 이것은 모두 작업 가능성과 연관된 문제이다. 만약 주어진 회피 전략이 당신과 당신의 관계에 해를 주지 않는다면 문제가 아니다. 그러나 그것이 당신의 관계로부터 생기를 빼앗아 가고, 당신이 중요한 변화를 만들려 하는 것을 방해하고, 그래서 그것이 '작동하지 않는다'고 말하게 되면 문제가 된다. 따라서 그것이 무엇인가 효과적인 것을 하는 것이 중요하다.

자동항법 양식

자동항법 양식(automatic-pilot mode)은 바로 강한 감정이 나타날 때 마치 당신이 의식적인 의지가 없는 로봇처럼 그 감정에 당신을 그냥 맡겨 버리는 것을 의미한다. 이 양식 안에서는 당신은 '반응적인 파트너'가 되어 버린다. 당신은 자신이 무엇을 하고 있는지 알아차리지 못한 채 무심하게 혹은 충동적으로 행동하게 된다. 예를 들어, 만약 분노가 나타나면 당신은 꼭두각시처럼 그것이 당신을 괴롭히게 놔두어 소리를 지르거나, 강하게 비난하거나, 상처가 되는 이야기를 하거나, 폭풍이 지나가듯 방을 빠져나가 문을 쾅하고 닫아 버릴 것이다. 혹은 만약에 질투가 나타나면 당신은 아무런 정당한 이유 없이 자제심을 잃고 흥분해서 당신의 파트너를 염탐하기 시작하거나 부당한 고소를 하게 될 것이다. 그리고 만약 두려움이 나타나면 당신은 자신의 모든 것을 그것에 맡기고 숨어 버리거나, 위험을 무릅쓰려 하지 않고 당신의 어려움으로부터 도망가기에 급

급할 것이다.

이 양식 안에서 삶을 살아 나가면, 당신은 결국 당신이 후회할 일만 하게 될 것이다. 당신은 자기에 대한 알아차림이 전혀 또한 거의 없는 상태가 되어 별다른 고려나 심사숙고를 하지 않고 행동을 취해 버리게 된다. 그 결과, 당신은 자주 자신의 핵심 가치와는 다르게 행동하게 된다.

그렇다면 무엇으로 대체될 수 있을까

회피와 자동항법 양식에 대한 대체 양식은 수용과 알아차림이다. 수용 양식(acceptance mode)에서는 우리의 감정을 제거하려 시도하는 대신에 우리가 어떻게 마음을 열어 그 감정을 위한 공간을 만드는지를 배운다. 그리고 우리는 그 감정에 공간을 제공해서 그것이 우리의 방식을 따르지 않고 자기 방식에 따라 오고 갈 수 있게 한다. 우리가 4장에서 이야기했던 그냥 놔두기, 개방하기, 가치 부여하기, 전념하기의 LOVE라는 약성어를 기억하는가? 수용은 이 LOVE의 '개방하기' 요소에 해당한다. 당신의 감정에 개방하는 것은 당신이 그것을 좋아하거나 원하거나 혹은 승인하는 것을 의미하지 않고, 단순히 있는 그대로 그 감정을 허용하는 것을 의미하고, 당신이 그 감정을 위해 공간을 만들고, 그것과 싸우거나 억제하거나 혹은 그로부터 도망가기 위해 시간과 에너지를 소모하지 않는 것을 의미한다.

알아차림 양식(awareness mode)은 굳이 따로 많은 설명을 필요로 하지 않는다. 당신은 더 이상 무심하지도 않고 로봇처럼 자동항법적으로 움직이지도 않는다. 대신에 당신은 자신의 감정과 행동에 대해 완전히 의식하고 있다. LOVE의 용어에서 보면 당신은 '전념하고' 있는 것이다. 바로 여기에 그리고 현재에 일어나는 것과 당신은 온전하게 의식적으로 접촉하고 있는 것이다. 당신을 둘러싸고 있는 세계의 안과 당신의 신체 내부 모두에서 일어나고 있는 것에 대해 완전하게 알아차릴 때, 당신은 당신의 팔과 다리를 조절할 수 있게 되고 당신이 정말로 원하는 대로 행동할 수 있게 된다. 알아차림 양식에서는 당신의 감정이 얼마나 강한가에 상관없이 그것이 당신을 조절할 수 없다. 당신은 더 이상 꼭두각시가 아니며 당면하고 있는 상황이 얼마나 힘든가에 상관없이 당신이 행동하려는 대로 선택할 수 있다.

마음챙김은 알아차림과 수용 모두의 정신 상태이다. 마음챙김 상태에서는 당신의 감정을 알아차릴 수 있고 그에 대해 마음을 열 수 있다. 이것은 당신의 감정이 당신에게 작은 효과를 주고 당신에게 미치는 영향이 줄어들고, 따라서 당신은 자신의 가치에 따른 행동을 선택하고 자신이 하는 것에 전념하는 데 더 자유롭게 된다는 것을 의미한다.

당신의 감정에 이름 붙이기(NAME하기)

만약 당신의 감정을 효과적으로 다루고 싶다면 그것을 NAME하라. NAME는 다음의 약성어이다.

- N: 알아차리기(Notice)
- A: 인정하기(Acknowledge)
- M: 공간 만들기(Make space)
- N: 알아차림 확장하기(Expand awareness)

당신의 감정을 다루기 위해 이들 단계에 대해 하나하나 알아보자.

1단계: 알아차리기

강한 감정이 나타났을 때 취할 수 있는 첫 번째 단계는 그것을 그냥 알아차리는 것이다. 이것이 항상 쉬운 것은 아니다. 실제로 당신의 감정이 더 강하면 강할수록 더 힘이 든다. 여기엔 두 가지 주요 이유가 있다.

첫째, 당신이 성인기에 이르기까지 당신의 감정에 대한 당신의 습관적인 반응은 뿌리 깊게 자리 잡고 있다. 당신은 자동항법적으로 사는 데 아주 전문가가 되어 있다. 당신이 가진 자연적인 경향은 당신이 이미 당신의 감정을 행동화하려 한다면 그 감정을 알아차리지 않게 되어 있다. 그래서 이런 습관을 바꾸려면 많은 연습이 필요하다.

둘째, 강한 감정이 올라오면 당신의 마음은 격분하는 경향이 있다. 당신의 심리적 스모그가 완전히 휘몰아치고, 더 두꺼워지고, 더 진해지며, 더 끈적거리게 되어서 당신은 금방 완전하게 길을 잃게 될 것이다. 당신이 더 융합되면 될수록 당신이 알아차릴 수 있는 능력은 더 떨어지게 된다. 그래서 당신의 감정에 효과적으로 대응하기 위해서는 우선 스모그를 흩어지게 만들 필요가 있다. 이때 마음챙김적 호흡하기가 쓸모가 있다.

- 우선, 당신의 폐에서 모든 공기를 끌어내어 숨을 완전히 내쉬라. 그리고 난 다음 바닥부터 숨을 서서히 채우라.
- 이렇게 하면서 당신이 숨을 들이쉬고 내쉬는 것을 알아차리라. 당신은 호흡을 비행기의 탈출 슈트처럼 생각할 수 있다. 그것은 당신이 자신의 마음에서 몸으로 미끄러질 수 있도록 도와줄 것이다.
- 당신은 이것이 자신에게 "그대로 놔주자." "한 걸음 물러서자." "이야기를 버리자."와 같은 이야기나 "스모그야, 잘 가." "마음아, 나중에 봐."와 같은 좀 유머에 찬 이야기를 할 수 있도록 도와준다는 것을 알 수 있다. (이렇게 하는 것이 꼭 필수적인 것은 아니지만 많은 사람이 이것이 탈융합을 하는 데 도움이 된다고 한다.)
- 다음은 당신의 알아차림을 당신의 호흡에서 몸으로 옮기라.

205

그리고 당신의 감정이 가장 강하게 느껴지는 곳이 어디인지 알아차리라. 우리는 몸의 특정 부분에서 강한 감정을 특징적으로 느낀다. 가장 흔히는 이마, 턱, 목덜미, 목구멍, 어깨, 가슴, 몸통에서 느낀다. 그래서 우리의 몸을 점검하는 것이 도움이 된다. 수 초간 시간을 내어 머리부터 발끝까지 몸을 점검해 보라. 그리고 감정이 가장 강한 곳이 어디든 거기에 초점을 맞추라.

• 이런 감정이 시작되고 멈추는 곳을 알아차리라. 그것의 경계는 어디인가? 그것은 당신 몸의 표면에 있는가, 아니면 내부에 있는가? 그것은 움직이는가, 아니면 멈추어 있는가? 온도는 어떤가? 그것은 뜨거운 부위를 가지고 있는가, 아니면 차가운 부위를 가지고 있는가? 마치 호기심에 가득한 과학자가 그 전에는 한 번도 본 적이 없는 어떤 것을 관찰할 때처럼 최대한 그것을 알아차리려 노력하라.

2단계: 인정하기

일단 당신이 당신의 몸에서 감정과 감각을 알아차렸다면, 다음 단계는 그것의 존재에 대해 개방적으로 인정하는 것이다. 이것은 간단한 독백으로 이루어질 수 있다. 자신에게 "여기에 분노의 감정이 있네." 혹은 "여기에 불안정감이 있어."와 같이 이야기하라. ACT에서는 당신의 감정을 "나는 화가 났어." 혹은 "나는 분개하고 있어."와 같이 이야기하는 대신에 이와 같은 방식으로 기술하라고 격려한다. 왜냐하면 당신이 "나는 죄책감을 느껴." 혹은 "나는 슬퍼."라고 이야기하면 당신이 마치 그 감정인 것처럼 보이고, 그러면 이것이 감정이 실제로 그런 것보다 훨씬 더 크게 여겨지게 만들기 때문이다. ACT에서는 당신이 자신의 생각이 아닌 것과 마찬가지로 본인의 감정은 당신이 아닌 것을 경험하기를 원한다. 생각과 감정은 오고 가는 것이고, 마치 구름이 하늘을 질러 흘러가듯 당신을 지나간다. 그것은 끊임없이 변화하는 찰나적인 사건일 뿐이지 당신 자신은 아니다. '나는 화가 났다.'라는 아주 흔한 문구 대신에 '나는 화라는 감정을 느끼고 있다.'라고 쓰는 것이 더 나은 표현이다. 후자와 같이 이야기하는 것이 감정으로부터 당신이 조금 더 뒤로 물러서는 데 어떻게 도움을 주는지 살펴보라.

더 간단한 선택은 '분노' '죄책감' '공포' '슬픔'과 같은 당신의 감정을 그냥 한 단어로 이름 붙이는 것이다. 그리고 만약 당신이 감정을 확실하게 확인하는 것이 어렵다면 '고통' '상처' '스트레스'와 같은 모호한 용어를 사용할 수 있다.

인정하기는 수용의 중요한 단계이다. 이것은 당신이 '현실감을 가진다'는 것을 의미한다. 즉, 당신이 이 순간 당신이 느끼고 있는 현실에 당신을 열어 놓고 있다는 것을 의미한다. 이것은 얇은 얼음 위에서 스케이트를 타고 있는 것과 같다. 만약 당신이 이 상황을 효과적으로 다루고 싶다면 첫 번째 단계는 얼음이 얇다는 것을 인정하는 것이다.

참고: 당신의 감정을 판단하지 않은 채 인정하는 것은 중요하다. 만약 당신이 자신에게 "이 무서운 감정이 또 시작이야."라고 이야

기한다면 그것은 당신을 수용보다는 회피로 이끌 가능성이 높다.

3단계: 공간 만들기

고통스러운 감정이 나타나면 우리는 그 감정에만 집중해서 그것을 제한하려는 경향이 있다. 우리는 그 감정에 공간을 내주기 보다 그것을 쫓아내거나 짓눌러 버리려 하고, 아니면 밀어내 버리려 한다. 이것은 마치 화나고 놀란 말을 양철 우리 안에 가두려는 것과 같다. 말은 발굽으로 벽을 사정없이 치고 난리가 나서 미쳐 도망가려 날뛸 것이고, 그 과정에서 아주 많은 손상을 입게 될 것이다. 그러나 당신이 이 말을 개방된 넓은 들판에 풀어 놓는다고 상상해 보라. 그러면 말은 자기 마음껏 돌아다닐 수 있을 것이고, 곧 에너지를 다 쓰고 바로 안정될 것이다. 어떤 해도 일어나지 않는다. 이와 마찬가지로, 우리는 우리의 강한 감정을 개방하는 방법을 배울 수 있다. 우리가 만약 그 감정에 충분한 공간을 내줄 수 있다면 그것은 우리를 해치지 않고 에너지를 다 소모할 것이다. 당신의 호흡하기가 당신이 이렇게 하도록 도울 수 있다.

208

- 깊게 숨을 쉬라. 당신의 호흡이 당신의 몸 안에 있는 감정으로 흘러가서 그 주위를 감싼다고 상상하라. 그런 다음 마치 마술을 하듯 당신 안에 공간을 열으라. 이렇게 열린 공간은 이 모든 불쾌한 감각을 위한 공간인 것이다.
- 당신이 그 감정을 원치 않을지라도 그것을 그 공간에 머물도

록 허용할 수 있는 것처럼 지켜보라. 당신은 그 감정을 꼭 좋아할 필요도 없고 원할 필요도 없다. 당신은 그냥 그것이 거기에 있을 수 있도록 허용하기만 하면 된다.

- 이것은 감정을 제거하는 데는 현명한 방법이 아니다. 이것은 단지 감정과 싸우거나 그로부터 도망가기를 멈추는, 감정과 평화를 맺는 방식일 뿐이다.

- 당신은 이렇게 하는 데 독백을 사용하는 것이 도움 된다는 것을 느낄 수 있다. 자신에게 "열도록 해." "공간을 만들어." 혹은 "그냥 놔둬."와 같이 말해 줄 수 있고, 좀 더 길게는 "나는 이것을 싫어해. 나는 이것을 원치 않아. 그러나 나는 이것을 위한 공간을 만들 수 있어."라고 말해 줄 수도 있다.

- 당신의 감정을 향해 숨쉬기를 계속해서 그 감정을 호흡으로 감싸라. 조금씩 열기를 시도해서 점점 더 큰 공간을 만들라.

- 당신은 이 훈련을 당신이 편안한 대로 길게 혹은 짧게 할 수 있다. 당신은 이것을 1분짜리 훈련으로 만들 수도 있고, 20분짜리 훈련으로 만들 수도 있다. 연습을 통해 당신은 한 번의 느리고 깊은 숨을 쉬는 시간인 10초 안에 이 훈련 전부를 다 마칠 수도 있다.

4단계: 알아차림 확장하기

마지막 단계는 알아차림을 확장하는 것으로, 달리 말해 당신을 둘러싸고 있는 세계에 다가서서 그에 접촉하는 것을 의미한다. 인생이라는 것은 끊임없이 변화하는 아주 훌륭한 무대에서 벌어지는 쇼이다. 그 무대 위에서 당신은 생각하고, 느끼고, 보고, 듣고, 만지고, 맛보고, 냄새 맡는 것과 같은 모든 것을 할 수 있다. 당신 몸 안의 이런 느낌은 무대 위의 오직 한 배우에게서만 나타난다. 잠깐 동안 무대에서 1, 2, 3단계를 진행하면서 전체 무대의 조명은 줄이고, 이 감정에 대해서만 스포트라이트 조명을 비추라. 그러고 난 다음에 다시 모든 조명을 켠다. 무대 전체에서 벌어지는 쇼를 알아차려 보라. 당신이 볼 수 있고, 들을 수 있고, 만질 수 있고, 맛볼 수 있고, 냄새 맡을 수 있는 모든 것을 알아차리라. 그리고 방을 둘러보라. 당신은 어디에 있는가? 당신은 무엇을 하고 있고, 누구와 함께 있는가? 당신은 무엇을 보고, 듣고, 만질 수 있는가?

당신이 이렇게 하는 동안에 당신의 감정은 아직도 거기에 있다. 그러나 당신은 그 감정을 위한 공간을 만들었고, 그것이 떠나기로 마음먹기까지는 계속 방황할 수 있다. 그렇지만 당신은 자유롭게 당신의 가치에 따른 행동을 하려 한다. 따라서 알아차림을 확장하라. 당신을 둘러싸고 있는 세계에 다가서서 그에 접촉하라. 안쪽으로 향해 문을 닫는 대신에 바깥으로 향해 문을 열라. 그러면 당신의 가치가 당신에게 조심스럽게 길을 보여 줄 것이다. 자신에게 "나는 내 가치와 일치하게 지금 무엇을 하고 싶은가?"라고 물어보라. 당신이 '기분이 더 나아질 때'까지 기다리지 말라. 만약 당신이 할 수 있는 의미 있거나 중요한 어떤 것이 있다면 지금 당장 하라!

왜 이 모든 것에 신경 써야 하는가

당신이 다른 사람과 많은 시간을 보내야만 하는 의미 있는 관계에서는 그것이 어떤 관계든 고통스러운 감정이 생길 수밖에 없다. 이것은 친구 관계, 가족 관계, 아이와의 관계, 부모와의 관계 등 모든 관계에 적용된다. 만약 당신이 다른 사람과 충분한 시간을 보내게 된다면 시간의 문제일 뿐 그들은 당신을 실망시키고 귀찮게 만들고, 당신의 요구에 맞추지 못하게 되며, 당신을 화나게 만들거나 스트레스 받게 하거나 걱정하게 만드는 무엇인가를 하게 될 것이다. 당신이 겨울 뒤에 봄이 오는 것을 막지 못하듯, 당신은 이것을 막을 수 없다.

당신이 어떤 관계를 맺고 있어도 당신의 감정은 즐거움에서 두려움까지, 또 달콤함에서 찢어지는 마음까지 지속적으로 변하기 마련이다. 그러나 그 감정이 당신을 지치게 만들게 하지 말라. 연습을 통해 당신은 이런 감정을 위한 공간을 만들도록 배울 수 있고, 그 감정을 그냥 오고 가도록 놔둘 수 있으며, 그것을 피하지도 않고 그렇다고 그것이 당신을 조절하게 놔두지도 않게 할 수 있다. 이것은 두려움부터 격노까지, 슬픔부터 외로움까지 어떤 감정에든 적용된다. 당신이 이런 기술을 더 연습하면 할수록 당신과 당신 파트너 모두는 이익을 더 얻을 것이다.

"그러나 나는 싸우고 있는 동안에는 아무것도 할 수 없습니다."라고 당신은 말할 것이다. 그렇다. 당신이 옳다. 처음에는 이 기술

211

을 당신의 공간과 시간에 맞추어서 연습할 필요가 있다. 예를 들어, 처음에는 당신이 스트레스를 느끼거나 좌절을 느낄 때, 불안하거나 화날 때, 혹은 긴장될 때마다 매일 5~10번 정도 30초 혹은 1분짜리의 NAME 과정을 연습할 수 있다.

그리고 만약 집에 있는데 많이 흥분되어 있다고 느낄 때, 당신은 이 기술을 좀 더 깊이 있게 연습할 수 있다. 여기에 당신이 무엇을 해야 하는지에 대한 설명이 있다.

- 편안한 장소를 찾고는 앉아서 NAME의 4단계, 즉 알아차리기, 인정하기, 공간 만들기, 알아차림 확장하기를 연습한다.
- 당신이 마치 경이로운 자연에 대해 연구하는 과학자가 된 것처럼 진정한 개방성과 호기심을 가지고 당신이 느끼고 있는 감정을 관찰하라.
- 감정을 관찰하면서 그 안으로 호흡 불어넣기를 지속하라.
- 때때로 당신은 심리적 스모그에 빠져들 것이다. 이것은 정상적인 현상이다. 당신이 그것을 깨닫게 되면 바로 당신의 호흡으로 되돌아오라. 그리고 호흡을 통해 미끄러져 내려와 몸으로 돌아오라.

상황에 따라 당신은 이것을 하는 데 5~15분 정도 소요할 수 있다. 시작은 5분으로 하는 것이 적절하다. (이것도 CD 〈마음챙김 기술〉 1권에 녹음되어 있는 훈련이다. 이 책 끝 부분의 '이용할 수 있는 자원'을 보라.)

반복적으로 연습하고 시간이 흐르면 당신은 이것을 싸우는 중에도 할 수 있게 될(will) 것이다. 당신은 자신이 흥분하고 있다는 것을 알아차릴 수 있고, 넋을 잃고 당하는 대신에 닻을 내릴 수 있을 것이다. 당신의 파트너가 당신에게 무엇인가 당신을 자극하는 말이나 적의에 찬 말을 할 수 있다. 그러면 상처, 분노, 두려움, 좌절 혹은 절망과 같은 감정이 당신의 몸 전체를 홍수처럼 쓸고 지나갈 수 있다. 그러나 당신은 거기에 호흡을 불어넣고, 그 감정을 위한 공간을 만들며, 현재에 머무를 것이다.

물론 당신이 갈등에 휩쓸려서 이렇게 하는 것을 깜빡하는 경우도 있을 것이다. 이 또한 인간의 자연스러운 한 부분이다. 만약 그렇게 된다면 당신은 또 NAME 기술을 연습하면 된다. 싸우고 난 뒤(after)에 마음챙김을 연습하는 것은 감정을 터트리거나, 당신의 마음에 휩쓸려서 끝없이 싸움을 반복하거나, 당신의 파트너가 이야기하고 행동한 것에 대해 난리법석을 하는 것보다는 훨씬 건강한 방법이다.

그러고 나서는 무엇을 해야 하는가

당신이 닻을 내리고, 스모그를 흩어 버리고, 당신의 감정에 대해 공간을 만들었다면, 그다음엔 무엇을 해야 하는가? 그렇다. 다음은 당신의 가치를 조율하고 그것을 당신 행동의 지침으로 사용하는 것이다. 아마도 당신은 이미 이것을 시작했을 수도 있다. 아니,

당신은 지금 그 이상을 하고 있을 것이다. 당신의 가치를 심사숙고하고 가치에 따른 행동을 하는 것은 진행 중인 과정이다. 이상적으로 이야기한다면, 당신은 죽기 전까지 그것을 그만둘 수 없다. 매일매일 당신은 자신에게 "내 관계를 더 깊고 강하게 만들기 위해 작은 것일지라도 내가 오늘 할 수 있는 것은 무엇이지? 그리고 무언가 달라지기 위해 내가 어떤 말이나 행동을 해야 하지?"라고 물어볼 수 있다. 가치 부여하기에는 미안하다고 이야기하는 것부터 쓰레기를 치워 주는 것까지, 꽃을 사다 주는 것부터 침구를 정리하는 것까지, 재미있는 이야기를 함께 나누는 것부터 침대에서 끌어안는 것까지, 설거지를 해 주는 것부터 메시지를 주는 것까지, 그리고 "오늘 어땠어?"라고 묻는 것에서 "사랑해."라고 이야기하는 것까지 모두 포함된다.

214 따라서 우리가 그대로 놓아주기, 개방하기, 가치 부여하기를 살펴보았다면 지금은 우리가 전념하기에 초점을 맞추어야 할 시간이다.

13장

나를 봐요! 나를 봐 줘요!

해가 내리쬐는 오후의 공원이다. 작은 소녀가 언덕을 따라 자전거를 타고 내려오면서 흥분해서 소리를 지르고 있다. 그녀는 자전거 손잡이를 놓고 팔을 높게 들고는 "나를 봐요! 나를 봐 줘요!" 하고 소리치고 있다. 그녀의 엄마는 활짝 웃으면서 그녀를 바라본다.

젊은 커플이 촛불이 켜진 탁자에 앉아 있다. "당신 눈은 정말 예뻐." 그가 이야기하고 그녀의 손을 잡는다. "정말?" 하고 그녀가 되묻는다. 그는 말없이 고개를 끄떡인다. 그들은 서로의 눈을 꿈을 꾸듯 바라본다. 그들은 그 레스토랑에 있는 다른 사람들이 눈에 들어오지 않는다.

완전한 주의의 선물

　당신이 다른 사람들에게 줄 수 있는 가장 큰 찬사 중 하나는 그들에게 당신의 모든 주의를 기울이는 것이다. 당신이 누군가를 당신의 주의 한가운데 있게 한다면 그들은 자신이 중요하며 배려받는다고 느낄 것이다. 그들은 자신이 당신에게 중요한 사람이라는 것을 알게 될 것이고, 그 반대도 그러할 것이다. 누군가가 당신에게 진심으로 주의를 기울일 때 그리고 당신이 그들의 관심을 얻기 위해 진심을 다하고 있을 때, 당신은 정말로 기분이 좋을 것이다. 그렇지 않은가?

216

　당신이 동경하는 영화배우, 운동선수, 작가, 록스타 혹은 세계적인 지도자와 같이 당신이 정말로 동경하고 있고 당신의 생생한 환상 속에서 진짜 만나고 싶은 누군가를 상상해 보라. 이제 그중 어떤 사람이 갑자기 당신 방으로 들어온다고 가정해 보라. 당신은 그들에게 당신의 모든 주의를 집중할 수 있겠는가? 물론이다! 당신은 '넋을 잃고 바라볼 것이다.' 당신은 그들이 무엇을 입고 있는지, 어떻게 보이는지, 무엇을 하고 있는지와 같은 것을 살필 것이다. 그리고 그들이 이야기하면 많은 관심을 가지고 들을 것이다. 당신은 그들의 표정을 살필 것이고 목소리의 어조까지 기억할 것이다. 그들의 의견을 구하고 싶어 할 것이고, 그들이 무엇을 이야기하건 그에 대해 심사숙고할 것이다. 그리고 만약 그들이 성격상 이상한 버릇을 가지고 있다고 해도 아마도 엄격하게 판단하지 않고 그냥 괴짜나 별남으로 받아들일 것이다. 당신은 분명히 그에 대해 화를 내지 않고 그것을 사적인 것으로 간주할 것이다. 아마도 예민해지거나 불안을 느낄 수도 있겠지만(우리는 우리가 동경하는 사람들 앞에서 흔히 그렇게 반응한다), 당신은 그 사람과 시간을 잘 보내기 위해 이런 감정을 위한 공간을 만들 것이다.

이 각본에서 당신은 완전한 주의를 기울이고 있고, 이런 경험에 대해 호기심이 가득 차 있고 열려 있다. 이런 순간에 당신은 깊은 연결감을 경험한다. 당신은 자신의 마음 안에서 길을 잃고 방황하는 대신에 바로 지금 여기에서 일어나는 일과 아주 많이 접촉하고 있는 것이다. 이것이 바로 내가 의미하는 **전념하기**이다.

처음 관계를 맺었을 때 당신과 당신 파트너는 서로 간에 주의 깊고, 호기심이 가득하고, 서로를 '마음속 가득 자리한' 존재로 느꼈을 것이다. 그리고 시간이 지난 지금은 마법이 끝났다. 이것이 비정상적인 것은 아니며 우리 모두에게 일어나는 것이다. 여기에 그 이유가 있다.

당신의 마음은 당신 파트너의 초상화를 그리고 그 그림을 그 사람으로 착각한다. 그런데 그림은 정지되어 있어 변화하지 않는다. 그래서 시간이 지나고 나면 당신은 그 그림의 모든 세밀한 부분에 대해 알게 된다. 그렇다. 당신은 그 그림을 수만 번 보았고 그것은 걸작도 아니다. 그래서 당신은 서서히 흥미를 잃어 가기 시작한다. 당신은 아직도 그에 대해 감사하고 있을 수 있으나 그것은 더 이상 당신의 마음을 매료시키지 않는다. 이렇게 조금씩 지루함이 서서히 진행된다. 때때로 당신은 그 그림을 면밀히 살피는 것을 중단하기도 한다. 그러나 시간이 가면 당신은 제대로 칠하지 못한 붓질이나 화폭에서 드러난 균열과 같은 결함을 점점 더 발견하게 될 것이다. 만약 당신이 이렇게 계속해 나간다면 결국 당신은 그 그림을 매우 싫어하게 되고, 한때 그것에 눈을 돌렸던 것을 후회하게 될 것이다.

많은 관계가 이런 매혹에서 경멸적인 지루함으로의 과정을 밟는다. 그러나 꼭 그래야 하는 것은 아니다. 만약 당신이 그 과정에 있다면 당신의 호흡 대신 당신의 파트너에게 주의를 집중하는 마음챙김 기법을 적용해서 빠르게 방향을 바꿀 수 있다. 그에게 완전하게 그리고 완벽하게 전념하라. 그녀의 얼굴, 입술, 눈, 자세 그리고 행동을 알아차리라. 그의 목소리 어조를 알아차리고 그가 단어를 사용하는 방식을 알아차리라. 그녀의 생각과 감정에 대해 진정한 호기심을 가지라. 그가 세상을 바라보는 방식에 흥미를 가지라. 당신의 파트너가 이제 당신의 닻이 되는 것이다. 당신이 자신의 생각으로 빠져나가면 그것을 알아차리고 파트너를 자신을 향해 돌려놓으라.

마음챙김은 당신으로 하여금 그림으로부터 그 사람을 분리하는 데 도움을 줄 것이다. 당신은 그 사람이 당신을 한때 사로잡았던 정지되어 있는 어떤 그림과도 비교할 수 없을 정도로 더 깊이가 있다는 것을 깨닫게 될 것이다. 당신은 그림은 그 사람의 상징적인 몇몇 요소만 모아서 대략적이고 만화적인 이미지 속에 집어넣은 캐리커처에 불과하다는 것을 알게 될 것이다. 그림을 가까이서 살펴보라. 그러면 당신은 그것이 화폭 위 물감의 층에 지나지 않는다는 것을 볼 수 있을 것이다. 그러나 진짜 사람을 실펴보면 결과는 정반대이

218

다. 거기에서 당신은 깊이와 삶 그리고 의미를 찾을 수 있을 것이다.

'전념하기'의 engage는 프랑스어로 '만들다(make)'를 뜻하는 en과 '맹세하다(pledge)'를 뜻하는 gage에서 유래되었다. 당신이 당신의 파트너에게 온전하게 전념한다면 당신은 친밀한 관계를 유지하고 관심을 가지고 존중하겠다는 맹세를 하는 것이다. 단어가 의미하는 것보다 더 깊은 수준에서 당신은 "나는 당신은 존중합니다. 나는 당신에게 관심을 갖겠습니다. 나는 당신을 위해 여기에 있습니다."라는 메시지를 보내는 것이다.

당신의 파트너에게 전념하는 것은 힘든 일이다. 당신의 마음은 당신의 주의를 흩어 놓으려 할 것이다. 당신의 마음은 자신이 늘어놓는 이야기 중 하나가 당신을 잡아챌 수 있기를 바라면서 계속해서 이야기를 늘어놓을 것이다. 그리고 때로는 그것이 성공을 할 것이다. 그러나 당신은 점점 더 그대로 놔두기를 잘할 수 있다. 또한 당신은 특히 분노와 화와 같은 고통스러운 감정이 장애물로 작용한다는 것을 알게 될 것이다. 그러나 당신은 이런 감정에 대해 마음을 열고 공간을 마련하는 것을 점점 더 잘할 수 있다.

또 다른 가능성이 높은 장애물은 진짜로 문제가 되는 것을 고려해서 조율하지 않고 그냥 행동으로 들어가 버리는 자동항법이다. 그러나 이 또한 당신은 자신의 가슴과 연결하는 것을 더 잘하게 될 것이고 의식적으로 자신의 가치에 따른 행동을 더 잘하게 될 것이다.

그래서 당신은 그대로 놔두기, 개방하기, 가치 부여하기, 전념하기와 같은 LOVE의 각 요소들이 서로 긴밀하게 연결되어 있음을 알 수 있을 것이다. 이들 요소는 심리적 유연성이라는 다이아몬드의 서로 다른 네 면이다. 사랑이라는 **감정**은 앞으로도 왔다가 사라질 것이다. 그러나 LOVE라는 **행동**은 당신이 어떻게 감정을 느끼는가에 상관없이 어느 때, 어느 장소에서든 실행 가능하다. 그리고 당신이 사랑의 행동을 더 할수록 당신의 관계는 더 살아날 것이다.

전념(약혼)에는 반지 이상의 것이 있다

우리는 전념하기에 대해 많은 것을 이야기해 왔다. 이제는 그것을 실행에 옮길 때이다. 여기에 당신의 파트너와 마음챙김적으로 연결되는 데 필요한 몇 가지 조언이 있다. 그것을 하나하나 행동으로 옮기면서 모든 판단이나 비판을 떠나보내라. 그리고 만약 당신의 마음이 당신을 채어 가는 것을 알아차린다면 그것을 인정하고 부드럽게 다시 돌아오라.

표현에 대해 마음챙김적이 되기 당신의 파트너의 표정을 살펴보라. 그녀의 눈썹, 이마 그리고 입 주의의 선과 주름을 살펴보라. 그녀의 감정을 찾아볼 수 있는지 보라. 당신이 마치 대배우의 연기를 볼 수 있는 행운을 잡은 것처럼 그렇게 주의를 기울이라. 그녀는 얼굴에 무엇을 표현하고 있는가?

신체 언어에 대해 마음챙김적이 되기 당신의 파트너가 목과 어깨, 팔과 다리, 손과 발 등을 어떻게 움직이는지 살펴보라. 그가 차를 타는 동작, 계단을 오르는 동작, 복도를 걷는 동작 등을 당신이 처음 해 보는 것처럼 살펴보라. 그가 이야기할 때 취하는 손동작에 주의를 기울이라. 그의 감정에 따라 그의 자세가 어떻게 변화하는 지에도 주의를 기울이라. 당신이 마치 친절한 인류학자가 되어 문명과 아주 거리가 먼 원주민을 살펴보는 것처럼 살펴보라.

말에 대해 마음챙김적이 되기　당신의 파트너가 어떻게 이야기하는지 살펴보라. 그의 목소리가 지닌 리듬이나 음색, 그녀가 사용하는 단어, 속도와 템포, 감정적인 느낌 등에 대해 살펴보라.

감정에 대해 마음챙김적이 되기　위의 모두를 동시에 연습하라. 당신 파트너의 얼굴, 몸, 말 등 모두를 동시에 살펴보라. 그 목적은 당신의 파트너가 느끼고 있는 감정과 감각에 맞추는 것이다.

호기심과 개방성을 발전시키기　우리는 이야기할 때 다른 사람들이 주의 깊게 듣기를 원한다. 그들이 관심이 있는지 그리고 비록 우리와 동의하지 않더라도 우리의 생각과 아이디어를 듣기 위해 열려 있는지 알고 싶어 한다. 만약 듣는 사람이 지루하게 느낀다든지, 주의가 흩어진다든지, 적대적이라든지, 비판적이라든지, 멸시하는 태도를 보이는 것 같으면 기분이 좋지 않다. 당신의 파트너와 상호작용하는 데 있어 당신은 몇몇 방법을 써서 호기심과 개방성을 발전시킬 수 있다.

- 당신의 파트너가 세상을 바라보는 관점을 볼 수 있도록 돕는 질문, 예를 들어 "그것에 대해 어떻게 느끼는데요?" 혹은 "그것에 대해 어떻게 생각해요?"와 같은 질문을 하라.

- 당신의 파트너가 이야기할 때 당신은 그가 중요한 사람이고 집중받고 있다고 느끼게 하는 것이 마치 주목적인 것처럼 들으라.

- 배우려는 의도를 가지고 들으라. 당신의 파트너가 무엇을 느끼고 있는지, 무슨 생각을 하고 있는지를 알려 하고, 그녀가 세상을 어떻게 바라보는지를 더 알려 하라.

- 연결되려는 의도를 가지고 들으라. 말하는 단어 이상으로 더 깊은 수준에서 상호작용하고 결합되도록 노력하라. 그리고 그로 하여금 당신이 그 자리에 있으며 관심을 가지고 있다는 것을 알게 만들라.

- 당신의 마음이 당신에게 말하는 도움 되지 않는 이야기들을 놓아주라. 당신은 다음과 같은 문제를 잘 알고 있다. "우리는 또다시 똑같은 옛날 이야기로 돌아왔네. 당신은 자신이 무슨 말을 하고 있는지 잘 몰라. 나는 당신이 이 문제를 그냥 해결하기를 바라. 그리고 그게 끝이야. 나는 당신이 무슨 말을 하려고 하는지 정확히 알아. 나는 그런 것에 신경 쓰지 않을 거야." 당신은 이런 생각을 던져 버려서 당신 마음을 중단시킬 수 없다. 그러나 당신은 마치 당신의 집 밖에서 차들이 그냥 오가는 것처럼 그들이 오가도록 놔둘 수는 있다.

- 이 모든 노력을 돕기 위해 당신은 마치 처음 데이트를 하고 있는 것처럼 흉내 내어 볼 수 있다. 지금 좋은 인상을 보이고 싶을 뿐만 아니라, 당신은 그 사람에 대해서 더 알고 싶다. 그녀에 대해 더 알아내기 위해 진정한 의도를 가지고 그녀에게 질문하고 그녀의 반응에 귀를 기울이라. 당신이 이미 그를 알고 있다고 가정하지 말고 탐험을 위한 여행을 떠나라. 기억하라. 그림은 사람이 아니다. 그림을 옆으로 밀어 놓을 수 있는 모든 기회를 놓치지 말고 잡고 그 뒤에 숨어 있는 진짜 사람을 만나라.

왜 신경이 쓰이는데?

신경을 끄면 훨씬 더 쉽고, 그냥 흘려서 듣고, 주제를 바꾸거나 당신 자신의 의견이나 당신 파트너에 대해 고려하지 않은 아이디어를 밀어붙이면 되는데 왜 이 모든 힘든 작업이나 일로 신경을 써야 하나? 답은 이것이 지루함이나 단절에 대한 해독제이기 때문이다. 만약 당신이 호기심을 가지기 위해, 개방적이 되기 위해, 그리고 관심을 기울이기 위해 의도적인 노력을 기울이지 않으면 파트너에 대한 당신의 관심은 점점 없어지고 불만족이 점점 더 커질 것이다. 물론 그 반대도 마찬가지이다.

당신의 파트너가 원한다면

여기에 소개하는 두 가지 훈련은 당신의 마음챙김 기술을 증진시키고 발전시켜 줄 수 있는 강력한 힘을 가지고 있다. 첫 번째 훈련은 매우 힘들 것이고 두 번째 훈련은 조금 덜할 것이다.

훈련: 마음챙김적 눈 맞춤

이 훈련은 겁이 많은 사람들에게는 맞지 않다. 대부분의 커플은 이것이 놀라울 정도로 강력하다는 것을 알게 된다. 그러나 이것이 어떤 사람들은 불안하게 만들 수 있다. 하나는 확실하다. 두 사람 다 100퍼센트 이것을 시도할 의사가 있지 않으면 시도하지 말라는 것이다. 만약 어느 쪽이든 압박감을 느낀다면 이것이 나중에 큰 불의 불씨가 될 수 있다. 일반적으로는 5분이면 충분하지만 당신이 원하는 대로 더 짧게 하거나 더 길게 할 수도 있다. 어느 쪽이든 한쪽이 아무 때나 "그래, 이제 충분해요."라고 말함으로써 훈련을 중단시킬 수 있다. 마음챙김적 눈 맞춤에 대한 지시 사항과 언급을 일단 잘 읽고 난 다음 이 간단한 훈련을 시작하라.

- 서로 마주보고 앉아서 무릎을 서로 맞물리게 하고 앉는다.
- 그 후 5분 동안 아무 말도 하지 않고 서로의 눈을 마음챙김적으로 응시한다.

당신의 목표는 서로 온전하게 존재함으로써 깊은 연결감을 만들어 내는 것이다. 이것을 눈싸움으로 만들지 말라! 당신의 목표는 순수하게 그리고 바로 깊게 연결하는 것이고 그 사람이 당신 주의의 완전한 중심에 있다는 것을 알게 하는 것이다.

불편한 감정이 일어날 수 있다. 만약 그렇게 되면 그 감정에 숨을 불어

224

넣어 그것을 위한 공간을 만들라. 당신의 마음이 당신의 주의를 흩어 놓으려 할 것이다. 당신의 생각을 당신의 집을 지나치는 자동차처럼 혹은 물의 흐름에 따라 흘러 내려가는 나뭇잎처럼 그냥 오고 가도록 놓아두라. 이따금 당신은 자신의 마음속으로 빠져 들어가게 될 것이다. 이것은 정상적인 반응이고 또 피할 수 없는 반응이다. 그러니 당신이 그것을 알아차리면 바로 부드럽게 다시 집중하라. 그리고 졸음이 몰려오기 시작하면 깨어나라. 웃음이 나오려 하면 참으려 하지 말고 웃되 연결감은 유지하라. 웃으면서도 당신 파트너의 눈동자를 응시하는 것을 지속하라. 만약 당신이 흔들리거나 얼굴이 붉어지거나 울게 되더라도 마찬가지로 대응하라.

이제 지시 사항을 다시 읽어 보고 시도해 보라.

그리고 어땠는지 논의하라. 당신의 마음이 어떻게 당신의 주의를 흩어 놓으려 시도하였는가? 어떤 어려운 감정이 나타났는가? 다른 인간과 함께 진정으로 그리고 온전하게 존재한다는 것이 얼마나 어려웠는가? 당신 중 누군가가 웃기는 표정을 짓거나 웃기는 소리를 냄으로써 이 훈련을 중단시키려 하지는 않았는가? 만약에 당신이 그랬다면, 당신은 어떤 불편한 감정을 피하고자 그렇게 하였는가?

225

훈련: 마음챙김적 포옹하기

이 훈련은 좀 덜 힘든 훈련이다. 앞의 훈련과 같은 지시 사항을 따르는데, 이번에는 서로의 눈을 응시하는 대신에 몇 분 동안 꼭 껴안거나 포옹을 하는 것이다. 이를 마음챙김적으로 하는데, 당신이 처음 해 보는 것처럼 껴안으라. 당신의 몸 어디가 연결되어 있는지 살펴보고 그 부위의 따뜻한 느낌과 압박감을 알아차리라. 당신 호흡의 리듬을 알아차리라. 당신 손가락 아래에 어떤 감각이 느껴지는지 살펴보고, 당신이 볼 수 있고 들을 수 있고 냄새 맡을 수 있는 것을 알아차리라. 당신의 생각이 오고 가도록 놔두고, 당신의 감정에 대해서는 공간을 만들어 주고, 당신의 주의는 온전히 당신 둘 사이의 신체적인 연결에만 초점을 맞추라.

그리고 어땠는지 논의하라. 당신의 마음이 어떻게 당신의 주의를 흩어 놓으려 시도하였는가? 어떤 어려운 감정이 나타났는가? 당신 중 누군가가 이 훈련을 중단시키려 하지는 않았는가? 만약에 그랬다면 왜 그랬는가?

히피는 "전쟁이 아닌 사랑을!"이라는 구호로 유명하다. 이것은 멋진 이상이다. 그러나 친밀한 관계에서는 전쟁을 피할 수 없다. 하지만 우리의 싸움에 LOVE를 적용한다면 우리는 싸움을 바꿀 수 있다. 그러니 더 이상 법석대지 말고, 이제 싸움의 핵심에 직접 뛰어들어 보자.

226

14장

싸움의 핵심

이 세상에는 두 종류의 커플이 있다. 하나는 싸우는 커플이고, 다른 하나는 당신이 잘 모르는 커플이다. 우리는 종종 눈부시게 행복해 보이는 커플을 만난다. 그들은 아주 잘 어울려 보인다. 그들은 같은 관심을 가지고 있고, 같은 욕구, 취향 그리고 농담을 즐기는 태도를 가지고 있다. 그래서 우리는 '오! 왜 내 관계는 저들 관계처럼 되지 않는 거지?' 하고 생각하게 된다. 그리고 바로 '완벽한 파트너' 이야기로 빨려 들어가 버린다. 우리는 우리가 본 것이 그 커플의 일부일 뿐임을 잊어버린다. 우리는 그들이 우리가 보지 않는 곳에서는 어떻게 행동하는지에 대해서는 전혀 알지 못한다. 모든 것을 알려면 그들이 집에 있을 때 다투고 있는 순간을 보아야만 한다. 우리는 그들이 아프거나 피곤할 때, 기분이 언짢을 때, 지루할 때, 혹은 예민

할 때 어떻게 행동하는지에 대해 아는 것이 전혀 없다. 모든 것을 알려면 그들이 밤새도록 서로 소리 지르고, 악을 쓰고, 비명을 지르는 것을 보아야만 할 것이다. 그러나 우리의 마음은 편리하게 이런 것을 잊어버린다. 마음이 우리에게 그들의 관계가 멋지다고 말하는 것으로 받아들이는 대신, 그들의 관계가 건강한 관계가 가져야만 하는 방식이며, 우리가 그렇게 많이 싸우는 것을 보면 우리 관계에 무언가 문제가 있다고 말하는 것으로 이해해야 할 것이다.

그대로 놔두기를 배우기

당신은 광택이 번지르르한 잡지에서 동화와 같은 결혼 이야기를 읽은 적이 있는가? 아주 돈 많고, 재능이 넘치며, 섹시하고, 아름다운 영화 스타들이 결혼을 해서 너무 행복해 보이고 너무 잘 맞아 보이며 사랑에 푹 빠져 있는 것처럼 보이는 이야기 말이다. '하늘이 정해 준 결혼이지.'라고 우리는 생각한다. 또는 '그들은 결코 우리처럼 싸우거나 다투지 않을 거고, 특히 모든 생활이 부유하고 고급스럽고 또 매혹적일 거야. 그러니 싸울 이유가 없잖아?'라고 생각한다. 그런데 6개월 후에 그들이 이혼을 한다. 그리고 모든 세계가 그들의 결혼이 얼마나 끔찍한 결혼이었는지를 떠들어 댄다.

이제 만약 당신이 자신을 완벽하게 구속시킬 준비가 되어있다면, 당신의 모든 욕구를 억누를 준비가 되어 있다면, 또 당신의 삶을 연기할 준비가 되어 있고, 당신 파트너의 모든 변덕을 받아들일 준비가 되어 있으며, 당신이 무엇을 원하는지 표현하지도 요구하지도 않을 준비가 되어 있다면, 당신은 전혀 싸우지 않고 그럭저럭 해 나갈 수 있을 것이다. 그러나 그렇게 한다면 당신과 당신 삶이 치러야 할 대가는 어떻게 할 것인가? 건강한 관계를 가지기 위해서는 당신의 가치, 목표, 바람, 요구 등을 당신 파트너의 것과 마찬가지로 존중해야만 한다. 그리고 그것은 때때로 당신들을 싸우게 만들 것이다. 인간관계 분야의 거목인 존 고트먼(John Gottman)은 관계를 만들거나 깨지게 만드는 요인을 알아내기 위해 수백 쌍을 연구하였다. 그의 연구는 관계를 건강하게 만들어 주는 것이 싸움의 양이 아닌 싸움을 하는 방식이라는 것을 명료하게 보여 준다(Gottman & Silver, 1999). 가혹한 비난 및 경멸과 분노에 찬 모욕적인 언사를 서로 주고받으며 싸움이 비열하고 악의적이 되면, 양쪽 파트너 모두가 심각하게 상처를 입게 된다. 그러나 싸움이 따뜻함과 개방성을 띤 채 가볍게 그리고 경멸, 판단, 분노 등이 없이 부드럽게 이루어진다면, 가벼운 상처를 입게 되고 회복이 매우 빠르게 이루어질 것이다.

이것이 상식적이다. 그렇지 않은가? 당신은 가까운 친구와 가볍게 티격태격하면 어떤지 잘 알고 있을 것이다. 당신은 깊은 상처를 입거나 공격받은 느낌을 갖지 않고, 그래서 빨리 그것을 이겨 낸다. 그러나 당신은 언쟁이 '나쁘게 문제가 될 때' 어떤지도 잘 안다. 적의로 가득 차서 비열하고 악의적인 말들이 난무하게 된다. 이런 일이 일어나게 되면 당신은 심하게 상처와 공격을 받았다고 느끼게 된다. 그러면 거기서 회복하기가 훨씬 어렵다. 그렇다면 ACT가 우리 모두한테 싸움을 좀 더 공정하게 하는 데 어떻게 도움을 줄 수 있는가?

만약 당신이 심리적 스모그 안에서 길을 잃어버리면 자신의 문제를 효과적으로 논의할 수 없게 될 것이다. 당신은 계곡을 탐험하기는커녕 그것을 볼 수도 없을 것이다. 그러나 만약 당신이 도움이 되지 않은 이 모든 이야기를 좀 더 느슨하게 놓아줄 수 있다면 좀 더 건설적인 이야기를 할 수 있게 될 것이다. 그냥 놔두기를 하는 방법에는 당신의 이야기에 이름 붙이기, 애완동물 논쟁 확인하기, 유머 사용하기, '나는 옳고 당신은 틀리다' 이야기 다시 떠올리기 등이 있다. 이제 이 방법들 각각에 대해 살펴보자.

당신의 이야기에 이름 붙이기

우리는 9장과 10장에서 당신의 이야기에 이름을 붙이는 것에 대해 논의한 적이 있다. 당신은 반복적인 논쟁에 대해 같은 접근 방법을 적용할 수 있다. 첫째, '전형'을 확인하라. 당신이 하고 또 하는, 시간이 지나도 변치 않는, 그리고 아무런 유용한 결과를 얻지 못하는 논쟁이 바로 그것이다. 많은 커플의 경우 이런 논쟁에는 경제적인 문제, 집안일, 휴일에 무얼 할지, 가계에 대한 책임, 차나 집과 같은 큰 물건의 구입 문제, 일과 삶의 균형, 친구 혹은 친척(특히 시댁이나 처가)과의 관계 문제 등이 포함된다. 당신의 이런 '전형' 중에 하나를 선택해서 생각해 보라. 만약 그것이 소설이라면 당신은 어떤 제목을 붙이겠는가? 당신은 이것을 혼자서 할 수도 있으나 파트너와 함께 할 수 있으면 더 좋다. 그렇게 해서 당신 둘 중 하나가 이야기를 알아차리게 되면 당신은 "아, 우리가 이전에 꽉 잡혔던 집안일 이야기처럼 보이네."라고 말할 수 있을 것이다. 이것이 닻을 내리는 것을 상기시켜 줄 수 있다. 그러면 마음챙김적으로 호흡하고 현재에 머무르라.

애완동물 논쟁 확인하기

내 아내 카멜이 이것을 생각해 냈다. 어느 날 우리는 집을 정리하는 문제, 친척 집을 방문하는 일, 돈 쓰는 문제 등의 '전형'적인 우리의 논쟁에 대해 이야기하고 있었다. 우리는 이런 곤란한 문제를 이야기할 때는 거의 눈을 마주치지 않는다. 집 안을 깨끗이 하는 문제가 나오자 그녀는 나의 기준이 너무 낮으며 내가 더 열심히 집을 깨끗하게 정리해야 한다고 말했다. 그러나 반대로 나는 그녀의 기준이 너무 높으며 그녀는 필요 없는 집안일을 너무 많이 만들어 낸다고 생각했다.

231

친척 집을 방문하는 일에 관해서는 나는 그녀가 자신의 가족들과 너무 많은 시간을 보낸다고 생각했으며, 그녀는 내가 너무 적게 보낸다고 생각했다. 돈에 관해서는 나는 그녀가 너무 많이, 너무 자유롭게 쓰고 있다고 생각했으며, 그녀는 내가 너무 절약하고 너무 조심스럽다고 생각했다. 우리는 이런 문제들 중 어떤 것에 대해서도 조금도 진척을 보이지 못했다. 그리고 우리는 우리가 이들 문제에 대해 실제로 전혀 동의한 적이 없다는 것을 깨닫기 시작했다. 그래서 카멜이 "이들 문제는 마치 우리가 애완동물을 다루는 것과 같아요. 우리는 마치 애완동물처럼 그것을 지켜 주고, 먹이를 주고, 때로는 운동시키려고 데리고 나가고 하는 것 같아요."라고 이야기하였다. 우리 둘은 이것이 우스웠다. 우리는 수많은 세월을 우리의 애완동물을 제거하려고 그렇게 노력했던 것이다! 불쌍한 내 새끼들! 그들이 얼마나 버림받았다고 느끼고 우리가 원치 않는다고 느꼈을까! 우리가 그들에게 한 번쯤은 애정을 줄 수는 없었을까?

당신이 논쟁을 애완동물처럼 보게 되면 그 순간부터 그것이 그렇게 큰 문제가 되거나 문제가 많게 느껴지지 않는다. 당신의 애완동물은 당신과 함께 살고, 당신은 먹이를 주며 그들을 돌본다. 요령은 그들을 훈련시키는 것이다. 기본이 되는 규칙을 정해서 그들이 제어 가능한 범위를 넘어서지 않도록 하고 당신의 집을 엉망이 되게 하지 않도록 만들라. 많은 커플이 이런 생각을 놀듯이 시도해 보는 것이 유용하다고 이야기한다. 만약 당신의 반복적인 논쟁이 만약 동물들이라면 어떤 종류의 동물일 것 같은가? 그들은 어떻게 보일 것 같은가?(당신은 다른 논쟁에 다른 동물을 생각할 수도 있고, 같은 종의 동물을 생각할 수도 있다) 만약 당신이 그 동물들에게 이름을 붙인다면 어떤 이름을 붙이겠는가?

만약 당신의 파트너가 원한다면 이 훈련을 함께 하라. 이것을 즐기도록 하고 장난 삼아 한번 시도해 보라. 예를 들면, 당신이 만약 긴장이 올라온다고 느끼면 "그놈이 또 도망가려고 하네."라고 말할 수 있다. 카멜과 나는 차로 장기 여행을 하면 다투게 되는 오래된 습관을 가지고 있었다. 그러나 이제는 우리 둘 중 한 명이 여행을 시작할 때 "우리의 애완동물도 함께 데리고 갈 거지요?" 혹은 "우리와 함께 데리고 가고 싶은 특별한 동물이 있나요?"라고 말함으로써 이런 다툼이 일어나지 않게 만들 수 있다.

유머 사용하기

LOVE와의 싸움에서 핵심은 그것을 가볍게 만드는 것이다. 유머와 마음 편함이 관계를 오래가게 만들 수 있다. 우리가 함께 그대로 놔두기를 기억하는 데 사용할 수 있도록 유머스러운 신호나 단어를 만들어 보는 것은 어떨까? 예를 들어, 우리는 '그그그그그그그그 냥앙앙앙앙 놔놔놔놔 두어어어어어어!'와 같은 어구를 마치 만화 캐릭터가 낭떠러지에서 떨어지면서 외치듯이 말할 수 있다. 당신이 창조적으로 만들어 보라. 어떤 단어, 소리 혹은 동작이든 당신과 당신 파트너가 합의하면 이런 목적을 위해 사용할 수 있다. 그러나 꼭 당신 둘의 합의가 있어야 한다. 그렇지 않은 채 한쪽이 이런 어구를 사용하면 그것이 다른 쪽을 화나게 만들거나 자극할 수 있다.

'나는 옳고 당신은 틀리다' 이야기 다시 떠올리기

당신은 7장에서 이 이야기에 대해 간략하게 살펴보았다. 그러나 이 이야기가 갈등의 큰 원인이기 때문에 우리는 다시 그것을 떠올릴 필요가 있다. 당신의 마음이 당신에게 말해 주는 모든 매혹적인 이야기 중에 '나는 옳고 당신은 틀리다' 이야기가 가장 강력한 이야

233

기 중 하나이다. 당신은 혹시 이 이야기에 빠져 있는 사람이나 자기 자신이 절대적으로 옳다고 주장하는 사람과의 논의를 시도해 본 적이 있는가? 만약 그랬다면 어땠는가? 그리고 그것이 그 사람과 당신의 관계에 어떤 영향을 미쳤는가?

'나는 옳고 당신은 틀리다' 이야기는 다양하게 다른 형태로 보일 수 있다. 마이클의 경우는 "우리는 우리 돈을 주식과 채권에 투자해야만 해. 내가 다 알아봤고 어떤 것이 투자 가치가 있는지는 내가 잘 알아. 그래서 우리는 주식과 채권에 투자를 해야만 해."라는 형태로 나타난다.

리사의 경우는 "아이를 그렇게 잡으면 안 되지. 우유를 그렇게 먹이면 안 돼. 아니, 기저귀를 그렇게 갈아 주면 어떻게 해."로 표현된다.

짐의 경우는 "당신은 제대로 알지 못해. 이 일은 내가 처리할게."라고 이야기하는 것처럼 들린다.

커스티의 경우는 "왜 당신은 항상 애들한테 그렇게 소리를 질러대야만 하지? 나는 도저히 받아들일 수가 없어."라는 형태를 취한다.

이 이야기의 형태는 이 외에도 수없이 많다. "이것은 당신 잘못이야." "당신은 항상 그 모양이지." "당신은 절대로 못할 거야!" "당신은 듣고 있지 않잖아!" "이렇게 해." "아니야, 우리는 이렇게 해야 해." "나한테 이래라 저래라 하지 마." 등.

그런데 전하려는 메시지는 항상 같다. "나는 옳고 당신은 그렇지 않으니까 잠자코 물러서서 입 다물고 조용히 있거나 내가 말하는 대로 하기나 해!"이다. 이것은 고집, 거만, 이기주의 및 경멸, 자기 방식만 고수하는 것, 타협을 거부하는 것, 파트너가 어떤 의견도 내지 못하게 하고는 혼자서 중요한 결정을 하는 것과 같은 많은 방식으로 표현된다. 이것은 좌절과 갈등 그리고 긴장을 불러일으키는 확실한 방법이다. 그리고 전형적으로 이 이야기는 도움이 되지 않는 아주 많은 판단과 하나로 묶여 있다. '옳은' 파트너는 흔히 어떤 식으로든 자신이 더 똑똑하고 강하고 우월하다고 보고, '틀린' 파트너가 어떤 식으로든 부족하거나 열등하다고 판단한다. 그렇다면 당신이 '틀린' 사람으로 여겨진다면 당신은 어떻게 느낄 것 같은가?

반면에, 당신이 '나는 옳다.'는 상태를 계속 유지하고 있다면 어떻게 느낄 것 같은가? 우리 대부분은 만약 우리가 솔직하다면 그것이 우리에게 힘을 부여하는 것으로 느낀다고 답할 것이다. 이렇게 되면 우리는 자신이 강하고 정의롭다고 느끼는 경향이 있다. 우리의 몸은 에너지로 넘치게 된다. 우리는 흥분되어, 힘이 넘치고 싸울 준비가 되어 있다. 그러나 문제는 우리가 이 모든 힘을 담을 쌓는 데 쓰게 된다는 것이다. 우리 파트너로부터 우리를 떼어 놓는 아주 크고 두꺼운 벽을 쌓는 데 말이다. 벽의 우리 쪽에는 모든 벽돌에 굵은 글씨로 쓰인 '나는 옳아!'가 도배되어 있다. 당연히 우리는 힘이 넘친다. 그러나 벽의 다른 쪽에는 이쪽 벽과 같이 전경이 그리 좋지 못하다. 모든 벽돌에는 '당신은 틀렸어.'라고 쓰여 있다.

그 벽은 가까움이나 연결을 허용하지 않는다. 따라서 협동이나 팀 작업은 이루어질 수 없다. 이것은 우정이나 즐거움 혹은 친밀감을 촉진시켜 주지 못한다. 만약 당신이 건강한 관계를 만들기를 원한다면 당신은 이 벽을 무너뜨려야 할 필요가 있다.

다행히도, 기꺼이 하려는 마음이 조금만 있다면 벽을 무너뜨리

235

는 것은 그렇게 힘든 일이 아니다. 진짜 벽처럼 그것이 진짜 벽돌과 시멘트로 지어진 것이 아니기 때문이다. 그것은 단지 태도, 믿음 그리고 판단에 의해 만들어진 것이다. 당신은 이 벽을 당신이 스모그를 흩어 놓은 것과 같은 방법으로 없앴을 수 있다. 바로 느슨하게 잡는 것이다. 당신이 벽돌들을 그대로 놔둘 때 벽은 무너진다.

이제 이 이야기의 이름을 붙여 보자. 당신은 "여기에 '나는 옳고 당신은 틀리다' 이야기가 다시 나타났네요."라고 분명하게 말할 수 있다. 아니면 당신은 파트너에게 유머를 섞어서 "음. 나만 그런 건지, 아니면 우리가 함께 그런 건지 모르겠지만 이제 우리는 옳고 틀리다 게임을 하고 있는 거지요?"라고 말할 수도 있다. 혹은 당신은 그것에 대해 '저에게 맡겨 주세요' 이야기, '미스터 문제 해결사' 이야기, '내 방식대로 할 거야' 이야기 등의 재미있는 이름을 제안할 수도 있다. 다시 말하지만, 이 접근은 당신과 당신 파트너 모두가 이 이름을 합의할 때 가장 효과적으로 작동할 것이다. 그러면 당신은 이 이름을 당신들 서로가 방어적으로 이야기하지 않으면서 가벼운 마음으로 사용할 수 있을 것이다.

이름 붙이기의 핵심은 당신 둘이 '나는 옳고 당신은 틀리다' 이야기가 나타났을 때 그것을 인식하도록 돕는 데 있다. 그 이야기가 거기에 있음을 알게 됨으로써 그리고 만약 당신이 그것에 사로잡히게 되면 올 수 있는 결과에 대해 알게 됨으로써 당신은 그로부터 탈융합할 수 있는 더 나은 기회를 가지게 되는 것이다. 만약 당신의 파트너가 함께 작업할 의향이 없다면 당신은 언제든지 이 기법을 당신 스스로 사용할 수 있다. 당신은 자신에게 "그녀는 또 옳고 틀리다 게임을 하는 중이야."라고 말할 수 있다.

　명심해야 할 중요한 것이 있는데 이것을 당신이 직접 연습해야 한다는 것이다. 우리 모두는 '나는 옳고 당신은 틀리다' 이야기에 쉽게 사로잡힌다. 그런데 당신 파트너가 그렇게 하고 있는 것은 쉽게 볼 수 있는 반면에 당신이 그렇게 하고 있다는 것을 알아차리는 것은 쉽지 않다. 하지만 보려고 노력한다면 당신은 그것을 볼 수 있을 것이다. 그것은 당신의 파트너를 뒤에서 몰래 비난하는 것으로 나타날 수도 있고, 그녀에게 물어보지도 않고 중요한 결정을 내리거나 그녀가 이야기하고 행동하는 것은 모두가 '틀렸다'고 계속 되뇌는 것으로 나타날 수도 있다. 일단 당신이 이를 인식하고 나면 당신은 "아하! 다시 오래된 그 이야기에 사로잡혀 버렸구나."라고 알게 될 것이다. 그러면 깊은 호흡을 하고 그것을 그대로 놔주라. 그리고 현재 이 순간으로 돌아오라. 당신이 어디에 있는지 그리고 무엇을 하는지를 알아차리라. 당신 자신에게 "이 이야기에 사로잡히는 것 대신에 지금 현재 내가 할 수 있는 더 유용한 것은 없을까?"라고 물어보라.

237

　당신은 종종 이 이야기에 이름을 붙일 수 있다. 그러나 그대로 놔두기가 그렇게 쉽지 않다는 것을 알게 될 것이다. 아마도 당신은 지금 막 흥분된 말이나 아픈 말로 싸움을 끝냈을 수도 있다. 아니면 지난밤부터, 지난주부터, 어쩌면 지난달부터 싸움을 반복하고 있을지도 모른다. 그리고 당신은 너무 상처받고 증오에 차고 화가 나서 이 이야기를 키워 더 크게 만들고 있을 수도 있다. 만약에 그렇다면, 자신에게 "나는 옳기를 바라는 것일까, 아니면 사랑하기를 바라는 것일까? 나는 옳기를 바라는 것일까, 아니면 관계를 잘 유지하고 싶은 것일까?" 하고 물어보라. 이런 질문은 당신을 현실로 강하게 돌려놓는 데 도움이 될 것이다.

때때로 어릿광대 탈융합 기법이 당신에게 도움이 될 수도 있다. 당신의 생각을 노래로 불러 보거나, 우스꽝스러운 목소리로 이야기해 보거나, 그것이 아주 큰 생일 케이크의 초콜릿 장식처럼 쓰여 있다고 상상해 보라. 아니면 조용한 장소를 찾아서 10장에 제시한 강물에 나뭇잎 흘려보내기 훈련을 해 보라. 몇 분 동안 조용히 앉아서 모든 그리고 각각의 옳은 생각, 복수심에 찬 생각, 증오에 찬 생각, 경멸적인 생각 및 자기충족적인 생각을 나뭇잎 위에 올려놓고 물의 흐름에 따라 부드럽게 흘려보내라.

당신의 파트너가 원한다면

나는 당신에게 예를 들어 벽난로 선반이나 냉장고의 문에 편리하게 붙여 놓을 수 있는 몇 장의 작은 카드를 주려고 한다. 이 카드의 한 면에 나는 '나는 옳고 당신은 틀리다.'라고 쓰고, 다른 한 면에는 '우리가 이 이야기를 그냥 놔주고 무언가 다른 유용한 것을 할 수는 없는가?'라고 쓴다. 사용 방법은 그 이야기로 인해 무슨 일이 진행되고 있는지 인식하자마자 당신과 당신의 파트너 중 한 명이 다른 사람에게 이 카드를 주는 것이다. 이 기법은 싸움을 쉽게 중단시키고 두 사람 모두에게 이 이야기를 그냥 놔두도록 상기시켜 준다. 당신의 스타일에 맞게 단어를 변화시켜서 그것을 스스로 시도해 보라. 당신은 여러 종류의 카드를 만들어서 서로 다른 장소에 놓아둘 수도 있다.

마지막 말

 싸움을 끝내기 위해 당신이 사용할 수 있는 가장 유용한 방법 중 하나는 마지막 말을 하고 싶은 욕구를 그대로 놔주는 것이다. 만약 당신이 그렇게 하지 않는다면, 아마도 당신은 몇 시간 동안 격렬하게 싸우게 될 것이다. 특히 당신이 판에 박힌 듯이 "당신이 시작했잖아!" 하고 외칠 경우 더욱 그렇다. 나는 당신이 이것을 잘 알고 있다고 믿는다. 이것은 다음과 같이 이루어진다.

 "만약 당신이 ABC라고 말하지만 않았다면 이런 일은 결코 일어나지 않았을 거야."

 "아니, 당신이 DEF라고 말했기 때문에 이 일이 일어났잖아."

 "그러나 당신이 GHI라고 말했기 때문에 그 말을 한 거지."

 "그러나 당신이 지난주에 JKL을 하지 않았기 때문에 내가 그 말을 한 거지."

 아무 소득도 없이 밤새 이런 식으로 지속할 수도 있다. 만약 당신이 마침내 누가 이것을 시작했는지에 대해 동의를 한다고 해도(이 자체도 그렇게 확률이 높은 것은 아니지만) 그것이 당신의 관계를 증진시켜 주는 데 그렇게 유용할 것 같은가? 이것은 단지 '나는 옳고 당신은 틀리다' 이야기의 또 다른 유형일 수 있다. 그러니 당신 자신에게 관계를 위해서 마지막 말을 하고 싶은 욕구를 그냥 놔줄 의향이 있는지 그리고 그 욕구를 행동화하지 않고 그냥 기꺼이 오고 가게 할 의향이 있는지 물어보라. 만약 당신이 나와 다르지 않다면,

239

그렇게 하는 것이 매우 힘들 것이다. 말하기는 쉽지만 하기는 어렵다. 그러나 만약 당신이 그렇게 하고 싶다는 의향이 있다면 한 걸음 물러나서 자신에게 "지금 무엇이 더 중요하지? 옳고 틀림인가, 아니면 관계 수립인가?"라고 물어보라. 이것이 당신을 많은 시간과 에너지 소모에서 빠져나오게 해 줄 수 있음을 알게 될 것이다. 그러면 당신은 다음 장에서 다루는 것처럼 당신의 에너지를 좀 더 건설적인 것에 사용할 수 있을 것이다.

무장해제

이제 지긋지긋해. 도대체 당신에게 이 이야기를 얼마나 더 반복해야 하지? 당신은 왜 내 이야기를 듣지 않는 거야?"

만약 누군가가 당신과 대화를 시작하는데 이렇게 시작한다면 당신은 어떻게 느낄 것 같은가? 상처받는다고? 공격받는다고? 불안을? 분노를? 만약 당신이 증오, 반대, 괴로움, 혹독한 판단 등으로 자극을 받는다면 당신의 파트너가 성인이나 도사 혹은 선사가 아닌 이상 당신은 이제 완벽하게 싸움(혹은 당신 파트너가 바로 물러나는 것)을 시작하기 위한 모든 준비가 된 것이다.

공정하게 싸우는 법 배우기

만약 당신이 문제를 제기하려 한다면 우선 당신이 기대하고 있는 결과가 무엇인지를 생각해 보라. 당신이 아무 도움이 되지 않는 싸움에 에너지를 허비하고 싶다면 자신이 무엇을 하고 있는지를 알아야 한다. 바로 당신은 무장을 하고, 칼을 들고 돌진하는 것이다. 비난의 날카로운 이와 거친 말, 비판, 판단 그리고 분노에 찬 혹은 구슬픈 요구 등으로 무장하고 싸움에 뛰어드는 것이다. 이것이 당신의 시간을 허비하게 할 것이고 당신의 관계를 DRAIN(2장을 보라)시킬 것이 확실하다. 만약 당신이 자신의 관계를 증진시키기 위해 어려운 문제를 다루기 원한다면 당신은 이와 반대로 해야만 할 것이다. 당신은 당신의 칼을 내려놓고, 무장을 해제하고, 당신 파트너를 향해 두 팔을 벌리고 다가가야 할 것이다.

당연히 이렇게 하는 것이 쉬운 것은 아니다. 당신은 아마도 자신이 상처받기 쉬운 상황에 있다고 느낄 것이다. '상처받기 쉬운'의 vulnerable은 라틴어로 '상처'를 의미하는 vulnus에서 유래된 것이다. 무장을 하지 않으면 당신은 상처를 받게 될 것이다. 그래서 당신은 불안해질 수 있고 벼랑 끝에 있는 느낌이고 긴장되거나 꼿꼿한 자세를 취하게 될 것이다. 당신은 편안함을 느낄 수 없을 것이다. 이것은 너무 당연한 것이다. 그렇다. 당신은 위험을 감수하고 있는 것이 맞다. 당신은 당신의 파트너가 어떻게 반응할지 모른다. 그가 공격을 할 수도 있다. 그녀가 도망가 버릴 수도 있고, 냉소적일 수도 있다. 당신의 파트너가 당신이 원하는 대로 반응할 것이란 보장도 없다. 불편하지만 이것은 사실이다. 이때 당신의 '마음을 여는' 기술(11장과 12장을 보라)이 유용하게 적용될 수 있다. 당신은 이런 감정에 호흡을 불어넣어 그것을 위한 공간을 만들어 주고 지금-여기에 닻을 내리도록 호흡을 사용할 수 있다.

다시 이야기하지만, 이 모든 것은 당신이 조절할 수 있는 것에 초점을 맞춘 것이다. 당신은 당신의 파트너가 어떻게 반응할지를 조절할 수 없다. 그리고 자신이 불편한 감정을 느끼지 않게 만들 수도 없다. 그러나 당신은 그 감정을 위해 공간을 만들 수 있다. 그리고 당신이 무엇을 이야기할지, 언제 그것을 이야기할지, 또 어떻게 그것을 이야기할지는 조절할 수 있다.

무엇을 이야기할지

당신이 무엇을 얻기를 원하는지 먼저 생각해 보라. 당신은 또 싸우길 원하는가, 아니면 당신의 관계를 수립하거나 강화시키기를 원하는가? 만약 후자라면 어떤 종류의 단어가 가장 효과적일까? 예를 들어, 만약 당신이 가장 친한 친구나 진짜로 동경거나 존경하는 사람에게 이 문제를 제기한다면 무엇을 이야기할 것인가? 당신은 그것을 어떤 말로 표현할 것인가?

고려해야 할 다른 문제는 당신이 위협하기를 원하는지, 최후통첩을 하려 하는지, 명령을 하려 하는지, 당신 파트너를 쥐고 흔들기를 원하는지, 아니면 부드럽게 부탁을 하려고 하는 것인지의 문제이다. 위협, 최후통첩, 명령, 쥐고 흔들기는 모두 파트너에게서 강한 부정적인 반응을 끌어낼 가능성이 높다. 정말로 놀랄 일이 아니다. 그렇다면 당신은 당신을 위협하거나 최후통첩을 하는 사람을 좋아하는가? 누군가가 당신에게 요구하고, 주장하고, 명령을 내린다면 당신은 어떻게 느낄 것 같은가? 만약 당신이 파트너에게 부드럽게 동의를 구할 수 있는 기회를 가지길 원한다면, 그 사람은 둘의 관계를 해치지 않으면서 당신의 요구에 맞추어 주어야 할 것이다. 그리고 당신은 부드럽게 요청할 필요가 있다. 당신이 부탁을 하는 친구처럼 당신의 파트너를 대하라. 당신이 원하는 것을 공손하게 그리고 따뜻하게 부탁하라. 그리고 그것을 받아들였을 때 당연하게 생각하지 말고 감사함을 표시하라. 물론 당신의 마음은 "나는 요구해야 할 필요가 없어! 그가 당연히 그렇게 해야지." 혹은 내가 만약 이렇게 한다면 그녀는 내가 약하다고 생각할 거야."라고 말할 것이다. 그러니 바로 작업 가능성(workability)으로 돌아오라. 만약 당신이 그런 생각에 사로잡혀 그것이 당신이 무엇을 할지 지시하도록 허용하게 되면 그것이 길게 볼 때 당신의 관계에 도움이 될 것 같은가?

언제 그것을 이야기할지

만약 당신이 어려운 문제나 힘든 문제를 이야기하려 한다면 그 시기를 현명하게 잘 선택하는 것이 좋다. 언제 당신의 파트너가 가장 잘 반응할 것 같은가? 언제 그가 가장 반응하지 않을 것 같은가? 이런 문제를 논의하는 데 있어 좋지 않은 시간은 당신 둘 중 하나가 피곤하거나, 예민하거나, 술에 취해 있거나, 일진이 좋지 않거나, 아이들이 일을 저지르거나, 시댁 또는 처가 문제로 힘들거나, 두 사람 다 스트레스가 최고조에 이르렀을 때 등이다. 당신 둘 다 쉴 때, 환경에 스트레스가 많지 않을 때 등이 좀 더 나은 시간이 될 것이다.

이제 현실을 살펴볼 시간이다. 많은 커플은 그들의 중요한 문제를 자신들이 기분이 좋을 때는 논의할 필요성을 느끼지 못한다. 이것은 부분적으로는 그들이 기분이 좋으면 자신들의 문제가 적게 느껴지거나 다루기 쉽게 느껴지는 데 기인하는 것도 있다. 그리고 당신은 아마도 '우리는 오늘 기분 좋게 보내고 있어. 그런데 이걸 망칠 필요는 없잖아?'라고 생각할 수 있다. 반대로 당신들이 기분이 나쁠 때는 문제가 더 크게 보이고 더 예민해지거나 더 좌절할 수 있기 때문에 당신은 그 문제에 대해 이야기하고 싶어 할 가능성이 훨씬 크다. 그래서 여기서 조언을 주는 것은 쉽지만 그것을 실제 생활에 적용하는 것은 쉽지 않다.

그렇지만 그것을 마음에 간직해 둘 만한 가치는 있다. 여기서 주는 메시지는 현실적이 되라는 것으로, 이 전략들을 당신이 할 수 있는 만큼만 적용하라는 것이다. 당신은 파트너에게 "나는 당신과 우리의 재정 상태에 대해 이야기하고 싶어. 이번 주 저녁에 시간 좀 내줄 수 있겠어?"와 같이 미리 예고해 주는 것이 유용하다는 것을 알게 될 수 있다. 아니면 공원을 산책하면서 혹은 카페에서 커피나 음료수를 마시면서 이야기하는 것과 같이 당신의 일상적인 환경에서 벗어나는 것이 유용하다는 것을 알게 될 수도 있다.

어떻게 그것을 이야기할지

당신이 사용하는 단어도 중요하지만 당신이 그것을 전달할 때의 태도도 그에 못지않게 중요하다. 만약 당신의 목소리가 크거나 적대적이라면, 당신의 표정이 오만하거나 경멸적이라면, 당신의 자세가 분노나 좌절을 보여 준다면 아마도 당신이 사용하는 단어가 아무리 아름답고 시적이라고 해도 당신의 파트너가 그것을 잘 받아들일 수 없을 것이다. 나는 커플들에게 간단한 훈련을 통해 이를 깨우치게 해 준다. 나는 그들에게 서로 돌아가면서 "당신은 굉장해요."라고 이야기해 보는데 냉소적인 표정에 야유로 가득 찬 목소리로 이야기할 것을 주문한다. 그런 다음 나는 "무엇이 당신에게 가장 큰 영향을 주었습니까? 단어입니까, 아니면 태도입니까?"라고 물어본다.

당신의 태도는 당신의 가치에 기반을 두고 있어야 한다. 당신은 어떤 종류의 파트너가 되고 싶은가? 돌봐 주고, 온정적이며, 수용적이고, 개방적이며, 이해해 주고, 존중해 주며, 사랑하는 파트너가 되고 싶은가? 아니면 신랄하고, 적대적이며, 무례하고, 경멸적이며, 냉소적이고, 분노에 가득 찬 파트너가 되고 싶은가? 당신이 당신의 파트너에게 이야기하기 전에 당신이 좋아하는 태도를 함양시킬 수 있는지에 대해 생각해 보라.

어떻게 이것을 하는지에 대한 몇 가지 조언이 있다.

• 당신의 파트너가 무엇을 했을 때 당신이 고마워했는지 곰곰이

생각해 보라.

- 당신 파트너의 강점에 대해 생각해 보라.
- 당신 둘이 함께 재미있었고 사랑스러웠던 기억을 떠올려 보라.
- 당신 모두가 상처받았던 때를 기억해 보라. 이전의 싸움에 대해 생각해 보거나 당신의 말이나 행동으로 상처 주었던 일들을 떠올려 보라. 그것을 온정을 증진시키는 데 활용해 보라. 당신이 가진 원래의 친절함을 건드려서 당신의 파트너를 위해 그것을 쓸 수 있는지 살펴보라.
- 당신의 핵심 가치에 맞추라. 자신에게 "내가 실현하고 싶은 것을 위해 나는 무엇을 해야 하지? 만약 이 관계를 비디오로 찍어서 전국에 TV로 방영한다면 나는 어떻게 나 자신을 알리고 싶을까? 내 안에서 시청자들에게 보여 주고 싶은 것은 어떤 걸까?"라고 물어보라. 이 가치들이 당신을 인도할 수 있도록 전념하라.

247

지저분한 싸움 끝내기

자신에게 진지하게 당신이 어떤 종류의 파트너가 되고 싶은지 물어보라. 당신은 어떤 대가를 치르더라도 그리고 얼마나 당신이 상처를 주는지에 상관없이 싸움에서 이기고 싶은가? 싸움에서 이기는 것이 건강한 관계를 수립하는 것보다 훨씬 중요한가? 당신이 사용하는 불쾌하거나, 비열하거나 무심한 싸움 전략들의 대가는 무엇인가? 그렇다. 당신이 싸움에서 이길 수도 있다. 그러나 그것이 그만한 가치가 있는가? 그것이 당신 자신에 대해 좋은 감정을 느끼게 만드는가? 지저분한 싸움이 당신의 관계에 대가로 요구하는 것은 무엇인가? 만약 당신이 내가 말하는 '지저분한 싸움'의 의미를 잘 모르겠다면 여기에 몇 가지 예가 있다.

복병 출몰시키기 당신의 파트너가 당신이 좋아하지 않는 것을 말하기 전에 행동해 버릴 수 있다. 그러면 당신은 그것을 며칠이나 몇 주 동안 마음속에 담고 있다가 갈등이 생기면 당신의 소맷 자락 속에 숨겨 왔던 비수를 꺼내듯이 그것을 가지고 그녀에게 싸움을 건다.

단결하기 당신은 부모나 당신의 제일 친한 친구와 같은 제3자를 싸움에 개입시킨다. 그리고 당신과 그 사람은 당신 파트너에 대해 한마음으로 단결한다.

248

급소 때리기 전쟁이 한창일 때 당신은 상처를 입게 되는데 그것을 인식하지 못할 수도 있다. 당신은 자신의 고통을 속 깊이 억제하고 부글부글 끓고 있는 분노의 덩어리 아래 숨겨 놓을 수 있다. 그러다가 이제 상처와 분노를 되돌려 주고 싶어진다. 그러면 당신은 당신의 파트너가 당신에게 주었던 것보다 훨씬 더 큰 상처를 주려고 마음먹는다. 그것은 비밀 병기로 드러나게 된다. 당신은 어떤 말이 그녀 깊이 자리 잡고 있는 공포와 불안전감을 건드릴지 정확하게 알고 있다. 만약 그녀의 가장 큰 공포가 당신이 그녀를 떠나는 것이라면 당신은 이혼을 가지고 위협할 수 있다. 만약 그가 자신이 성적으로 자신없다고 느끼고 있다면 당신은 그에게 잠자리에서 형편없다고 말할 수 있다. 아야! 아야! 아야!

변호사처럼 행동하기　이것은 말을 잘하거나 논쟁에 능한 사람들이 선호하는 전략이다. 당신은 당신의 파트너가 사용한 말을 무시하거나, 내용을 보지 않고 문맥만 가지고 문제 삼거나, 혹은 말의 우스꽝스러운 점을 과장해서 이야기한다.

죽은 사람 되살려 내기　이것은 당신이 오래된 시체를 파낼 때 일어난다. 당신의 파트너가 아주 오래전에 그렇게 해서 당신이 심하게 상처받았을 수 있다. 비록 그것이 아주 오래되어 이제는 죽어 묻혀 버렸지만 당신은 그것이 평화롭게 잠들기를 원치 않을 수 있다. 당신은 시도 때도 없이 그 무덤을 파서 그것을 그녀의 면전에 내던진다. "보여? 당신이 어떻게 했는지 보이냐고?" 이것은 매우 강력한 전략이다. 장담하건대, 이것은 오래된 상처를 다시 열어서 더 깊은 갈등의 수렁에 빠지게 할 것이 분명하다.

249

실버백 고릴라처럼 행동하기　당신은 덩치가 큰 실버백 고릴라가 크게 포효하고, 자신의 가슴을 치고, 송곳니를 가는 것과 같은 행동을 하며 영역을 지키려는 것을 본 적이 있는가? 어떤 사람들은 이와 유사하게 행동하는데, 종종 물건을 던지거나 문을 세게 닫는 것과 같은 행동이 동반되기도 한다. 이런 유형의 행동은 비록 당신의 파트너가 당신보다 크거나 강하다고 할지라도 파트너에게 위협적일 수 있다. 그리고 그것은 신뢰와 안전감에 아주 심각한 손상을 줄 수도 있다.

당신 자신의 전략에 이름 붙이기 자신이 선호하는 전략에 이름 붙이기를 하는 것은 어떤가? (당신은 이것을 당신의 파트너와 함께 할 수도 있다.) 당신 둘이 모두 사용하는 전략은 무엇이고, 당신이 잘 쓰는 전략은 무엇인지 알아보라. 아마도 당신이 알아차릴 수 있는 것은 이 모든 전략은 싸움에서 이기고 당신 파트너에게 고통을 가하도록 구성되어 있으며 파트너에 대한 친절함은 눈곱만치도 고려되지 않았다는 것이다. 만약 당신이 파트너에게 중요한 문제를 이야기하려 할 때 당신의 가치에 맞추어 배려와 연결을 조율하려고 한다면 어떤 일이 일어날 것 같은지 상상해 보라. 일들이 어떻게 다르게 진행될 것 같은가? 당신의 전략이 가지는 파괴적인 힘을 인식하고 인정하는 것이 그것을 바꾸는 첫 단계이다. 그러나 당신 파트너의 전략보다는 자신의 전략을 먼저 살펴보는 것이 중요하다. 그것이 바로 당신이 조절할 수 있는 것이기 때문이다. 당신이 자신의 전략을 바꾸면 당신 파트너 또한 자신의 전략을 바꾼다는 것을 알게 될 것이다. 만약 그가 바꾸지 않는다면 당신은 이 문제를 이야기할 수 있다. 그러나 그때도 화와 분노로 못되게 구는 것이 아니라 당신의 가치에 따른 방식으로 해야 한다.

싸움 전략: 투쟁 혹은 도피

당신의 파트너와 갈등이 발생하면 당신의 투쟁-도피 반응은 즉각적으로 발동된다. 이것은 진화의 결과이다. 당신의 원시 조상들이 굶주린 곰을 만났을 때 그들은 오직 ① 매우 빨리 도망치거나, 아니면 ② 반격을 해서 막거나 죽이는 것 중 하나의 선택밖에 할 수 없었다. 다른 말로 하자면, 투쟁 혹은 도피 중 하나인 것이다. 싸움이 점점 달아오르면 당신은 도피 양식이 우세해진다는 것을 느낄 때가 있을 것이다. 그러면 당신은 뒤로 빠져서 언쟁을 멈추고 방을 떠나 도망치고 싶을 것이다. 만약 당신의 파트너가 쫓아오거나 당신이 떠나는 것을 막으려 하면 당신이 도망가고 싶은 욕구는 더 강해질 것이다. 당신은 공격당한다는 느낌을 받게 될 것이고, 덫에 걸렸다고 느껴 결국에는 도저히 참을 수 없어 터지기 일보 직전까지 가게 될 것이다. 이 시점에 도달하면 당신은 투쟁 양식으로 변화시켜, 신체적으로 혹은 언어적으로 파트너를 공격하기 시작할 것이다. 아니면 당신은 도망가지 않으면서도 도피 양식에 그대로 남아 있을 수도 있다. 이런 경우 당신은 심리적으로 그런 반응을 보이게 되는데, 마음의 문을 완전히 닫고, 조용해지고, 아무 말도 하지 않고, 외면하고, 함께하기를 거부하게 된다.

반대로 만약 투쟁 양식으로 변환되었다면, 당신은 파트너를 계속 쫓아가서 당신이 이기거나 당신의 주장이 받아들여질 때까지 계속 싸우려 들 것이다. 만약 당신의 파트너가 철퇴하거나 침묵을 지키면 당신은 점점 더 화날 것이다. 그리고 자동항법으로 들어가서 감정이 당신을 몰아치도록 그대로 놔두게 되면, 당신은 점점 더 도발적이 되고 더 적대적이 될 가능성이 높다. 당신은 당신의 파트너가 도망가려 하면 그녀를 집까지 쫓아갈 수도 있다. 물론 당신은 버림받음에 대한 불안 때문에 도피 양식에서 당신의 파트너를 쫓아다닐 수 있다. 그가 당신을 떠날까 봐 두렵고 그래서 싸움을 멈추어 평화롭게 안착하기 위해 그를 쫓아다닐 수 있다.

만약 자동항법을 계속 써서 이런 원시적인 반응이 당신을 괴롭히도록 그대로 놔둔다면 당신은 쉽게 끝없는 싸움과 전쟁에 사로잡혀 버릴 수 있다. 한쪽 파트너가 도망가고 다른 한쪽 파트너는 쫓아가는 것이 번갈아 일어나 악순환이 시작될 수 있고, 그러면 둘이 함께 점점 악순환을 더하게 만든다. 그러니 당신의 싸움 전략을 살펴보라. 누가 도망가고 누가 쫓는가? 이 순환 안에서 당신이 맡은 역할을 살펴보고 그것이 당신의 가치에 따른 것인지를 살펴보라. 그녀가 명백하게 벗어나려고 시도할 때 당신이 쫓아가는 것이 과연 돌봄, 존중, 친절함이라는 당신의 가치와 일치하는 것인가? 당신의 파트너로부터 도망가는 것이 연결, 협동, 자기주장이라는 당신의 가치와 일치하는가?

이에 대한 간단한 답은 없다는 것에 주목하라. 그것은 한 파트너는 '옳고' 다른 한 파트너는 '틀리다'의 문제가 아니다. 당신이 도망가는 것이나 쫓아가는 것을 멈추어야'만 하는' 것의 문제도 아니다. 그것은 당신의 관계를 위해 필요한 균형을 찾는 것의 문제이다. 그리고 그것은 커플마다 다를 것이다. 일반적으로 이런 순환을 끊기 위해서는 도망가는 사람은 덜 도망가고, 쫓아가는 사람은 덜 쫓아갈 필요가 있다. 만약 두 파트너가 LOVE를 연습하는 것에 합의한다면 이는 훨씬 쉽게 이루어질 수 있다. 당신과 당신 파트너가 함께 이야기가 자연스럽게 풀어 나가도록 놔두고, 자신의 감정에 대해 개방적이 되어 공간을 만들어 주고, 자신의 가치에 조율을 해서 그에 온전하게 전념한다면 이상적일 것이다.

당신의 파트너가 원한다면

이 훈련들은 모두 개방적이고 솔직하게 이야기하는 것을 포함하고 있다. 당신이 이야기를 할 때 따뜻함과 개방적인 마음으로 하겠다는 것을 스스로에게 다짐하라. 당신들은 점수를 얻기 위해서가 아니라 결합을 깊게 만들기 위해서 이야기하는 것이다. 그리고 당신의 파트너가 이야기를 할 때는 마음챙김적으로 들으라. 그의 이야기를 그럴싸한 말로 중단시키지 말라. 당신의 파트너가 마치 당신의 영웅인 것처럼 귀를 기울이라. 당신이 흠모하여 그 사람의 생각을 듣는 것이 영광으로 느껴지는 사람을 대하듯 귀 기울이라. (만약 당신의 마음이 "그래. 맞아!"라고 이야기한다면 그 생각이 그대로 가도록 놔두라. 만약 당신이 그 생각을 계속 잡고 있다면 그것이 어디로 인도하는지 알아차리라.) 당신의 파트너에게 전념하라. 그녀의 목소리. 얼굴 표정 그리고 신체 언어를 알아차리라.

훈련: 당신이 사용하고 있는 전략과 싸우기

당신과 당신 파트너가 싸울 때 사용하는 전략에 대해 논의하라. 각자가 자기 자신의 전략을 인정하는 것에서 시작하라. '내가 당신과의 싸움에서 이기기를 원할 때, 내가 하는 것은 ~ 이다.' 당신 둘이 이에 대해 논의를 할 때 그것을 당신의 일지나 작업지에 써 놓아서 나중에 참조할 수 있도록 하는 것은 좋은 생각이다. 보너스로, 당신은 이들 전략에 재미있는 이름을 붙여 줄 수도 있다. 일단 당신 둘이 각자 자신의 전략에 대한 일람표를 만들고 나면, 각자 서로 다른 전략을 추가하도록 이야기할 수 있다. "좋았어. 나는 내가 사용하고 있는 전략을 할 수 있는 한 다 생각해 보았어. 당신이 다른 것들을 더 생각해 봐 줄 수 있겠어?"라고 말할 수 있다. 당신의 파트너가 말하는 것이 마음에 들지 않더라도 유머 감각을 잃지 말라. 방어하지 말라. "제기랄. 나는 그렇게 한 적이 없거든!" 혹은 "최근 수년간에는 그런 적이 없잖아." 대신에 "오우! 내가 그렇게 했는지 기억을 못하겠네." 혹은 "아. 그래. 내가 그렇게 한 게 희미하게 기억나기는 하는데 아마 아주 오래된 것 같은데."와 같이 시도해 보라.

훈련: 선호하는 전략과 기본 법칙

당신이 선호하는 전략들을 이야기해 보라. 이상적인 세상이라면 당신이 원하는 기본 법칙은 무엇이 될 것 같은가? 각 파트너는 다음 네 문장을 완성하라. 우리가 싸우게 될 때……

- 나는 _____ 행동하는 나를 받아들였으면 좋겠다.
- 나는 나 자신이 _____ 행동하는 것을 그만두기를 원한다.
- 나는 당신이 _____ 행동하는 것을 기꺼이 수용할 수 있다.
- 나는 당신이 _____ 행동하는 것을 그만두었으면 한다.

훈련: 쫓아가기와 도망가기

쫓아가기와 도망가기에 대해 이야기하라. 이것을 당신의 파트너를 이해하는 기회와 파트너에 대한 온정을 더 만들 수 있는 기회로 활용하라. 이게 자연스럽게 잘 되지 않더라도 파트너가 당신의 감정을 알도록 하는 것이 중요하다.

> **도망자**: 당신이 도망가기 직전에 어떤 감정을 느꼈지? 당신은 왜 도망가는 거야? 그가 당신을 쫓는다면 어떤 감정이 느껴질까?
>
> **추적자**: 만약 그녀가 도망간다면 당신은 어떤 감정을 느낄까? 당신은 왜 추적을 하는 거야? 당신이 쫓아갈 때 기분은 어떻지?

> 당신과 당신 파트너의 입장을 바꾸어 보라. 그리고 어떤 감정이 느껴지는지 신중하게 생각해 보라. 최선을 다해 당신이 파트너에게 이럴 것이라고 상상했던 모습을 당신 파트너에게 이야기하라. 당신이 얼마나 정확하게 생각하고 있었는지 확인하라.

선택은 당신의 것

인생은 언제나 이상적이지 않다. 그리고 당신의 파트너는 협조하려 하지 않을 수도 있다. 그는 바꾸려는 당신의 시도에 대해 냉소짓거나 무엇이든 바꾸려는 시도를 아주 고집스럽게 거부할 수 있다. 만약 이런 일이 일어난다면 당신은 당연히 좌절하고 실망하게 될 것이다. 그러나 아직 모든 것을 잃은 것은 아니다. 여전히 당신은 당신의 행동을 조절할 수 있다. 심리적 유연성은 당신에게 자유를 줄 것이다. 당신이 온전히 현재에 있고, 당신의 경험에 개방되어 있으며, 도움이 되지 않는 당신의 생각으로부터 탈융합되어 있고, 당신의 가치에 연결되어 있다면, 당신은 자유롭게 선택할 수 있다.

당신은 항상 해 오던 대로의 이전 방식을 선택할 것인가, 아니면 더 효과적인 방식으로 행동할 것인가? '옳음' '틀림'도 없고 '좋음' '나쁨'도 없다. 단지 선택만이 있을 뿐이다. 당신은 도망갈 것인가, 아니면 그 자리에 머물고 이야기를 계속할 것인가? 당신은 쫓아갈 것인가, 아니면 당신 파트너가 가도록 그냥 내버려 둘 것인가?

당신이 어떤 선택을 하든 간에 결과에 주의를 기울이고 어떤 일이 일어나는지 살펴보라. 만약 그것이 효과가 있는 것 같다면 계속하라. 그러나 효과가 없다면 LOVE의 안내하에 당신이 어떻게 다르게 행동할 것인지 살펴보라. 싸움을 하고 나면 꼭 다음을 생각해 보라.

- 당신은 어떤 이야기에 사로잡혀 버렸는가? 당신은 그 이야기를 그냥 놔둘 수는 없겠는가?
- 어떤 감정이 문제가 되었는가? 당신은 마음을 개방하고 그 감정을 위한 공간을 만들 수 있겠는가?
- 당신이 한 말이나 행동 중에 상황을 더 악화시키는 것은 무엇이었는가? 만약 다음에 같은 상황이 온다면 어떤 가치에 따른 행동이 더 효과적일 것 같은가?
- 당신은 자동항법에 따라 그대로 가거나 당신 마음 안의 덫에 걸렸는가? 다음에 이런 상황이 똑같이 일어난다면 당신은 어떻게 더 온전하게 전념할 수 있겠는가? 무엇이 당신으로 하여금 지금 현재에, 흔들리지 않고, 집중하면서 머무르게 만들어 줄 것 같은가?

아무런 보장도 없다

LOVE의 태도는 거의 확실하게 당신의 싸움의 결과를 호전시켜 주고 갈등으로 생긴 손상을 감소시켜 줄 것이다. 그러나 현실적이 되는 것이 중요하다. 당신의 파트너는 때로 당신이 원하는 대로 반응할 것이지만, 때로는 그렇게 하지 않는 것이 현실이다. 때로는 당신 둘이 문제에 대한 견해가 일치할 것이지만 또 때로는 그렇지 않을 것이다. 때로는 당신들이 서로의 다른 점을 조정해서 서로에게 좋은 결과를 가져올 수 있지만 또 때로는 그렇지 않을 수 있다. 일들이 당신이 원하는 대로 진행될 때 당신은 기분이 좋을 것이다. 당신이 원하는 대로 진행되지 않을 때는 매우 끔찍하게 느껴질 것이다. 당신은 이 모두에 대해 기꺼이 공간을 만들 의향이 있는가? 만약 그렇지 않다면 당신은 현실과 직면해서 싸워야 할 것이다. 그리고 이 싸움은 현실이 항상 이기는 싸움이다!

16장

부드럽게 물어볼 수 있는 힘

당신이 세계를 지배하는 사람이라고 상상해 보라. 당신은 당신의 파트너에 대해 완벽한 지배권을 가지고 있다. 그 혹은 그녀는 어떤 것이든 당신의 모든 명령에 복종해야 한다. 당신이 만약 이런 경우라면, 당신은 그에게 부드럽게 당신이 원하는 것을 해 달라고 부탁할 것 같은가, 아니면 그냥 해 달라고 말할 것 같은가?

만약 당신이 당신 관계의 질을 돌볼 생각이 없다면, 그녀의 감정이 당신에게 아무런 의미가 없다면, 그녀가 당신을 좋아하든 말든 그냥 관심이 없다면, 당신은 아마도 부드럽게 물어봐야 할지를 걱정하지 않을 것이다. 그럴 이유가 없는 것이다.

그러나 만약 당신이 그의 감정에 대해 걱정하고 있고, 그가 당신을 좋아하는지 아닌지에 관심이 많으면 문제는 달라질 것이다. 그렇지 않은가? 그러면 그렇게 할 필요가 없다고 하여도 당신은 부드럽게 물어보려고 많이 노력할 것이다.

문제는 당신이 세상의 지배자가 아니라는 것이고, 당신의 파트너에 대해 완벽한 지배권을 가지고 있지도 않다는 것이다. 그러나 당신은 다른 사람들에게 어떻게 이야기할지를 선택할 수 있는 힘을 가지고 있다. 당신은 모든 것을 부드럽게 부탁해야 할 필요는 없다. 그러나 당신이 그녀의 감정에 대해 걱정하고 있거나 그녀가 당신을 좋아하는지 아닌지에 관심이 있다면, 당신이 현명하다면 부드럽게 부탁하는 것을 고려할 것이다.

당신의 경험을 점검하기

나를 믿지 말고 당신의 경험을 점검하라. 당신이 당신 파트너에게 주장하고 요구하고 명령할 때, 소리 지르고 비명을 지르고 덤벼들 때, 그리고 거만하게 이래라 저래라 하며 독재자처럼 행동하기 시작할 때 무슨 일이 일어나는지 살펴보라. 당신 파트너가 그렇게 하는 것을 좋아하는가? 만약 당신이 파트너에게 이런 전략을 적용한다면 일반적으로는 그녀는 저항하거나 공격하거나 아니면 도망갈 것이다. 그리고 만약 그녀가 복종한다면 적개심을 가지고 그렇게 할 것이다. 애원하기, 협박하기, 투덜대기, 쌜쭉해지기 등도 마찬가지이다.

이런 전략들 중 어떤 것도 '옳은' 또는 '틀린' 것의 문제는 아니고,

단지 효과가 있는가 아닌가의 문제이다. 당신이 원하는 것을 얻는 데 적용되는 가장 기본적인 원칙은 바로 '부드럽게 부탁하라'이다. 내가 말하는 것은 구걸을 하거나 애원을 하라는 것이 아니다. 단지 공손하게 부탁하라는 것이다. 당신은 당신이 원하는 것을 부탁할 수 있는 권리가 있다. 그러나 또한 당신의 파트너는 공손하게 부탁을 받을 권리가 있다. 따라서 요구하거나 협박하거나 학대하거나 공격하지 말고 친절하게 부탁하라. 많은 사람이 그렇게 하는 것이 어렵다고 하는데, 그 이유는 다음과 같은 이야기들을 그대로 놔두려 하지 않기 때문이다.

> "나는 부탁을 할 이유가 없어. 그건 그가 해야 할 일인걸."
> "나는 이미 부드럽게 부탁했지만 그녀가 전혀 듣지를 않았어."
> "내가 왜 부드럽게 부탁해야만 하지? 그는 그렇게 대우받을 만한 자격이 없어."
> "만약 내가 부드럽게 부탁하면, 그녀는 나를 무시할 거야. 그녀는 내가 화를 내야만 반응을 보인다니까."

261

당신은 이런 이야기들을 기꺼이 그냥 놔둘 수 있겠는가? 이런 이야기들이 부분적으로는 맞는 것일 수 있다. 아니, 어떤 경우는 완전히 맞는 이야기이다. 그러나 만약 당신이 그 이야기들을 아주 꼭 잡고 있다면 그것이 어떻게 작용할 것 같은가? 과거에 어떤 일이 일어났든 간에 당신의 요구에 맞추어 얻을 수 있고 장기적으로도 건강한 관계를 수립할 수 있는 가장 좋은 기회가 부드럽게 부탁하는 것이라는 사실은 변치 않는다. 그렇게 할 수 있는 많은 방법이 있다. 예를 들어, 당신은 칭찬이나 감사의 표현 혹은 이 둘 다 시작할 수 있다. "여보, 나는 당신이 있던 자리를 깨끗하게 정리해 주어서 너무 고마워요. 그것이 당신에게는 쉬운 일이 아니라는 것을 잘 알아요. 그렇지만 당신이 그렇게 해 주니 내가 훨씬 쉬워지네요." 그런 다음 당신이 부탁할 것이 있다면 "만약 ~한다면 나는 매우 고마울 거예요." "만약 ~한다면 나는 진짜로 감사할 거예요." 혹은 "만약 ~한다면 그것은 정말로 나에게 큰 의미가 있을 거예요."와 같은 표현을 써서 이야기할 수 있다.

내가 사라에게 '이렇게 하기'를 권했을 때 어떤 일이 일어났는지를 보자.

사라: 그러나 그건 제가 거짓말을 하는 거잖아요. 저는 스티브가 아이들을 재우기 위해 침대에 눕힌다고 해도 감사한 마음이 들지 않아요. 그는 단지 자신이 해야 할 일을 할 뿐이지요. 제가 왜 그런 일에 감사해야 하지요?

치료자: 저에게는 당신이 너무 꽉 잡고 있는 것처럼 들리네요.

사라: 무엇을요?

치료자: '스티브는 내가 원하는 것을 해야만 해.'라는 이야기를요.

사라: (깜짝 놀라) 당신은 그가 자신이 원하는 것은 다 할 수 있도록 해 줘야 한다고 이야기하는 건가요? TV 앞에 앉아서 맥주를 마시며, 저에게 다 맡기고 말이에요?

치료자: 천만에요. 이렇게 한번 생각해 보시지요. 만약 당신이 스

티브가 아이들을 잘 수 있게 침대에 눕히는 것을 원하고 있고 더 나은 관계를 맺는 것 또한 원하고 있다면, 그가 당신이 원하는 것을 했을 때 감사함을 표시하는 것과 "선생, 이제 당신의 책임을 다할 시간이야."와 같은 태도를 취하는 것 중 무엇이 가장 효과적인 방법일까요?

사라: 그러나 내가 그에게 부탁을 해야 할 이유가 없어요. 그건 그가 해야 할 일인 걸요.

치료자: 사라, 이 지구 안에 당신의 말에 동의하는 사람들이 수없이 많을 겁니다. 이것은 옳고 틀림의 문제도, 참과 거짓의 문제도 아닙니다. 문제는 효과가 있으냐 없느냐입니다. 당신에게 물어볼 것은 "만약 당신이 이 믿음을 꽉 붙잡고 있어서 그것이 당신이 스티브에게 이야기하는 방법을 지배하도록 놔둔다면 그것이 당신의 관계를 더 낫게 해 주는 데 도움이 될까요?"입니다.

263

사라: (마지못해 한숨을 쉬면서) 아니요.

'해야만 해'라는 것을 그대로 놔두는 것은 매우 힘든 일이다. 그러나 만약 우리가 자신의 관계를 확장하기를 원한다면 우리는 그것을 가볍게 잡고 있을 필요가 있다. 이런 이야기들이 나타나면 그것을 알아차려서 우리가 그에 사로잡히지 않고 그냥 오고 갈 수 있도록 놔두라. 그리고 당신의 마음이 **해야만 한**다고 이야기하는 것이 아닌 실제로 효과가 있는 것을 시도하라.

그러나 만약 당신이 부탁한 것을 그녀가 싫다고 하면 어떻게 할 것인가? 그가 그냥 당신을 무시해 버린다면? 그녀가 장난으로 받아들인다면? 혹은 그가 "그래."라고 대답만 하고는 행동으로 옮기지는 않는다면? 당연히 당신은 무시당한 느낌이나 실망감을 갖게 될 것이다. 그리고 당신의 마음은 당신에게 온갖 도움이 되지 않는 이야기를 하기 시작할 것이다. 이것이 우리에게 진짜로 문제가 되는 부분이다. 이런 상황들에서 당신은 LOVE를 연습해서 도움이 되지 않는 생각들을 그대로 놔두고, 당신의 감정을 위한 공간을 만들고, 당신의 가치에 따라 행동하고 마음챙김적으로 전념할 수 있겠는가? 만약 그렇게 할 수 있다면 당신은 좋은 위치에 있게 되는 것이다. 심리적으로 유연해짐으로써 당신은 많은 선택에 있어 기회를 가질 수 있다.

- 당신은 계속해서 조용히 그리고 존중하는 마음으로 당신이 원하는 것을 부탁할 수 있다.
- 당신은 이것이 당신에게 얼마나 중요하고 이것이 당신에게 의미하는 것이 무엇인지를 설명할 수 있다.
- 당신은 두 사람 모두의 요구를 충족시켜 줄 수 있는 윈윈 해결책을 목표로 협상할 수 있다.
- 당신은 "당신은 나를 위해 이것을 해 줘요. 나는 당신을 위해 다른 것을 해 줄게요."와 같은 일종의 타협을 이루어 낼 수 있다.
- 당신은 양보를 이끌어 낼 수 있다. (양보는 흔히 양쪽 다 만족하지는 못하지만 총력을 기울인 싸움보다는 훨씬 낫다.)
- 당신은 조용히 그리고 존중하는 마음으로 당신의 파트너에게

당신이 얼마나 무시당하는 느낌인지, 실망을 했는지, 슬픈지, 혹은 좌절을 느끼고 있는지와 같은 이 상황에 대한 당신의 느낌을 이야기할 수 있다. 예를 들어, 당신은 "당신이 설거지를 한다고 말해 놓고는 그렇게 하지 않으니 내가 크게 무시당한다고 느껴지네요."라고 말할 수 있다. (그러나 조심해야 할 것이 있다. 만약 당신이 소리를 지르거나 덤벼들거나 공격을 하기 시작하면, 이것은 필연적으로 싸움으로 끝이 날 것이다. '조용히 그리고 존중하는 마음으로' 하는 것이 싸움에서 이기게 해 줄 것이다.)

- 당신은 지금은 그것을 있는 그대로 받아들일 수 있고 그대로 놔줄 수 있지만, 만약 그것이 계속 중요하다고 여겨진다면 그것을 다시 이야기할 수 있다.

이 전략들은 당신이 파트너에게 개방적이고 수용적일 때 그리고 당신이 그녀를 존중하는 마음으로 대할 때만 효과적으로 작용할 가능성이 높다. 이때 마음챙김이 핵심적인 요소이다. 만약 당신이 닻을 내리지 못하고 현재에 머무르지 못한다면 당신은 자기패배적인 말이나 행동을 할 가능성이 크다. 만약 당신이 도움이 되지 않는 생각에 융합되어 있거나 강한 감정에 휩쓸린다면 당신은 소리 지르기 시작하거나, 판단하거나, 비판하거나, 애원하거나, 투덜대거나, 위협하거나, 파트너를 경멸하기 시작할 것이다. 그러면 당신은 그것이 어디로 이끌지 알고 있다.

물론 이런 제안들은 말할 것도 없이 모두가 당신이 선택할 수 있는 것들이다. 그것은 흔히 많이 사용되는 것들 중에 간단한 것을 보

265

여 준 것이다. 요점은 마음챙김적으로 남아 있으라는 것과 당신의 가치가 당신을 인도하도록 하라는 것이다. 이것이 당신이 다양한 접근을 시도해 보고, 결과를 알아차리며, 시간이 지나면 무엇이 가장 효과가 있었는지 확인할 수 있는 길이다.

당신은 부드럽게 대답할 수도 있다!

만약 당신의 파트너가 당신에게 자신이 원하는 것을 부드럽게 부탁하면, 같은 방식으로 대답하는 것이 마땅하다. 비록 당신이 그 부탁을 좋아하지 않아도 덤벼들거나, 불만을 표하거나, 공격을 할 필요가 없다. 당신은 공손하게 존중하며 아니라고 이야기할 수 있다. 그러나 만약에 당신이 파트너의 부탁을 들어주고 싶다면 기꺼이 그렇게 하라. 만약 당신이 마지못해서 아니면 분노에 차서 동조한다면 결국은 갈등과 긴장만 낳게 될 것이다. '그녀가 성가시지 않게 만들기 위해서' 혹은 '그가 지나친 잔소리를 멈추게 만들기 위해서' 당신이 무엇을 한다면 그것은 매우 불만스러울 것이다. 그것을 배려와 기여와 관련된 당신의 가치에 따른 사랑의 행위로 실행한다면 훨씬 보상적이 될 수 있다. 이 행동이 어떻게 당신 파트너에게 도움이 될 수 있을지 생각해 보라. 그리고 이 행동이 그녀의 건강, 행복 그리고 활력에 어떻게 기여할 수 있을지 생각해 보라. 그런 다음 비록 그것이 눈에 가시처럼 고통을 줄 경우에도 배려의 행동으로서 그것을 기꺼이 선택하고 실행하라. 만약 당신이 그렇게 한다면 당신은 그것이 이를 악물고 그 행동을 완수하는 것보다 훨씬 더 많은 만족감을 준다는 것을 알게 될 것이다. 그러나 단순히 내가 그렇게 말했기 때문에 그럴 것이라 믿지 말라. 확인해 보고 자신의 경험을 믿으라.

부드러운 털을 가진 동물과 사나운 물고기

가장 가까운 당신의 관계에서 당신은 강아지에 가까운가, 아니면 상어에 가까운가? 이 질문은 호주 캔버라의 집단상담가인 토니 월러스(Tony Wallace)가 사용하였는데, 그는 내담자들이 자신들의 태도를 명확하게 하는 데 도움을 주기 위해 이 질문을 사용한다. 이를 잠깐 생각해 보자. 강아지와의 관계는 어떻게 이루어지나? 어린 강아지는 오직 한 가지에만 관심이 있다. 바로 당신이다! 그 강아지는 당신과만 있으려 하고 당신을 즐겁게 하려고 한다. 당신이 문을 열고 들어오는 순간, 강아지는 기뻐서 날뛴다. 뛰어오르고 꼬리를 흔들고 당신을 핥으려고 난리이다. 강아지는 당신과 보내는 것을 전혀 지루해하지 않으며 심술을 부리지도 않는다. 그리고 당신이 떠나면 항상 실망한다. 당신은 강아지를 무시할 수도 있고, 굶길 수도 있으며, 때릴 수도 있다. 그런다 해도 강아지는 당신과 단지 함께 있기를 바라고, '당신을 사랑하고' 당신을 즐겁게 하려 할 것이다. 강아지는 자기 자신의 요구에는 거의 혹은 아주 관심을 기울이지 않는다. 강아지는 모든 것을 주려고만 한다!

그렇다면 상어와의 관계는 어떨까? 아마도 매우 다를 것이다. 상어는 당신에게 전혀 관심이 없을 것이다. 상어는 오직 자신의 요구, 즉 음식에만 관심이 있다. 만약 당신이 상어를 잘 먹이면 당신을 내버려 두고 떠날 것이다. 그러나 당신이 먹이를 주지 않으면 당신이 아침 식사가 될 것이다. 상어와 관계를 맺는 시도는 당신에게는 시간만 낭비하는 셈이 될 것이다.

건강한 인간관계에서는 이 두 극단 사이의 균형이 필요하다. 만약 관계가 당신의 요구, 바람, 욕망을 포함하는 당신의 모든 것이 된다면, 당신의 파트너는 당신을 상어로 보게 될 것이다. 그는 항상 당신이 자신을 먹지 못하게 하기 위해 음식을 제공해야 하지만 당신으로부터 돌려받는 것은 아무것도 없을 것이다. 반면에, 만약 당신의 관계가 그를 즐겁게 만들기 위한 것이 전부라면 당신은 자신의 요구는 항상 무시해야 할 것이고, 따라서 자신이 무력한 강아지처럼 느껴지기 시작할 것이다. 그리고 그는 아주 큰 백상어처럼 보이기 시작할 것이다.

한쪽 파트너가 완벽하게 상어이고 다른 한쪽 파트너는 완벽하게 강아지인 경우는 드물다. 우리 모두는 이들 동물이 가진 모든 특징을 우리 안에 가지고 있다. 그러나 우리 대부분은 좋은 관계를 유지하기 위해 자신의 요구 그리고(and) 파트너의 요구 모두(both)를 존중하는 온정적이고 배려하는 인간이 됨으로써 더 나은 균형을 찾으려 노력한다.

당신의 관계 중에 당신이 마치 상어와 같이 구는 영역이 있는가? 그렇다면 당신은 잠깐은 당신의 요구에 맞는 것을 얻을 수 있을 것이다. 그러나 그것이 장기적으로는 당신의 관계에 어떤 영향을 줄 것 같은가? 당신은 당신 파트너의 감정을 배려하고 있고 그녀가 당신을 좋아하는지 아닌지에 관심이 있는가? 그렇다면 당신이 기꺼이 그대로 놔두어야만 할 것들은 무엇인가? 그리고 당신은 무엇을 기꺼이 받아들여야 하는가? 상어 양식(shark mode)에서 한 걸음 벗어나 당신은 당신의 파트너에 대한 배려, 받기보다는 주기, 친절함, 지지, 평등, 존중 등과 연관된 자신의 가치에 조율을 할 필요가 있다. 물론 이것은 강아지처럼 바뀌라는 말이 아니다. 단지 당신이 자신의 것에 관심을 가지듯 파트너의 건강, 성장 및 안녕에 적극적으로 관심을 가지라는 것이다.

그렇다면 당신의 관계 중 당신이 강아지 역할을 하는 영역은 어떤 영역인가? 그리고 이것은 길게 보면 어떤 대가를 치르게 하는가? 강아지 역할은 단기적으로는 당신에게 이득을 가져다줄 수 있다. 그것은 당신이 거절이나 버림받음 또는 상처받는 것에 대한 불안을 피하도록 도와줄 수 있다. 그것은 또한 당신이 갈등과 연관된 불안을 피하도록 도와줄 수도 있다. 그러나 그것은 건강이나 활력 면에서 아주 심한 대가를 요구한다. 그것은 당신으로 하여금 힘을 다 써 버린 느낌이나 짓밟힌 느낌 또는 분노에 가득 차거나 물기가 다 빠져 버린 느낌을 줄 것이다. 이 강아지 양식에서 빠져나오기 위해 당신은 자신을 존중하고, 자신을 키우며, 자신에게 진실해지고, 자신을 돌보는 것과 연관된 당신의 가치에 조율을 할 필요가 있다. 이것은 당신이 상어로 변해야 한다는 것을 말하는 것이 아니다. 단지 당신이 당신 파트너의 그것을 돌보듯 자신의 건강과 행복을 돌

269

봐야 한다는 것을 말하는 것이다.

당신의 파트너가 원한다면

다음 훈련들은 당신과 당신 파트너 모두가 서로 자신이 원하는 것을 더 잘 부탁할 수 있도록 도와주게 고안되어 있다.

훈련: 부탁하기를 배우기

서로 번갈아 가며 각자가 파트너에게 어떻게 부탁할 수 있는지 표현해 본다. 어떤 단어, 동작, 얼굴 표정 및 목소리 톤이 당신으로 하여금 ① 예 또는 ② 아니요를 답하게 만들 가능성을 높이는가?

훈련: 당신 행동의 대가

당신의 행동 중에 어떤 것이 상어 같은 것인지, 아니면 강아지 같은 것인지 논의하라. 그러나 그 목적은 당신 파트너의 행동을 확인하기 위한 것이 아니라 당신 자신의 행동을 확인하고 논의하기 위한 것임을 명심하라. 그리고 그 때문에 장기적으로 당신이 치러야 하는 대가에 대해 이야기해 보라. 그리고 나서 이번에는 당신 파트너가 같은 식으로 해 보게 한다.

당신의 파트너가 이야기하는 동안 개방적이고 호기심에 가득 찬 태도를 가지고 마음챙김적으로 들으라. 그의 이야기를 중단시키거나 자신의 의견을 말하지 않도록 하라. 방어적이 되거나 비난적이 되지 않도록 하라. 그리고 논쟁을 시작하거나 반대를 하지도 말라. 이것을 당신 파트너의 세계를 배우고 그가 자기 자신을 어떻게 보고 있는지를 배울 수 있는 기회로 삼으라.

그리고 추가적인 단계로, 물론 이 역시 두 사람 다 온전하게 원해야 하지만, 당신의 파트너에게 당신에게 이에 대해 피드백을 줄 것을 부탁하라. 당신의 파트너가 자기평가에 동의하였는가, 아니면 거부하였는가? 이에 대해 주의를 기울이라. 만약 당신이 마음챙김적이 아니라면 그것이 바로 논쟁으로 바뀌어 버릴 수 있다.

LOVE가 당신이 필요한 모든 것이다- 정말 그런가

비틀스는 자신들의 노래 '당신이 필요한 모든 것은 사랑(All You Need is Love)'으로 엄청난 히트를 했다. 그렇다. 이것은 이론적으로는 아주 아름답다. 그러나 현실은 어떤가? 아마도 사랑은 당신이 그것을 어떻게 보는가에 달려 있을 것 같다. 그대로 놔두기, 개방하기, 가치 부여하기 그리고 전념하기의 LOVE는 심리적 유연성의 태도를 키워 주는 데 있어 무엇보다도 우선되는 것이다. 당신이 불편한 감정에 대해 공간을 더 만들수록, 도움이 되지 않는 생각을 그대로 놔줄수록, 심리적으로 현재에 머물수록, 그리고 당신의 가치에 따라 행동할수록 당신은 더 건강한 관계를 수립할 수 있다. 그러나 심리적 유연성만으로는 충분하지 않다. 당신은 의사소통, 협상, 문제 해결, 자기주장, 갈등 해결, 분노 관리 등과 연관해서 새로운 기술들을 더 배워야 할 수 있다. 이 주제들은 이 책의 범위를 넘어서는 것이다. 그래서 나는 매튜 맥케이(Matthew McKay), 패트릭 패닝

(Patrick Fanning)과 킴 페레그(Kim Paleg)가 쓴 『커플의 기술(Couple Skills)』이라는 책을 강력히 추천한다(이 책 끝 부분의 이용할 수 있는 자원과 추천도서를 보라). 이 책은 관계 상담에서 가장 흔히 가르쳐 주는 기술들을 단계별로 쉽게 배울 수 있게 안내하고 있다. 당신이 당신의 가치를 위해 새로운 기술을 배우거나 사용하기를 원한다면 필요한 과정이 바로 '가치 부여하기' 자체이다. 이런 경우 우리는 "그래! LOVE가 당신이 원하는 모든 것이야!"라고 이야기할 수 있다. 그러나 당신이 원하는 것과 당신이 얻을 수 있는 것은 다른 것이다. 우리는 종종 우리가 원하는 것을 항상 얻을 수는 없음을 받아들이기가 매우 어렵다는 것을 알게 된다.

272

17장

당신이 원하는 것을
항상 얻을 수는 없다

당신이 당신 파트너에게서 가장 원하는 것은 무엇인가? 정서, 이해, 친밀감, 존중, 인정인가? 더 좋은 섹스, 더 큰 지지, 더 큰 도움, 더 나은 사회적 생활, 또는 가족만의 시간을 더 갖는 것인가? 당신은 그에게 더 개방적이 되기를, 그의 감정을 공유하기를, 당신의 이야기를 더 주의 깊게 들어 주기를, 그리고 당신이 하루를 어떻게 보냈는지를 물어봐 주기를 원하는가? 그녀에게 더 냉정해지기를, 당신에게 더 친절해지기를, 그리고 더 자주 먼저 섹스를 요구하기를 바라는가?

당신이 무엇을 원하든 간에 현실은 당신이 그것을 얻거나 아니거나이다. 당신의 관계를 호전시키려면 LOVE를 연습하라. 그리고 당신이 원하는 것을 부드럽게 부탁해야 한다는 것을 기억하라. 그러면 당신이 원하는 것을 얻을 기회가 더 늘어날 것이다. 그러나 그것이 당신이 원하는 것을 항상 얻을 수는 없다는 인생의 기본 원칙을 바꾸지는 못할 것이다.

감정을 다루기: 사용할 수 있는 몇몇 전략

당신은 당신이 원하는 것과 얻을 수 있는 것 사이의 간극이 클수록 더 큰 상처를 입게 된다. 그 차이가 작으면 당신은 실망감, 좌절감, 불안, 불안정감, 거절감 등을 가질 수 있다. 그 차이가 크면 당신은 화, 분노, 질투심, 슬픈 감정, 후회감 등을 가질 수 있다. 아주 큰 차이일 때는 격노, 비통, 절망, 공황 등을 느낄 수 있다.

당신은 이런 감정을 숨길 수 없을 것이다. 이것은 정상적인 사람의 반응이다. 그러나 그것이 나타났을 때 당신이 자동항법에 머물러 있게 되면 당신은 모든 종류의 자기패배적 행동을 하게 될 것이다. 따라서 이런 감정이 나타나면 닻을 내리고 다음 중 하나 이상의 전략을 사용하라.

- 현재에 머물러 깊게 호흡하고 당신의 마음에서 빠져나와 당신 몸으로 들어간다.
- 감정에 이름을 붙이고, 그에 마음을 열어 공간을 만든다.
- 당신의 마음이 당신에게 무어라 하는지 알아차리고 그 이야기에 이름을 붙인다.

- 당신의 발을 바닥에 단단히 붙이고, 주위를 천천히 돌아보고 는 당신이 어디에 있고 무엇을 하고 있는지 살펴본다.
- 당신 자신에게 "나는 지금 화가 많이 나 있어. 그러나 나는 그 감정을 위해 공간을 만들어 줄 수 있어. 호흡을 하고 현재에 머무르자. 나는 감정을 조절할 수는 없어. 그렇지만 행동은 조절할 수 있어. 내가 지금 정말로 원하는 것은 무엇이지?"라고 구체적으로 말하라.

이때 조심해야 할 것이 하나 있다. 당신의 마음이 실제보다 그 간극을 더 크게 만들 수 있다는 것이다. 예를 들어, 마음은 당신에게 그것을 부탁할 필요가 없다고 이야기할 수도 있고 그렇게 힘들 이유가 없다고 이야기할 수도 있다. 또 다른 사람들의 파트너는 당신의 파트너처럼 그렇게 이기적이지 않다고 이야기하거나 그가 당신을 진짜로 사랑하고 있다면 당신이 무엇을 원하건 그것을 해야만 한다고 이야기할 수도 있다. 요구나 욕망이 채워지지 않을 때 당신은 실망과 좌절을 피할 수 없을 것이다. 그러나 만약 당신이 분노, 절망, 공황 혹은 비통을 경험하고 있다면 이런 강한 감정은 흔히 당신이 도움 되지 않은 이야기의 덫에 빠져 버린 신호일 가능성이 높다. 만약 그렇다면 당신은 무엇을 해야 할지 알 것이다. 한 걸음 물러나서 당신의 마음이 당신에게 무엇을 이야기하는지 알아차리라. 간극이 존재함을 인정하는 동시에 당신의 마음이 그것을 더 크게 만들지는 않는지 살펴보라. 당신의 마음은 도움 되지 않는 어떤 이야기를 하고 있는가? 당신은 그 이야기에 이름을 붙이고 그것을 그

275

대로 놔둘 수 있는가?

마음챙김은 간극을 없애는 것이 아니다. 당신의 반응을 변화시킬 수 있도록 돕는 것이다. 융합은 당신을 간극으로 끌여들어 그것에 매달리게 만들고, 당신의 모든 생각과 감정의 덫에 빠져 그것에 짓눌리도록 만든다. 마음챙김은 당신이 이 간극에서 한 걸음 빠져나와 그것을 인정하고 그것을 위한 공간을 만들 수 있도록 도와준다. 간극 안에서 당신은 꼼짝 못하고 사로잡혀 있지만, 간극 밖에서는 자유롭게 움직일 수 있다. 따라서 당신은 그대로 놔두기와 개방하기를 연습할 수 있다. 그러고 나서 다음과 같은 질문을 당신 자신에게 하라.

276

- 이 욕구를 만족시켜 줄 수 있는 다른 방법은 없나?
- 만약 나의 파트너가 그럴 수 없거나 그러기를 원치 않는다면 나는 이 욕구를 스스로 어떻게 만족시킬 수 있을까?
- 나는 가족이나 친구와 같은 다른 관계를 통해 이 욕구를 만족시킬 수 있을까?

행동 전략: 앨리스와 짐

앨리스는 짐과 좀 더 활기찬 대화를 원했다. 그러나 짐은 아주 좋을 때라도 말주변이 별로 없는 편이었다. 그의 대화 기술은 그녀와는 비교가 되지 않을 정도이고, 게다가 그의 주요 관심은 정치와 스포츠에 있는데 그녀는 이에는 전혀 관심이 없었다. 그에 대한 수년간의 판단하기와 비판하기 후에, 어떻게 하면 자신의 삶이 누군가와 더 나아질 수 있는가를 생각하는 데 셀 수 없는 시간을 보낸 후에, 그리고 자신의 조절 범위 밖의 것이 명백한 것에 대한 좌절과 분노 속에서 끝없이 허우적거린 후에야 앨리스는 결국 그대로 놔두기를 배울 수 있었다.

이제 그녀는 어떻게 해야 짐과 더 나은 대화를 할지 그리고 그가 만약 달라진다면 자신의 삶이 얼마나 나아질 수 있을지에 대한 전혀 도움 되지 않는 모든 이야기를 그대로 놔둘 수 있게 되었다. 그녀는 짐을 친구 남편과 비교하는 것이 자신의 불만만 더 키운다는 것을 깨닫고 그것에 대해 그대로 놔두려 한다. 이것은 그녀의 마음이 판단하기, 비교하기 그리고 비판하기를 그만두었다는 것이 아니다. 단지 그녀가 이런 이야기들을 가볍게 잡는 법을 배웠고 그것에 낚였을 때 알아차려서 자기 자신을 풀어 놓을 수 있게 되었다는 것 의미한다. 그녀는 아직도 때때로 좌절하기도 하고 실망하기도 한다. 그러나 그녀는 이런 감정이 자신을 조절하게 놔두는 대신에 그에 대해 마음을 열고 공간을 만들 수 있는 법을 배웠다.

동시에 그녀는 자기 자신의 욕구를 무시하거나 소홀히 하지 않는다. 그녀는 활기찬 대화에 대한 욕망을 인정하고 그것을 다른 곳에서 충족할 수 있도록 노력한다. 그녀는 말하기를 좋아하는 많은 친구가 있기 때문에 그들과 더 많은 시간을 보내기로 마음을 먹었다. 이것은 짐이 아주 대화를 잘하는 사람이 되어야 한다는 것에 맞추어져 있지 않기 때문에 짐과의 관계에서 오는 쓸데없이 많은 긴장을 전부 없앨 수 있게 해 준다.

17장 당신이 원하는 것을 항상 얻을 수는 없다

현실은 당신의 파트너가 당신의 모든 욕구를 다 만족시켜 줄 수는 없다는 것이다. 그것을 만족시키기 위해 노력하는 것 자체가 문제가 되지는 않는다. 그러나 그 결과에 대해서는 마음챙김적이 되어야만 한다. 만약 당신이 자신의 문제를 너무 꽉 잡고 있게 되면 당신이 원하는 것을 얻기 위한 시도가 당신에게 좋기보다는 해가 될 수 있다. 문제에 대한 당신의 해결책은 당신이 그렇게 되었을 때 그것을 깨닫고 그대로 놔두는 것이다. 물론 그러기 위해서는 필연적으로 시행착오가 필요하고, 아마도 당신이 잘 못하게 되는 경우도 아주 많을 것이다. 그래서 꾸준히 시도하는 것이 중요하다. 가능한 한 최선의 균형을 찾으라. 강아지나 동네북이 되지 말라. 그렇게 되면 어떠한 활기도 느낄 수 없을 것이다. 그렇다고 해서 상어나 파괴용 무기가 되지도 말라. 그것은 당신의 관계를 틀림없이 무너뜨리는 길이 될 것이다. 그러니 중용을 지키라.

278

가치 대 욕구

간극이 커질 때 종종 도움이 되는 것이 하나 있는데, 그것은 당신이 파트너로서 당신의 핵심 가치로 다시 돌아오는 것이다. 즉, 되도록 빨리 그것을 되찾는 것이다. 가치는 당신이 이 행성에서 살아가는 동안 당신이 무엇을 하길 원하는지, 또 무엇을 위해 살고 싶은지에 대해 당신의 가슴 저 깊은 데서 느껴지는 욕망이다. 거기에는 '옳은' 혹은 '틀린' 가치와 같은 것은 없다. 그러나 몇 가지 예를 들면, 온정, 배려, 연결, 기여, 협동, 정직 및 존중과 같이 일반적으로 관계를 번창하게 해 주는 가치는 있다. 그러나 가치는 원하는 행동이며 진행 중인 행동을 통해 얻기를 원하는 특질(quality)이라는 것을 기억하라. 그것은 당신이 **행동하기**(do) 원하는 것과 그것을 지속적으로 **실행하는**(doing) 것에 대한 것이다.

'존중'이 당신에게 정말로 중요하다고 가정해 보자. 그리고 당신 자신에게 "이와 연관해서 나는 무엇을 하고 싶은 거지?"라고 물어보라. 여기에 몇 가지 가능성이 있다.

- 다른 사람들을 존중하는 태도로 대한다.
- 다른 사람들에게 당신을 존중하는 태도로 대해 달라고 부탁한다.
- 그들이 당신을 존중하는 태도로 대할 때 고마움을 표시한다.
- 존중이 중요하다고 생각하는 사람들과 관계를 맺는다.
- 그들이 당신을 존중하지 않는 태도로 대할 때 그들과 이야기하거나 상호작용하는 것을 거부한다.
- 존중의 중요성에 대해 이야기한다.

당신은 여기서 무엇인가를 알아차릴 수 있다. 당신은 이 가치와 연관된 것은 무엇이든 언제나 그것을 행동으로 옮길 수 있다는 것이다. 당신은 당신이 실제로 존중받든 아니든 상관없이 이 가치를 행동으로 옮길 수가 있다.

가치와 욕구는 매우 다르다. 가치가 당신이 무엇을 하기를 원하

279

는가와 연관된 것이라면, 욕구는 당신이 무엇을 얻기를 원하는가와 연관된 것이다. 여기에 존중과 연관된 몇몇 욕구가 있다.

- 나는 나의 파트너가 나를 존중하는 태도로 대해 주길 바란다.
- 나는 나의 파트너가 나의 바람을 존중해 주기를 바란다.
- 나는 나의 파트너가 나의 의견을 존중해 주기를 바란다.

이 모두가 당신의 조절 영역 밖에 있다는 것을 인식하라. 당신의 파트너로 하여금 그냥 이런 것을 하게 만들 수 있는 방법은 없다. 당신은 그에게 부드럽게 부탁할 수도 있고, 공격적으로 부탁할 수도 있다. 아니면 냉소적으로 부탁할 수도 있다. 당신은 그녀에게 소리를 지를 수도 있고, 애걸을 할 수도 있다. 아니면 그녀를 학대할 수도 있다. 또 당신은 그에게 이혼을 가지고 위협할 수도 있다. 아니, 실제로 그녀와 이혼을 할 수도 있다. 그러나 당신은 결코 당신의 파트너로 하여금 당신이 원하는 것을 하게끔 만들 수는 없을 것이다.

이것이 우리 모두가 직면하고 있는 현실이다. 우리는 우리가 하는 것만을 조절할 수 있을 뿐 우리가 얻을 수 있는 것에 대해서는 조절할 수 없다. 다만 우리의 욕구를 만족시킬 수 있는 확률을 높일 수는 있는데, 이는 오직 부드럽게 부탁하는 것과 같이 우리가 조절할 수 있는 것을 함으로써 이루어질 수 있다.

우리는 우리가 할 수 있는 것만 조절할 수 있기 때문에 나는 자주 나의 내담자들에게 다음과 같은 네 단계 계획을 권한다.

① 당신의 요구를 만족시키는 데 효과가 있는 다양한 전략을 시도해 보라(그리고 효과가 없는 방법은 사용하지 말라).

② 만약 당신이 생각할 수 있는 모든 효과적인 전략을 다 시도해 보았는데도 당신의 욕구가 충족되지 않고 있다면 머무를 것인지 혹은 떠날 것인지를 선택할 필요가 있다(다시 3장을 봐야 할 수도 있다).

③ 만약 머무르기로 마음먹었다면 당신이 할 수 있는 최선의 선택은 수용을 연습하는 것이고, 그것을 최대한 활용해서 당신의 가치에 따라 삶을 풍요롭게 만들라.

④ 가장 나쁜 선택은 머무르기로 했는데 현실을 받아들이기를 거부하는 경우이다. 그것을 최대한 활용해서 당신의 가치에 따른 삶을 사는 대신, 당신은 자신의 시간과 에너지를 걱정하기, 생각하기, 과거를 되돌아보기, 싸우기, 불평하기, 비판하기, 잘못된 것에 집착하기, 약물 및 알코올 사용하기, 과식과 같은 것에 소모하게 될 것이다.

281

행동 전략: 안토니오와 마리아

안토니오와 마리아는 중년의 커플로 성인이 된 세 자식을 두고 있다. 마리아는 적어도 일주일에 한 번은 잠자리를 가지길 원했다. 그러나 안토니오는 한 달에 한 번 그러기를 원했다. 마리아는 그를 비판하기도 하고, 그에게 애원도 하였다. 공격하거나 옷을 섹시하게 입기도 하였고, 직접적으로 잠자리를 요구하기도 하였다.

그에게 '남자로서의 의무'를 생각해 보라고 요구하기도 하였으며, 그에게 자기 친구들의 성생활에 대해 말도 해 보았고, 그들의 남편들과 비교도 하였다. 그리고 자신이 사랑받지 않는 것처럼 느껴진다고 말도 하였으며, 그에게 자기 자신을 '진짜 여성처럼 느낄 수 있게' 만들어 달라고 부탁도 하였다. 그녀는 수년간 그렇게 하였으나 소득이 없었다. 실제로는 마리아의 압박이 더 가해질수록 안토니오는 잠자리에 대한 흥미를 더 잃게 되어 그 횟수가 점점 더 줄게 되었다.

잠자리를 갖는 것에 깔려 있는 마리아의 가치를 살펴보면, 거기에는 다음과 같은 것들이 포함된다.

- 성적인 즐거움을 만드는 것
- 관능적인 신체적 경험을 만드는 것
- 깊은 수준에서 연결되는 것

이 모두가 가치이지 욕구가 아니라는 점에 주목하라. 모두 하는 것과 연관되어 있지 얻는 것과 연관되어 있지 않다.

다음 단계는 협력해서 아이디어를 짜내는 회기이다. 우리는 마리아가 섹스에 대한 채워지지 않은 욕구에 초점을 맞추기보다는 이런 가치를 실행할 수 있는 가능한 많은 방법을 최선을 다해 생각해 내었다. 여기에 우리가 떠올린 몇 가지 생각이 있다.

- 성적인 즐거움을 만드는 것: 마리아는 안토니오 없이 자위행

위를 통해서 그녀 스스로 성적인 즐거움을 만들 수 있다는 것을 알게 되었다. 실제로 많은 여성이 섹스보다 자위행위를 통해서 오르가슴을 더 느낄 수 있다고 보고한다(Hite, 1976).

- 관능적인 신체적 경험을 만드는 것: 마리아는 이 또한 마사지, 온천욕, 얼굴 마사지 등을 통해 스스로 해결할 수 있음을 깨닫게 되었다.
- 깊은 수준에서 연결되는 것: 마리아는 섹스가 개입되지 않으면서 깊게 연결될 수 있는 모든 종류의 방법을 떠올렸다. 그녀는 일기 쓰기, 명상, 요가 혹은 마음챙김적 호흡하기를 통해 자기 자신과 깊게 연결할 수 있었다. 그녀는 친구들이나 친척들과 친밀하고 가까운 관계를 만듦으로써 깊은 수준에서의 연결감을 만들 수 있었다. 그리고 안토니오와도 성이 관계되지 않는 많은 방식으로 깊게 연결될 수 있었는데, 거기에는 손을 잡는 것부터 꼭 껴안고 의미 있게 마음을 나누는 대화를 하는 것까지 여러 가지가 있었다.

283

일단 아이디어 짜내기 회기가 끝나자, 우리는 마리아가 섹스를 가지지 않아도 성과 연관된 그녀의 가치를 행동화할 수 있는 모든 방법을 정리하였다. 그녀의 첫 반응은 그렇게 긍정적이 아니었다. 다음은 그 당시 대화가 어떻게 이루어졌는지를 보여 준다.

마리아: (항의하면서) 그래요. 내가 할 수 있는 것들이 수없이 많이 있네요. 그러나 그것이 섹스를 하는 것과 같은 것은 아니

지요!

치료자: 물론입니다. 그것은 잠자리를 갖는 것은 전혀 아니지요. 둘 사이에는 아주 커다란 차이가 있다는 것을 인정하도록 합시다. 그러니까 당신이 원하는 것과 당신이 얻을 수 있는 것 사이에 말입니다. 만약 누군가가 당신과 같은 상황에 대해 감정을 느낀다면 무엇이 정상적인 감정이겠습니까?

마리아: 아마도 제가 생각하기엔 좌절감이겠지요.

치료자: 그렇습니다. 좌절감, 실망감, 슬픔, 화남 등의 감정이 바로 그런 감정입니다. 아마도 당신은 거절감이나 외로움까지도 느낄 수 있겠지요. 이런 감정은 모두 정상적인 것입니다. 그것은 우리가 원하는 것과 얻을 수 있는 것 사이에 차이가 있을 때 우리 모두가 느끼는 감정입니다. 그렇다면 우리는 이런 감정이 나타나거나 느껴질 때 무엇을 해야 할까요? 우리는 그 감정에 빠져서 그것과 싸우고 그것이 우리를 마치 꼭두각시 인형처럼 갖고 놀도록 놔두어야 하나요? 아니면 그것을 위한 공간을 만들어서 있는 그대로 놔두고, 우리의 가치에 맞춘 삶에 초점을 맞추고, 지금-여기에 있어야 하는 건가요? 어떤 것이 더 효과적일까요? 어떤 것이 당신에게 더 나은 삶을 가져다줄 수 있을까요?

284

나는 마리아가 효과가 있는 행동이 자주 불편함을 가져온다는 요점을 빨리 파악해서 기뻤다. 마리아와 같이 당신이 특정한 욕구와 연관된 당신의 문제를 그대로 놔둘 수 있을 때, 당신이 그것에 대해 좋은 기분을 느끼기는 쉽지 않다. 특히 적어도 단기적으로는 더욱 그렇다. 당신은 아마도 이런 불쾌한 감정이나 생각을 위한 공간을 만들어야 할 필요가 있을 것이다. 그리고 당신의 마음은 당신에게 "이건 공평하지 않아. 왜 그는 이런 걸 좋아하지? 만약 이렇게만 한다면…… 왜 내가 이렇게 해야만 하지……?"와 같이 도움 되지 않는 많은 이야기를 할 것이다. 당신은 이런 생각이 끊임없이 쏟아져 나오는 것을 막을 수가 없다. 당신이 할 수 있는 선택은 당신이 그것을 꽉 붙잡을 것인가 말 것인가이다. 단단히 붙잡을수록 그것은 즉각적으로 스모그로 바뀔 것이다. 그것을 그대로 놔두면 스모그는 빠르게 사라질 것이다.

마침 마리아가 일단 잠자리에 대한 욕구를 기꺼이 그대로 놔두기로 하자 문제는 극적으로 호전되었다. 안토니오에 대한 압박이 없어지자 그는 더 적극적으로 협조하게 되었다. 마리아가 그에게 잠자리에 대한 압박을 주지 않자 그는 친밀하고 관능적인 경험에 대해 매우 개방적이 되었다. 그래서 그들은 마사지하기, 꼭 껴안기, 입맞추기와 같은 행동을 더 하기 시작하였다. 마리아는 그들이 꼭 껴안기, 입맞추기 그리고 잠자리에 대한 이야기를 하는 것만으로도 서로 깊게 연결될 수 있다는 것을 알게 되어 놀라고 기뻤다. 그들은 만약 마리아가 많이 흥분되면 안토니오와 잠자리를 갖는 대신에 자위행위를 할 수 있도록 상의하였다. (그리고 그들은 주위로부터 들어서 굳어진, 별로 도움 되지 않는 이에 대한 몇몇 이야기로부터 둘 다 탈융합되어야만 했다.)

285

마법의 지팡이는 없다

당신은 여기에서 마법의 지팡이는 없다는 것을 보았을 것이다. 그러나 만약 당신이 기꺼이 당신의 욕구로부터 한 걸음 물러나고 당신의 가치를 보려 한다면 당신도 많은 경우에 효과가 있는 해결책을 발견할 수 있을 것이다. 물론 이것이 항상 쉬운 것은 아니다. 오히려 대부분의 경우에는 매우 어렵다. 당신이 원하는 것과 얻을 수 있는 것 사이의 간극이 크면 클수록 수용하는 것이 더 힘들다. 이것은 특히 당신의 파트너가 당신을 배신하거나 상처를 줄 때 더욱 그렇다. 그래서 우리는 이어지는 장들에서 배신, 신뢰, 분노, 용서 등의 문제를 살려 보려 한다. 그러나 그러기 전에 우리는 당신의 요구를 만족시키는 데 있어 또 다른 중요한 요소를 살펴보아야 한다. 그것은 당신의 관계에 아주 큰 영향을 줄 뿐만 아니라 당신 자신의 안녕감이나 충족감에 영향을 주는 어떤 것, 당신에게 눈을 뜰 것을 요구하는 어떤 것이다.

286

18장

당신의 눈을 뜨라

어린아이: (음식 접시를 밀어내면서) 나는 이게 싫어.

어머니: (화가 나서) 아프리카에는 일 년 내내 먹을 음식이 없어
굶는 불쌍한 아이들이 수없이 많단다!

어린아이: 그러면 이걸 그들에게 주면 되잖아요!

당신은 어머니와 이와 같은 경험을 한 적이 있는가? 나는 그렇다. 아이들은 종종 감사할 줄 모른다. 그렇다고 어른들이 더 나은 것도 아니다. 우리는 우리가 향유하고 있는 것에 대해 얼마나 자주 감사하는가? 우리는 당연하다고 느끼고 있는 것이 너무 많다. 몇 년 전, 내 친구 중 하나가 목에 암이 걸렸다. 암은 치료되었지만 방사선치료 때문에 그의 침샘이 다 망가져서, 입 안을 적시도록 침을

만들기 위해 그는 하루 종일 껌을 씹어야만 한다. 당신은 자신의 침에 대해 감사해 본 적이 있는가? 침은 당신의 입 안을 적혀 주고, 당신의 음식을 부드럽게 만들어 주고, 당신이 먹은 것을 소화가 잘되게 도와준다. 그러나 당신은 대부분의 시간에 그것의 존재를 인식하기 어려웠을 것이다. 그리고 지금도 당신의 입이 마를 때만 그것의 존재를 알아차릴 수 있을 것이다!

당신은 또한 당신의 면역 체계에 대해 감사해 본 적이 있는가? 하루 종일 그것은 당신이 적절하게 생활하고 건강하게 유지될 수 있도록 모든 형태와 크기의 바이러스를 죽이려 전력을 다하고 있다. 그런데 우리는 그것을 너무나 당연한 것으로 여긴다. 그렇지 않은가? 우리가 바이러스로 인해 병에 걸리기 전에 말이다. 만약 병에 걸리면 그제서야 불쾌하지만 자각을 하게 된다. 그제서야 우리가 항상 지니고 있던 것이 얼마나 좋은 것이었는가를 깨닫게 된다. 그리고 우리가 다 낫게 되었을 때 얼마나 기분이 좋은가? 하루나 이틀 정도는 우리의 건강과 안녕에 대해 진심으로 고마워할 것이다. 그러나 너무나도 빨리 우리는 다시 그것을 당연한 것으로 여기게 된다.

이런 일은 실질적으로 우리 삶의 모든 면에서 일어난다. 우리는 우리의 손이 다치기 전까지는 그것을 너무 당연한 것으로 받아들인다. 안경을 쓰기 전까지는 우리의 눈을 너무 당연한 것으로 받아들이고, 말을 더듬기 전까지는 우리의 기억을 너무 당연한 것으로 받아들인다. 우리는 그것이 우리 삶의 질에 얼마나 이바지하고 있는지에 대해 감사하지 않는다. 손과 눈 그리고 기억이 없다면 우리는 어떨 것 같은가? 우리는 눈이 멀거나 사지를 잃은 사람을 만나거나 치매에 걸린 친척을 방문하기도 한다. 이때 우리는 우리가 가진 것에 대해 감사하지만 그것이 그리 오래가지 않는다.

몇 주 전에 나는 강둑을 따라 걸었다. 이때 나는 "이전에는 항상 이보다는 빨리 걸을 수 있었는데. 지금은 무릎이 좋지 않고 허리도 아파서 그렇게 하지를 못하네. 이제 마흔두 살밖에 안 됐는데 벌써 이렇다니!"라는 나이가 들어 가는 것에 대한 이야기에 사로잡혀 있었다. 지팡이를 짚고 걷고 있는 노인이 있었는데 그가 나를 부르고 나서야 그가 있다는 것을 알아차릴 수 있었다. 그는 웃으면서 소리쳤다. "나도 당신처럼 빨리 걸을 수 있었으면 좋으련만!" 그 말이 말 그대로 나를 그 자리에 멈춰 서게 만들었다. 나는 만족스러운 미소를 지으면서 나의 다리가 42년 동안 이 지구를 그렇게 차고 다녔음에도 어떻게 이렇게 나를 잘 끌고 다니는가에 감탄하면서 그전과는 다른 마음으로 길을 걸었다.

그렇다면 이것이 관계와는 어떤 관련이 있을까? 아마도 모든 것과 관련 있을 것이다! 당신이 무시당하거나 퇴짜당하거나 당연하게 여겨질 때, 당신은 어떻게 느껴지는가? 우리 모두의 속마음은 비슷하다. 우리 모두는 자신이 인정받기를 원하고 우리가 준 것에 대해 감사받고 싶어 한다. 다른 사람들이 고마움을 표시할 때 우리는 자신이 가치 있다고 느끼게 되고, 우리의 노력을 인정받았다고 느끼게 되고, 그래서 우리가 다른 사람과 다르다고 느끼게 된다. 그러나 만약 다른 사람들이 감사를 표하지 않으면 우리는 아마도 예민함과 실망부터 외로움과 슬픔까지의 모든 감정을 느끼게 될 것

♥

289

이고, 우리가 한 것이 다른 사람들에게 아무런 의미가 없는 것처럼 느껴질 것이다.

'감사하다'의 appreciate는 라틴어로 '~에' 혹은 '~까지(to)'를 의미하는 ad와 '상이나 소중함(prize)' 혹은 '가치(value)'를 의미하는 pretium이 합쳐진 것으로, '어떤 것을 소중히 여기거나 가치를 부여하다'를 의미한다. 의심할 여지없이 우리는 감사받는 것을 좋아한다. 우리의 파트너가 우리에게 가치를 부여하거나 소중하게 여긴다면 얼마나 대단한 일이겠는가! 우리의 파트너도 분명히 같은 느낌을 받을 것이다. 그러니 만약 당신이 파트너에게 감사함을 더 표현한다면 당신 생각에 무슨 일이 일어날 것 같은가? 당신들의 관계가 좋아질 것 같은가, 아니면 나빠질 것 같은가? (이에 대해 심사숙고하면서 마치 당신이 당신 마음이 이야기를 만들어 내는 과정을 알아차릴 수 있는 것처럼 생각해 보라. 마음이 당신에게 "그는 내가 하는 것을 너무 당연하다고 여겨. 내가 이제까지 한 건 오직 주는 것뿐이야. 그녀는 결코 만족하지 않을 거야. 나는 ~할 필요가 없었어."와 같이 이야기하지 않는가? 이런 것이 당신이 꼭 잡아야 할 도움 되는 이야기인가?)

감사는 마음챙김의 진짜 핵심이다. 우리가 자동항법하에 있을 때는 우리가 가지고 있는 것을 인식하지 못한다. 어떤 놀랄 만한 새로운 경험이 우리 눈에 띄지 않는 한, 우리는 우리를 둘러싸고 있는 세상에 주의를 거의 기울이지 않는다. 그러나 우리가 열린 태도와 호기심을 가지고 이 순간을 알아차리려 노력할 때, 우리는 우리가 정말로 얼마나 많은 것을 가지고 있는지를 바로 깨닫게 된다. 우리가 스스로 가진 것에 대해 감사하는 마음을 가질 때, 우리는 풍요로

움과 충만함을 느끼게 된다. 그렇게 하지 못하거나, 무엇이 부족한지 또는 무엇이 충분하지 않는지에 대한 이야기에 사로잡혀 있게 되면, 우리는 부족함과 불만족을 느끼게 된다. 심리적인 스모그 안에 갇혀 있게 되면, 우리는 그 뒤에 있는 놀라운 경관의 계곡을 볼 수 없게 되는 것이다.

"잠깐 멈춰서 장미 향기를 맡아 보세요." "만사에 감사하라."와 같은 유명한 말들은 이런 진리를 가르쳐 준다. 그러나 우리는 이런 말을 너무 자주 들어 이제 그것이 너무 진부하고 신선하지 않게 들린다. 어떤 감동적인 말도 결코 실제 경험을 대신할 수는 없다. 그러니 말은 그만하자. 대신에 간단한 몇몇 마음챙김 훈련을 실행해 보자. 그리고 이것을 우리가 가지고 있는 것에 대해 진심으로 인정하고 고마워할 수 있는 기회로 이용하자.

291

마음챙김적 감사하기

다음의 훈련은 우리가 흔히 당연하다고 여기는 모든 것에 대해 당신이 감사하는 마음을 키우는 데 도움을 줄 수 있게 마련된 것이다. 경험을 즐기면서 천천히 실행하라. 만약 당신이 서둘러서 다음 장으로 넘어간다면 당신은 요점을 놓쳐 버리는 것이다.

훈련: 듣기에 대한 마음챙김

우선 지침을 전부 읽으라. 그런 다음에 책을 내려놓고 훈련을 실행하라.

1분간 당신이 들을 수 있는 모든 것에 집중하라. 모든 방향으로 '들을 수 있는 당신의 능력을 극대화하라.' 가장 멀리서 들리는 소리에 집중하라. 그리고 당신이 숨쉬는 소리, 당신의 옷이 스치면서 나는 소리와 같이 자신의 몸에서 오는 소리를 알아차리라. 당신이 알아차린 소리가 무엇이든 간에 그 소리를 당신이 이전에 전혀 들어 본 적이 없는 것처럼 들으라. 그 소리의 크기, 음색, 주기, 진동, 음질 등을 알아차리라.

1분간 마음챙김적으로 들은 후에 당신이 들을 수 있음에 감사하는 시간을 가지라. 듣는 것은 당신의 삶에 얼마나 이바지하고 있는가?

훈련: 숨쉬기에 대한 마음챙김

우선 지침을 전부 읽으라. 그런 다음에 책을 내려놓고 훈련을 실행하라.

1분간 당신의 숨쉬기에 집중하라. 당신의 폐를 비우고 그것이 스스로 다시 찰 수 있도록 허용하라. 공기가 들어오고 나감에 집중하라. 숨쉬기의 행동을 당신이 처음 경험해 보는 어떤 것처럼 관찰하라. 당신의 콧구멍, 목, 어깨, 가슴 및 배에 무엇이 일어나는지 알아차리라.

1분간 마음챙김적으로 숨을 쉰 후에 당신이 숨 쉴 수 있음에 감사하는 시간을 가지라. 숨쉬는 것은 당신의 삶에 얼마나 이바지하고 있는가?

훈련: 맛보기에 대한 마음챙김

우선 지침을 전부 읽으라. 그런 다음에 책을 내려놓고 훈련을 실행하라.

땅콩이나 건포도, 초콜릿 한 조각 혹은 쌀과자 반쪽과 같은 작은 크기의 음식을 선택한다. 눈을 감고 그 음식을 당신의 입에 넣는다. 음식을 씹지 말고 당신의 혀 위에 잠깐 동안 놓아두라. 당신의 입에서 침이 나오는 것을 알아차리라. 음식을 가능한 한 천천히 씹는다. 그러면서 음식의 작은 조각 하나하나의 맛과 질감에 집중해서 느끼라. 이 음식을 당신이 처음 맛보는 것처럼 풍미를 관찰하라. 당신이 굶었을 때처럼 그것을 맛보라.

이제 당신의 혀와 입에 대해 감사하는 시간을 가지라. 먹고, 씹고, 맛볼 수 있는 것은 당신의 삶에 얼마나 이바지하고 있는가?

훈련: 무대 위의 쇼

이제 당신이 멋진 쇼 무대의 관객석 첫 줄에 앉아 있다고 상상해 보라. 무대 위에는 당신이 보고, 듣고, 냄새 맡고, 맛보고, 만지고, 생각할 수 있는 모든 것이 있다. 이제까지 우리는 쇼의 아주 일부만 봐 왔다. 그래서 더 볼 것이 아주 많이 남아 있다. 이제 앞의 훈련과 같은 방식을 따라서 쇼의 다른 부분들에 대해 잠깐 동안 알아차리라.

- 당신은 손으로 무엇을 하고 있는가?
- 당신은 피부를 통해 어떤 감각을 느낄 수 있는가?
- 당신은 무슨 생각을 하고 있는가?
- 당신은 몸에서 어떤 것을 느끼는가?

각 경우에서 그것이 당신의 삶에 기여하는 것에 대해 감사하는 시간을 가지라. 계속 읽어 나가기 전에 이것을 지금 실행하라.

293

그렇다면 어떻게 하는 것이 좋을까? 당신은 항상 놀라운 무대의 한가운데 있다. 그 무대는 보는 것, 소리, 냄새, 맛, 감촉, 생각 및 감정으로 구성되어 있다. 당신이 이 쇼를 볼 수 있다는 것이 아주 놀랄 만한 일이 아닌가? 당신의 눈과 귀, 팔, 다리 그리고 입과 뇌가 함께 작동해서 이 쇼를 지속해서 펼쳐지게 하고 바꾸어 나가게 한다는 것이 놀랍지 않은가? 불교 스님이며 노벨 평화상 후보자인 틱낫한은 『마음챙김의 기적(The Miracle of Mindfulness)』이라는 자신의 책에서 "진짜 기적은 물위를 걷거나 보이지 않게 걷는 것이 아니라 지구 위를 걷는다는 것이다. 우리는 매일 기적 안에 있는데 단지 그것을 알지 못하고 있을 뿐이다. 푸른 하늘과 하얀 구름, 초록빛 잎사귀, 아이의 검고 호기심에 찬 눈동자 그리고 우리 자신의 눈동자, 이 모든 것이 기적인 것이다."라고 쓰고 있다.

감사의 예술

때때로 감사함은 자연스럽게 온다. 당신이 배고플 때 누군가가 당신에게 음식을 줄 때, 당신이 추운데 온풍기를 켤 때, 누군가가 당신의 부탁을 들어주었을 때, 정말로 맛있는 포도주나 초콜릿 조각을 맛보았을 때, 이런 순간에는 감사함이 자발적으로 일어나게 된다. 그러나 대부분의 경우 우리의 마음은 우리를 살살 달래어 단절 상태로 들어가게 만든다. 그래서 우리는 삶이라는 굉장하고 끊임없이 변화하는 쇼에 대해 감사하지 못한다. 우리의 마음은 '거기에 있으라! 저것을 하라! 영화를 보라! 책을 읽으라!'는 구호를 새긴 티셔츠를 만들어 낸다. 그러고는 티셔츠를 머리 위까지 끌어올려 아무것도 보지 못하게 만들고 놓고는 그대로 놔둬 버린다.

마음챙김은 당신이 새로운 눈으로 세상을 볼 수 있도록 이 티셔츠를 벗기는 것과 같다. 만약 당신이 마음챙김을 당신의 파트너에 대한 감사를 키우기 위해 사용한다면 당신 둘 다 이득을 볼 것이다. 파트너가 당신의 삶에 이바지하고 있는 길을 더 많이 알아차릴수록 당신은 본인의 관계에서 더 많은 만족감을 얻을 것이다. 당신의 파트너가 더 많이 감사함을 느낄수록, 그는 그것을 당신에게 더 많은 따뜻함과 친절함으로 돌려줄 가능성이 높다.

많은 사람이 갈등과 긴장의 시기에 그들의 파트너와 헤어지는 것에 대한 환상을 가지게 된다. 그리고 그것이 실제로 일어나게 되면 아주 일부에게는 환영할 만한 일이 될 수 있다. 그러나 많은 경우 그것은 엄청난 충격이다. 헤어진다는 것은 상상했던 것 이상으로 훨씬 더 많은 스트레스를 준다. 이혼 직전에 홀로 사는 것을 직면하면 그제서야 그는 자신의 부인에 대해 감사하기 시작하고, 자신의 삶에서 그녀가 얼마나 많은 의미를 가지고 있었는가를 깨닫기 시작한다. 혹은 그녀는 자신의 남편에 대해 감사하기 시작하고, 그가 자신의 안녕과 삶에 얼마나 많이 이바지하고 있었는가를 깨닫기 시작한다. 왜 이렇게 우리의 파트너가 우리에게 무엇을 주었는지 깨닫기 전에 돌이킬 수 없는 지점까지 와 버리는 것일까? 답은 심리적 스모그이다. 당신이 당신 마음의 덫에 걸려서 다른 수많은 이야기에 사로잡히게 되면 바로 눈앞에 있는 것에 대해 감사할 수 없게 된다.

회계사인 조는 아내 클레어를 당연하다고 생각해 왔다. 그는 그녀가 직장 여성이 아닌 전업주부를 선택한 것에 대해 나쁘게 판단했다. 그러나 그녀가 암에 걸리게 되면서 모든 것이 바뀌었다. 클레어가 더 아프게 되면서 조가 아이들을 돌보는 일을 해야만 했고, 집안일과 빨래를 하고 저녁도 차려야 했다. 그렇게 되면서 조는 그동안 클레어가 자신과 가족을 위해 얼마나 많은 것을 해 왔는가에

295

대해 감사하기 시작했다. 그리고 그는 입맞춤, 대화, 친밀함, 우정, 지지, 동료애와 같이 그녀가 자신의 삶을 풍요롭게 만들어 준 수많은 것을 깨닫기 시작했다. 다행히도 클레어는 회복되었고, 그들의 관계는 이런 경험을 통해 더 강하게 성장할 수 있었다. 그러나 많은 이가 이렇게 운이 좋지는 않다. 나는 자신에게 한 번만 더 기회가 주어진다면 자신의 파트너에게 정말로 고마움을 표시하고 싶다는 내담자를 많이 만났다. "샘이 마르기 전까지는 우리는 물이 얼마나 소중한지를 알지 못한다."라는 오래된 영국 속담이 바로 이를 말해 준다.

메시지는 명료하다. 당신이 보려 하지 않는다면 당신은 보지 못할 것이다. 마음챙김은 당신의 눈을 크게 뜨게 해서 당신의 파트너를 더 명확하게 보도록 해 주고 그녀가 당신의 삶에 어떤 보탬이 되고 있는가를 알려 줄 것이다. 만약 당신이 운이 좋다면 당신의 마음은 당신에게 그렇게 하도록 상기시켜 줄 것이다. 그러나 당신의 마음은 그녀가 당신의 삶을 얼마나 방해하는가를 말할 가능성이 훨씬 높다. 어찌하였든 당신의 마음은 수년간 그렇게 해 왔다. 그래서 당신이 이 책을 읽는다고 해서 지금까지 해 오던 자신의 방식을 바꾸려 하지는 않을 것이다! 당신의 마음은 당신의 파트너가 '틀린' 행동을 하는 모든 것에 대해 끊임없이 이야기를 해댈 것이다. 그리고 만약 당신이 그 이야기들을 꽉 붙잡고 있으면 스모그가 금방 짙어져서 당신은 파트너를 보지 못하게 될 것이다. 당신은 해결 방법을 알고 있다. 이런 생각이 나타났을 때 그것을 알아차려서 인정하고 마치 집 밖의 차들이 지나다니듯 그것을 그냥 오고 가게 놔두는 것이다.

당신의 파트너에게 감사하기

다음은 당신의 파트너에게 감사하는 마음을 키우는 데 도움이
될 몇 가지 방법이다.

- 매일 당신의 파트너에게 (적어도) 세 가지 이상의 감사할 일을
  생각해 보라. 그것이 꼭 큰일일 필요는 없다. 아주 사소하거나
  작은 일일 수도 있다. 그것은 그가 미소 짓는 모습, 어떤 것을
  이야기하는 모습, 혹은 아침에 당신 곁에 있는 그의 몸에서 느
  껴지는 따듯함일 수 있다. 그것은 그녀가 걷는 모습, 당신의 뺨
  에 해 준 그녀의 입맞춤, 혹은 그녀가 웃는 소리일 수도 있다.
- 당신의 파트너가 당신의 삶에 무엇을 더해 주었는지 심사숙고
  해 보라. 만약 당신에게 떠오르는 생각이 없다면 다음 질문을
  자신에게 해 보라. "만약 나의 파트너가 임종을 맞고 있다면
  나는 그에게 어떤 것이 가장 고마웠다고 이야기할까? 만약 나
  의 파트너가 죽어 혼자 살게 된다면 무엇이 가장 힘들까?"
- 매일 당신의 파트너가 당신의 삶에 이바지한 것을 (적어도) 세
  가지 이상 생각해 보라. 다시 이야기하지만, 그것이 꼭 큰일일
  필요는 없고 아주 사소하거나 작은 일일 수도 있다. 그것은 그
  녀가 당신이 좋아하는 것의 물건 값 중 일부를 부담하기 위한
  돈을 벌기 위해 일을 나가는 것과 같은 단순한 것일 수 있다.

297

아니면 저녁 식사를 하면서 즐겁게 이야기할 누군가가 있는 것이라든가 당신이 혼자 있지 않을 때 더 안전함을 느끼는 것 등일 수 있다.

• 당신이 파트너를 처음 만났을 때로 돌아가서 생각해 보라. 그녀는 어떤 개인적인 특징과 장점을 가지고 있었는가? 그를 매력적으로 보이게 만들었던 말이나 행동은 무엇이었는가? 그런 장점과 특징은 십중팔구 지금도 그대로 있을 것이다. 단지 당신이 지금은 더 이상 그것을 알아차리지 못하고 있을 뿐인 것이다. 매일 당신 파트너의 개인적인 장점과 특징을 보여 주는 말과 행동을 (적어도) 세 가지 이상 생각해 보라.

• 매일 하루를 마칠 때 이 훈련을 통해 당신이 생각하거나 알아차린 것에 대해 그것이 무엇이든 당신의 일지나 작업지에 쓰라.

그냥 고마워하지만 말고 표현하라!

당신 파트너에게 감사하게 되면 그것은 당신의 충만감과 만족감을 더해 줄 것이다. 그렇다면 그녀의 무엇에 대해 그렇게 될까? 그녀는 당신이 감사해한다는 것을 어떻게 알게 될까? 물론 그녀는 당신 안에서 일어난 긍정적인 변화를 감지할 수 있다. 아마도 당신은 더 따뜻해지거나, 더 마음을 열거나, 더 수용적이 되거나, 더 다정해지거나, 아니면 덜 심술을 부리거나, 덜 예민하거나, 덜 판단적이거나, 덜 비판적이 되었을 수 있다. 그러나 그녀는 아마도 당신이 왜 그런지는 알지 못할 것이다. 그렇다면 그녀에게 이야기하는 것은 어떨까? 당신은 누군가가 당신이 이바지한 것에 대해 인정해 줄 때 기분이 얼마나 좋게 느껴지는지 잘 알고 있다. 그렇다면 당신에게 그렇게 해 주지 못할 이유가 없지 않는가? 여기에 몇 가지 예가 있다.

"나는 당신이 집안일을 해 주어서 정말로 감사해요."

"우리가 이렇게 살 수 있게 당신이 열심히 일해 주어서 고맙게 생각해요."

"나는 당신이 삶을 나와 함께해서 너무 기뻐요. 당신이 이렇게 내 곁에 있어 줘서 고마워요."

"당신이 침대에서 내 곁에 누워 있을 때 당신의 몸이 느껴지는 것을 나는 좋아해요."

"나는 당신이 나의 부모님과 잘 지내기 위해 노력해 주어서 정말로 감사해요. 그것이 당신에게 얼마나 힘든 일인지 잘 알아요."

"이 책을 읽을 수 있게 그리고 이 운동을 할 수 있게 시간을 내 주어서 고마워요. 나는 이게 당신 일이 아니라는 것을 잘 알아요. 그건 당신이 나를 위해 많은 노력을 기꺼이 해 주었다는 것을 의미하지요."

"나는 지난밤에 당신과 침대에서 꼭 껴안고 있을 때 정말로 좋았어요."

이런 감사의 말을 하는 것이 처음에는 당신에게 익숙하지 않을 수 있다. 그러나 그것은 당신이 할 수 있을 때까지 할 만한 가치가

299

있다. 그리고 당신이 말로 하지 않고도 감사를 표현할 수 있다는 점을 명심하라. 당신은 당신의 파트너를 두드려 줄 수도 있고, 껴안아 줄 수도 있으며, 입맞춤을 해 줄 수도 있다. 당신은 그녀를 위해 음식을 준비할 수도 있고, 꽃을 사다 줄 수도 있으며, 차를 한잔 타 줄 수도 있다. 말, 물론 중요하다. 말은 많은 사람에게 많은 것을 전해 줄 수 있다. 그러니 단지 당신이 당황스럽거나 불편하다고 해서 말을 사용하기를 주저해서는 안 된다.

다른 문제: 만약 당신의 파트너가 이런 종류의 문제에 대해 당신에게 이야기하기 시작한다면 꼭 긍정적인 반응을 보이라. 당신의 마음은 당신에게 "그가 말하는 것은 진심이 아니야." 혹은 "그가 그렇게 이야기하는 것은 단지 책에서 그것을 읽어서 그냥 따라 하는 것뿐이야." 와 같이 이야기할 수 있다. 그러면 그냥 그 이야기를 그대로 놔주라. 엘리노어와 똑같은 잘못을 저지르지 않도록 하라. 롭이 그녀에게 자신이 얼마나 그녀에게 고마워하는지를 말하기 시작했을 때 그녀는 철저히 그를 깎아내렸다. 그녀는 "당신 이야기는 너무 믿기지 않게 들리네요. 진심으로 말해 봐요."라고 이야기하였다. 그러나 롭은 정말로 진심이었다. 그의 목소리는 그가 부끄러워했기 때문에 이상하게 들렸을 수 있다. 그는 새롭게 이야기하는 법을 배우고 있는 중이었고 그것이 불편하게 느껴졌다. 그러나 그가 하는 모든 말은 진심이었다. 당연하게도, 엘리노어가 이런 식으로 몇 번 깎아내리고 나자 롭은 더 이상 그런 시도를 하지 않았다. 이 이야기가 주는 교훈은? 만약 당신의 파트너가 당신에게 감사하는 노력을 한다면 당신은 그의 노력에 대해 꼭 감사해야 한다는 것이다.

당신의 파트너에게 감사를 표현하는 것은 아주 큰 도움이 될 수 있다. 그것은 당신 둘을 더 가깝게 만들어 줄 뿐만 아니라 당신이 그녀의 행동에 긍정적으로 영향을 주도록 만들어 주기도 한다. 어떻게 그럴 수 있나? 흔히들 아는 '당근과 채찍'의 원칙을 통해서이다.

당근과 채찍

당신은 당근을 좋아하는가? 개인적으로 나는 그렇게 좋아하지 않는다. 그래서 내가 당나귀가 아닌가 보다. 당나귀는 당근을 매우 좋아한다. 만약 당신이 당나귀를 키우고 있다면 당나귀가 당신의 무거운 짐을 나르게 하고 싶을 것이다. 이럴 때 당나귀를 힘나게 하는 가장 간단한 방법 중 하나는 코앞에 당근을 대롱대롱 매달아 놓는 것이다. 또 다른 방법은 채찍으로 때리는 것이다. 두 방법 다 당나귀를 움직이게 만들 수 있다. 그러나 만약 당신이 항상 채찍만 사용한다면 시간이 흘러 당신의 당나귀는 우울하고 지쳐서 힘을 내지 못할 것이다. 그러나 만약 당신이 당나귀를 당근으로 힘을 받게 하였다면 시간이 흐르면서 당신은 행복하고 건강한 동반자를 얻게 될 것이다.

동기 면에서 인간은 당나귀와 별반 다르지 않다. 당신은 당신이 한 일이 옳다고 알려 주거나, 당신이 발전하고 있다고 이야기해 주거나, 당신이 노력한 것에 대해 칭찬해 주는 코치나 선생님, 조언자 혹은 부모님을 가진 적이 있는가? 아니면 당신이 무언가 잘못 했을 때, 당신이 부족할 때 그것을 지적만 하는 사람을 가진 적이 있는

301

가? 이 둘을 비교해 보면 어땠는가?

불행하게도, 우리의 파트너에게 동기를 부여하려는 노력을 할 때 우리는 당근보다는 채찍을 더 많이 쓰는 경향이 있다. 채찍은 판단하기, 비판하기 및 비난하기에서부터 소리 지르기, 위협하기 및 철퇴하기에 이르기까지 다양한 양상으로 나타난다. 이들 접근 중 어떤 것도 효과가 없다. 그것이 어떤 경우에 잠깐은 당신의 파트너를 움직이게 할지 몰라도 길게 보면 당신의 관계를 호전시켜 주지 못할 것이다.

잘했을 때 그것을 잡으라

302

당신의 관계에 얼마나 많은 갈등이 있는가와 상관없이 분명히 당신의 파트너가 한 행동 중 당신이 좋아하는 행동이 있을 것이다. 그렇다면 당신이 그가 그런 행동을 할 때 알아차릴 수 있는지 살펴보라. 그가 당신이 좋아하는 행동을 할 때마다 그것을 알아차리고 인정해 주고, 당신이 그것을 고마워하고 있다는 것을 그가 알게 하라. 이런 행동을 규칙적으로 하면 파트너의 그 행동도 더욱 증가할 것이다. 왜? 인간은 자신이 관심을 갖고 있는 다른 사람들이 그냥 알아차려 주고, 인정해 주고, 고마워해 주길 좋아하기 때문이다. 그래서 이런 일이 더 일어날 수 있는 일이라면 그것이 무엇이든 더 하려는 경향이 있다.

많은 사람이 이런 생각에 대해 부정적으로 반응한다. 그것이 순리에 맞지 않는 깃처럼 느껴지기 때문이다. 이는 많은 부분 우리의 양육 방식에 기인한다. 우리 대부분은 어릴 때 우리가 부모가 원하는 것을 했을 때만 보상을 받고 자랐다. 그리고 만약 우리가 엄마나 아빠가 좋아하는 것을 하지 않았다면 아마도 벌을 받았을 것이다. 우리 학교 또한 같은 체계로 움직였다. 그래서 당신의 파트너가 당신이 정확히 원하는 것을 하지 않았을 때 오히려 보상을 해 준다는 생각은 무언가 이상한 것이다. 그러나 이것은 충분한 과학적 근거가 있는 것이다.

수십 년간 행동과학자들은 동물들의 행동에 어떻게 영향을 줄 수 있는가에 대해 연구하였다. 연구 결과들은 쥐에서부터 원숭이 그리고 인간에 이르기까지 서로 다른 종을 넘어서 광범위하게 일관되었다. 동물의 행동을 변화시키는 데 있어 가장 효과적인 방법은 벌보다 상을 다섯 배 더 주는 것이다. 다른 말로 하면, 만약 당신이 당신 파트너의 행동에 긍정적인 영향을 주기를 원한다면 그녀를 비판하기보다는 다섯 배 더 칭찬을 해 줄 필요가 있다. 그렇다. 당신은 제대로 읽을 필요가 있다. 비판보다 칭찬을 다섯 배 더 하는 것이다. 이것이 터무니없이 느껴지는가? 제드에게는 그렇게 느껴졌다.

303

이본과 제드의 '애완동물 논쟁(pet argument, 즉 즐겨 싸우는 문제)'는 집안일에 대한 것이었다. 제드는 집을 아주 깨끗이 정리해 놓는 것을 좋아했다. 이본은 적당히 깨끗한 것을 좋아했고 제드의 아주 높은 기준을 공유하기 원치 않았다. 그녀는 책을 보다가 식탁 위에 놓고 나가거나, 거실에 신발을 벗어 놓거나, 의자에 겉옷을 걸쳐 놓거나, 설거지통에 그릇을 씻지 않은 채로 두거나 하는 경향이 있었다. 이건 이본의 행동이 정말로 제드를 화나게 하였다. "왜 당신은 무엇을 하고 스스로 정리하지 않는 거야?" 그는 화가 난 목소리로 묻곤 하였다. "그건 그렇게 힘든 일이 아니잖아. 왜 당신은 이 모든 것을 그냥 이곳저곳에 내버려 두고 다니지?"

"나는 그런 것들이 보이지 않아." 이본이 항의했다.

"그건 그렇게 힘든 일이 아니잖아." 제드가 덤벼들었다. "눈을 제대로 뜨고 다니라고." 제드는 직장에서 집에 돌아오면 자주 집 안 이곳저곳을 돌아다니면서 이본이 얼마나 게으른지에 대해 불평하며 그녀가 흘리고 다닌 것들을 치우곤 하였다. 그는 그렇게 '게으른 부인' 이야기의 덫에 걸려서 이본이 도와준(did) 많은 것에 대해 감사하는 것을 잊고 있었다. 만약 이본이 그녀의 신발을 열 번 중에 여덟 번 제자리에 벗어 두었다면, 제드는 그녀가 그렇게 하지 않은 두 번만 기억하고 있었다. 만약 그녀가 일주일에 두 번 이상 저녁을 먹고 설거지를 하였다면, 제드는 그녀가 그렇게 하지 않은 5일만을 기억하고 있었다. 이본이 가끔 청소기를 돌려 카펫을 청소하여도 제드는 그냥 '이제 손가락을 까딱할 때가 되었나 보군!'하고 생각했다. 제드의 전략은 다음 두 가지 주요 이유에서 아주 효과적이지 못하다.

① 그는 이본이 하지 못한 것에 끊임없이 초점을 둠으로써 그 자신의 좌절과 불만족을 키워 갔다.

② 이본으로 하여금 집안일을 더 하게 할 수 있는 가장 효과적인 방법은 그녀가 집안일을 한 모든 때를 알아차려서 그가 그에

대해 얼마나 고마워하는지 말해 주는 것이다. 이것이 그녀로
하여금 자신이 인정받는다는 느낌을 받게 만들 것이고, 그러
면 그녀가 앞으로 집안일을 하는 데 동기를 부여해 줄 것이다.

우리가 이것을 이야기했을 때 제드의 기분은 어땠을 것 같은가?
좋지 않았다.

> 제드: 그러나 제가 이 모든 일을 다 해야만 하잖아요! 그녀는 그
> 냥 하던 대로 하면 되는 거고요. 전 여자가 남자보다 깨끗
> 해야 한다고 생각하는데요.
>
> 치료자: 네, 그것이 일반적입니다. 당신은 여기서 '~해야만 한다'
> 를 알아차릴 수 있었나요? 당신에게 물어보겠는데, 당신이
> '이본은 더 깨끗해야만 해.'라는 생각에 단단히 붙잡혀 있을
> 때 당신 관계에는 어떤 일이 일어났나요?
>
> 제드: 더 나빠졌습니다.
>
> 치료자: 설명하자면 이렇습니다. 당신의 마음은 당신에게 끊임없
> 이 '이본은 더 깨끗해야만 해.'라고 이야기하거나 비슷한 이
> 야기를 할 것입니다. 그렇지요? 제가 말하고자 하는 것은
> 당신의 마음이 당신에게 이런 종류의 이야기를 얼마나 오
> 랫동안 해 왔느냐입니다.
>
> 제드: 제 기억에는 우리가 만나고 나서부터였습니다.
>
> 치료자: 그렇군요. 그렇다면 당신의 마음이 조만간 이야기하기를
> 그만둘 가능성은 크지 않군요, 그렇지요?

305

제드: 네, 그것이 사실이니까요. 그녀는 더 깨끗해져야만 합니다.

치료자: 그래요. 아마 모든 사람이 당신 의견에 동의할 것입니다. 그러나 문제는 그것이 이 상황을 좋게 만들어 주는 데는 아무런 효과가 없다는 것입니다. 그 생각이 나타났을 때 그에 사로잡히는 것이 도움이 되나요? 그 생각에 머무르는 것이 도움이 되나요? 그 생각이 당신이 그녀를 어떻게 대하고 있는지 알아차리게 하는 데 도움이 됩니까?

제드: 아니요.

치료자: 좋습니다. 그렇다면 그 이야기가 나타났을 때 그것에 이름을 붙이고 그것을 그대로 놔줄 수 있겠습니까?

제드: 아마도 그럴 수 있을 것 같습니다.

치료자: 자, 이것은 퀴즈 쇼가 아닙니다. 그래서 아마도와 같은 것은 없습니다. 이것은 아주 단순한 질문입니다. '그 이야기가 옳은가 아닌가에 상관없이 당신은 그 이야기를 기꺼이 그대로 놔줄 의향이 있는가?' 하는 것입니다.

제드: 저는 '네'라고 이야기하고 싶습니다. 그러나 솔직히 제가 그렇게 할 수 없을 것처럼 느껴집니다.

치료자: 그러니 당신의 경험을 점검해 보도록 하지요. 당신은 10여 년 동안 그 이야기의 덫에 잡혀 왔습니다. 그것은 당신에게 행복을 가져다주거나 당신 둘이 더 가까워지도록 해 주었습니까?

제드: 아니요.

치료자: 어떤 방식이라도 좋으니 이본의 행동이 바뀌었습니까?

제드: 아니요.

치료자: 그렇다면 그 생각을 계속 잡고 있는 것이 당신에게 도움
     이 되나요?

제드: 아니라는 생각이 듭니다. 그러나 그냥 그것을 그대로 놔두
     기가 생각처럼 쉽지 않습니다.

치료자: 그렇습니다. 정말로 쉽지 않지요. 그렇게 한다는 것은 매
     우 어려운 일입니다. 그러나 질문은 '과연 당신이 노력할 만
     한 가치가 있느냐?'인 것이지요.

제드: 아마도 당신이 그렇게 말씀하신다면 '네'입니다.

그대로 놔두기는 제드에게 매우 어려운 일임이 드러났다. 다음
몇 주 동안 그가 이본을 비판하고 싶고 그녀가 하지 않은 모든 일
을 지적하고 싶은 경우가 수없이 많았다. 그러나 그는 닻을 내리
고 말을 하지 않았다. 그는 자신의 판단적인 사고에 이름 붙이는
연습을 하였고, 자신이 하루에 얼마나 많이 이런 생각을 가지고 있
는가를 알고는 매우 놀랐다. 그는 호흡하기를 연습해서 그의 좌
절에 대해 공간을 만들어 주었다. 그리고 정적 강화 기법(positive
reinforcement)을 사용하기 시작하였다. 만약 이본이 외투를 의자에
걸어 두는 대신에 옷걸이에 걸어 두면, 그는 "고마워요, 이본. 그렇
게 해 줘서 고마워요."라고 이야기하였다. 만약 그녀가 먹고 난 접
시를 식기세척기에 넣으면, 그는 "식기세척기를 돌려줘서 고마워
요."라고 이야기하였다. 그리고 그녀가 잠자리를 정리하면, 그는
"잠자리를 정리해 줘서 고마워요. 당신이 도와주니 내가 훨씬 편해

지네요."라고 이야기하였다.

    시간이 지나면서 이본의 정리 행동은 점차 늘어나기 시작했다. 왜? 무엇보다 그녀는 자신의 노력을 알아주고 인정해 주는 제드의 노력이 고마웠고, 그것이 그녀로 하여금 더 열심히 해 보자는 동기와 선의의 마음을 만들어 주었기 때문이다. 싸우는 시간과 긴장의 시간이 줄어들면서 그녀는 더 따듯하게 그리고 더 개방적으로 느꼈고, 그러니 자연스럽게 제드가 원하는 것에 더 관심을 가지게 되었다. 제드와 이본이 정리하는 것과 깨끗함에 대해 같은 기준을 가지는 것은 불가능해 보인다. 그러나 이제 그들은 좀 더 균형을 가지고 행동할 수 있게는 되었다. 이본은 전보다 더 정리하게 되었고, 제드는 전보다 더 받아들이게 되었다. 이것이 둘 모두를 위해 훨씬 효과적인 것이다. 그래서 다시 이야기하지만, 결코 완벽해지지 않을 것이다. 도대체 무엇이?

19장

까다로운 상황

질문: 움직이지 않는 물체에 피할 수 없는 힘이 가해진다면 어떤
일이 일어날까?

당신 마음이 웅웅거리고 있을 것이다. 그렇지 않은가? 나는 답을
모르지만 하나는 확실하다. 이런 일이 관계에서 일어나게 되면 두
파트너 모두가 고통받는다는 것이다. 여기에 이런 일이 흔히 일어
나게 되는 몇몇 각본이 있다.

- 한 파트너는 아이를 원하는데 다른 파트너는 그렇지 않다.
- 한 파트너는 외국에 나가 살기를 원하는데 다른 파트너는 그
  렇지 않다.

- 한 파트너는 결혼하기를 원하는데 다른 파트너는 그렇지 않다.
- 한 파트너는 자신의 아이들이 종교적으로 성장하기를 바라는데 다른 파트너는 그렇지 않다.
- 한 파트너는 자주 섹스하기를 원하는데 다른 파트너는 그렇지 않다.

이런 일들은 까다롭고, 복잡하며, 고통스럽고, 혼란스러운 상황으로 설사 답이 있다 하더라도 그렇게 간단치 않다. 위대한 극작가 조지 버나드 쇼(George Bernard Shaw)는 이와 관련해 "모든 복잡한 문제에는 단순하고 잘못된 해결책이 있다."라고 표현했다. 그러나 당신의 마음은 이런 생각을 좋아하지 않을 것이다. 마음은 일반적으로 어떻게 해서든 해결책을 찾으려고 시도한다. 분석하고 분석하고 또 분석하고, 생각하고 생각하고 또 생각한다. 그러나 당신의 마음이 성공할 확률은 높지 않다. 내 말을 그대로 믿지 말고 당신의 경험을 점검해 보라. 만약 당신이 현재 까다로운 상황에 놓여 있다면, '나는 이것을 해결하기 위해 얼마나 많은 시간을 사용하였는지? 내 마음 안에 머물러 있느라고, 즉 걱정하고, 조바심 내고, 심사숙고하고, 분석하고, 그 문제를 끌어안고 있느라 얼마나 많은 시간을 허비하였나? 그리고 그렇게 하는 것이 나의 관계에 어떤 효과를 가져왔지?'라고 생각해 보라. 슬픈 사실은 이런 딜레마에 빠져 있을 때 우리의 파트너는 이런 상황을 더 악화시키기만 하는 적으로 보이기 시작한다는 것이다.

힘들지만 현실은 '까다로운 상황에는 쉬운 답이 없다!'는 것이다.

당신은 이런 현실을 받아들일 수 있는가? 삶은 당신의 문간에 문제를 던져 놓았다. 당신은 그것을 기대하지도, 요청하지도, 원하지도 않았다. 그러나 문제는 여기에 놓여 있다. 그것은 삶이 가져온 것이다. 그것은 어렵고, 고통스러우며, 불공정하기까지 하다. 그러나 당신은 문제를 돌려보낼 수가 없다. 그렇다면 이런 현실에 대해 마음을 열어 받아들이고, 그에 수반되는 고통스러운 감정을 위해 마음의 공간을 만들 수 있겠는가? 그리고 당신의 고통을 긍정적으로 사용할 수 있겠는가? "뭐라고요?" "당신 미친 것 아니에요?"라고 당신은 물을 것이다. 그렇지 않다. 비록 그렇게 보일지는 몰라도. 고통이 가지는 가장 유용한 면 중에 하나는 그것이 당신이 온정이라고 불리는 어떤 것을 발전시키는 데 도움을 줄 수 있다는 것이다.

311

온정

'온정'의 compassion은 고대 라틴어로 '함께(together)'를 의미하는 com과 '견디다(bear)' 혹은 '고통(suffer)'을 의미하는 pati에서 유래되었다. 따라서 온정이라는 단어는 글자 그대로 '함께 고통을 느끼다'를 의미한다. 이 단어의 현대적인 사용은 좀 더 복합적인 의미를 포함한다. 온정은 친절함과 배려의 마음을 가지고 그리고 순수한 도움과 돌봄 혹은 지지에 대한 욕구를 가지고 다른 살아 있는 생명체의 고통을 알아차리고 주의를 기울이는 것을 포함한다.

대부분의 우리에게 온정은 극단적인 상황에서 자연스럽게 나타난다. 예를 들어, 우리는 우리가 에티오피아에서 어린아이들이 굶고 있는 것을 보거나 그에 대한 뉴스를 볼 때, 전쟁으로 폐허가 된 건물 잔해 속에서 죽은 아이의 시체를 끌어안고 울고 있는 어머니를 볼 때, 혹은 9·11 테러 생존자들이 자신의 눈앞에서 사랑하는 사람들이 뛰어내려 죽는 것과 같은 자신의 경험담을 공유할 때 우리는 온정을 느끼게 될 것이다. 더 직접적으로는 우리의 친구나 친척들이 죽음, 질병, 사고, 외상 혹은 이혼과 같은 인생의 커다란 위기를 마주하게 될 때 우리는 흔히 자발적으로 온정을 느끼게 된다.

그러나 일상적인 삶을 살다 보면 우리는 쉽게 우리 자신과 타인에 대한 온정을 잃어버린 채 살아간다. 이는 문제가 많다. 다른 사람들에 대한 온정이 없이는 우리 모두는 너무 쉽게 그들의 고통과 괴로움에 둔감해진다. 온정이 없이는 다른 사람들을 쉽게 판단하고, 그들을 깔보고, 업신여기며, 무시하고, 거부하며, 상처를 준다. 온정이 없으면 우리는 우리와 함께하는 인간을 실제의 사람으로 인정하기보다 마치 객관적 물체인 것처럼 무시하게 된다. 그렇다면 이것이 우리의 관계에 어떤 영향을 줄 것 같은가? 만약 당신이 인간을 객관적 물체로 취급한다면 무슨 일이 일어날 것 같은가? 당신이 당신 자신을 물체로 취급한다면 어떤 일이 일어날 것 같은가?

자기온정을 발전시키기

당신 자신에 대해 온정을 가지는 것은 당신이 다른 사람에게 온정을 가지는 것 못지않게 중요하다. 당신이 자신에 대한 온정을 발전시킬수록 다른 사람에 대한 온정을 가지는 것은 훨씬 쉬워진다. 그래야 모든 사람이 이기게 되는 것이다. 텍사스 대학교 심리학과 교수인 크리스틴 네프(Kristin Neff) 박사는 이 주제에 대해 집중적으로 연구하였다(Neff, 2003). 네프는 자기온정을 발전시키는 데는 친절함, 공통된 인간성 그리고 마음챙김의 세 가지 요소가 있다고 했다. 이들 각각에 대해 좀 더 자세히 살펴보자.

친절함

삶을 살아 나가면서 우리는 바보짓을 하거나 실수를 하게 된다. 우리는 도움이 되지 않은 믿음의 덫에 걸리게 된다. 우리가 얼마나 마음챙김 기술을 발전시켰는지에 상관없이 우리는 그것을 사용하는 것을 잊어버리게 되는 때가 많을 것이다. 우리는 자기파괴적인 방식으로 행동할 수 있고, 우리가 가장 사랑하는 바로 그 사람들에게 상처를 줄 수도 있다. 때때로 우리는 부적절함을 느끼거나, 멍청하고 바보 같고, 사랑스럽지 않고, 충분하지 않다고 느끼게 될 것이다. 그리고 당연히 이런 것이 우리에게 상처를 주게 된다.

그렇게 고통받는 동안에 당신을 무조건적으로 다 수용해 주는 어떤 사람과 닿을 수 있다면 얼마나 좋겠는가? 누군가가 당신을 모든 인간적인 약점과 결함 그리고 취약함을 가지고 있는 그대로의 당신으로 봐 주고 당신을 판단하거나 비난하거나 비판하지 않는다면 어떻겠는가? 누군가가 근본적으로 "이봐, 내가 여기에 있잖아. 내가 당신을 도울게. 당신이 고통스러워하는 것을 알 수 있어. 당신은 상처를 받고 있어. 당신이 원하는 것이 무엇이든 내가 여기에 당신을 위해 있잖아?"라고 말해 준다면 어떻겠는가? 자기온정은 당신 자신에게 수용과 따뜻함 그리고 이해를 가지고 접근하는 것을 의미한다. 그것은 아주 큰 친절함이 행동으로 옮겨지는 것을 의미한다.

공통된 인간성

혼히 당신이 고통받고 있을 때, 당신의 마음은 당신에게 당신이 고통을 받는 유일한 사람이고 당신 이외의 모든 사람은 당신보다 행복하다고 이야기한다. 그리고 다른 사람들은 당신처럼 고통을 느끼지 않으며 당신처럼 그렇게 많이 바보 같은 짓을 하거나 실패하지 않는다고 이야기한다. 그러나 만약 당신이 이 이야기를 너무 꽉 쥐고 있으면 그것은 당신의 고통을 더 심하게 만들 것이다. 만약 당신이 죄책감, 두려움, 부적절함, 외로움, 수치심 혹은 분노감을 갖고 있다면 이런 것이 모두 정상적인 인간적 반응이라는 것을 기억하는 것이 도움이 될 것이다. 이 세상 모든 곳에서, 현재 이 순간, 수많은 인간이 당신의 것과 같은 문제로 고통받고 있다.

실제는 모든 인간이 고통받는다는 것이다. 물론 저마다 정도는 다르겠지만. 전쟁으로 폐허가 된 제3세계에서 자란 가난에 찌든 아이들은 서구의 부유한 중산층의 도시에서 자란 아이들보다 고통을 받을 가능성이 높다. 그러나 이것이 말하려는 핵심은 아니다. 핵심은 당신이 인간임을 인식하라는 것이다. 모든 인간의 삶은 상실, 거절, 실패, 좌절 및 절망에 영향받게 된다. 모든 사람이 감정을 조절하지 못해 욱하게 되거나 나중에 후회할 행동을 하게 된다. 모든 사람이 바보 같은 짓을 하게 된다. 당신이 이 사실을 더 인식할 수 있고 자신의 인간성을 받아들일 수 있을수록, 당신은 자신을 더 부드럽게 그리고 친절하게 대할 것이다.

마음챙김

당신은 이미 마음챙김에 대해 많이 알고 있을 것이다. 그것을 더 많이 연습하기를 바란다. 우리가 고통스러운 감정에 대해 공간을 만들어 주고 처벌적이고 자기비판적인 이야기들에서 탈융합되는 것, 바로 이것이 친절함을 행동으로 옮기는 또 다른 방법이다.

자기온정을 위한 조언: 편안하게 지내라

여기에 자기온정을 발전시키기 위한 몇 가지 조언이 있다.

마음챙김적 호흡으로 시작하라 천천히 그리고 깊게 호흡하라.

상처가 가장 심하게 느껴지는 몸의 부위라면 어디든 호흡을 불어넣으라. 당신의 호흡이 그 고통을 향해 그리고 그 주위에 공기를 불어넣는다고 상상해 보라. 그 고통의 주위로 당신 자신을 열고 있는 것을 느껴 보라.

가장 고통스러운 곳에 손을 올려놓으라 그 손이 치유의 손이라고 상상해 보라. 당신을 돌보는 의사, 간호사 혹은 부모의 손이라고 상상해 보라. 그 손에서 당신의 몸으로 흐르는 따듯한 기운을 느껴 보라. 고통이 느껴지는 당신의 몸 부위가 부드러워진다고 상상해 보라. 그 고통을 마치 상처 입은 강아지나 울고 있는 아이한테 하듯 부드럽게 잡아 주라.

316

자신에게 친절하게 말하라 당신이 사랑하는 누군가가 당신과 똑같이 고통받고 있다고 생각해 보라. 당신이 얼마나 그를 걱정하고 있는지 알게 하려면 당신은 그에게 무어라 이야기해 줄 것인가? 당신 자신에게 그에게 가졌던 같은 배려와 걱정 그리고 친절함을 가지고 그 이야기를 해 주라.

당신이 인간임을 인정하라 만약 당신이 바보 같은 짓을 한 것 때문에 자신을 비난하고 있다면 "그래, 나는 인간이야. 이 지구의 다른 모든 사람처럼 나는 완벽하지 않아."라고 이야기해 주라.

당신의 호기심에 도움을 청하라 당신 자신에게 "이것이 나에게 인간이 된다는 것이 어떤 것인지에 대해 무엇을 가르쳐 주고 있나?" 혹은 "이것이 나에게 친구, 가족 혹은 고통받는 다른 모든 인간에 대해 어떤 통찰을 주고 있지?"라고 물어보라.

당신의 고통이 당신에게 이야기하는 바를 기억하라 이 고통은 당신에게 중요한 다음 세 가지 사실을 이야기해 주고 있다.

① 당신은 살아 있다: 이것은 긍정적인 신호이다.
② 당신은 인간이다: 이것은 인간이 고통스러울 때 느끼는 것이다.
③ 당신은 가슴을 가지고 있다: 만약 당신이 다른 것을 배려하지 않는다면 당신은 이런 고통스러운 감정을 느낄 이유가 없다.

자기온정은 이런 고통스러운 문제들을 해결해 주지는 못한다. 그러나 당신이 스트레스를 좀 더 잘 극복할 수 있도록 도와줄 것이다. 그러면 당신은 빠져나오는 것에 집중할 수 있다.

빠져나오기

이 장의 앞부분에서 언급한 것과 같은 곤란한 상황들에서 빠져나오는 것은 말하기는 쉬워도 실제로 하기는 쉽지 않다. 다음에 제시하는 것들을 '해결책'으로 받아들이지는 말라. 그것은 당신이 이런 어려운 문제에 대해 좀 더 효과적으로 반응할 수 있도록 도와주어서 당신의 고통 안에서도 활기참을 발견하게끔 해 줄 것이다.

LOVE를 데려오기

LOVE 처방—그대로 놔두기, 개방하기, 가치 부여하기, 전념하기—은 당신에게 어떻게 도움을 줄 수 있을까? 당신은 심리적 스모그 안에서 길을 잃었는가? 당신이 가볍게 잡아야 할 도움 되지 않는 이야기들은 어떤 것인가? 당신은 '나는 옳고 당신은 틀리다' '나쁜 파트너' '너무 힘들다' 혹은 '희망이 없다'와 같은 이야기들을 꽉 잡고 있지는 않는가? 당신은 마음을 열어 고통스러운 감정에 대해 공간을 만들 수 있는가? 당신은 당신이 이 까다로운 문제들을 헤쳐 나가고 있음에도 불구하고 당신의 가치에 따라 살아 나갈 수 있는가? 당신은 고통스러운 갈등에 사로잡혀 있음에도 당신의 삶과 관계에 온전하게 전념할 수 있는가?

318

당신의 가치와 연결하기

당신의 까다로운 문제가 무엇이든 간에 아마도 당신이 그에 대해 잠깐 동안 이야기해 볼 수 있는 시간은 있을 것이다. 그래서 그런 이야기를 한 결과 당신은 어떻게 행동하기를 원하는가? 당신은 마음을 열고, 정직하게, 온정을 가지고, 배려와 존중의 마음으로 행동하기를 원하는가, 아니면 증오와 속임수, 단절, 회피 및 모욕의 마음으로 행동하기를 원하는가? 만약 당신이 자신의 핵심 가치를 조율할 수 있다면 당신의 마음과 마음을 연결하는 이야기는 더 부드럽게 진행될 것이다. 당신의 파트너가 적으로 돌아서는 대신, 그녀는 당신이 원하는 대로는 아니어도 당신의 친구가 될 것이다.

온정을 확대시키기

당신과 당신 파트너에게 온정을 확대시키라. 지금 이 상황이 얼마나 힘든지 마음을 열고 인정하라. 서로서로 자신이 얼마나 상처받고 있는지 보여 주라. 당신은 파트너의 고통을 알아차릴 수 있겠는가? 그리고 그가 당신과 마찬가지로 상처받고 있다는 것을 알아주면서 그에게 친절한 마음으로 생각하고 행동할 수 있겠는가? 이전에 사랑에 빠졌을 때 당신은 아마도 이런 문제가 일어나리라고는 전혀 생각하지 못했을 것이다. 지금 당신 둘은 모두 현실적인 간극이라는 덫에 걸려 잔뜩 찌그러져서 숨쉬기도 어려울 정도이고 서로의 삶에 강한 압박을 가하고 있다. 당신 중 누구도 이것을 원하지 않는다. 당신 모두는 배려와 친절함을 필요로 하고 마땅히 그것을 받아야 한다.

319

모카신을 신어 보라(남의 입장에 서 보라)

"그의 모카신(mocassin: 노루 가죽으로 만든 구두-역자 주)을 신고 1마일을 걸어 보기 전에는(즉, 그 입장에 서 보기 전에는) 그 사람을 절대로 판단하지 말라."라는 미국 인디언의 유명한 속담이 있다. 고통스러운 딜레마에 빠졌을 때 심리적 스모그는 빠르게 두터워진다. 거기서 빠져나오는 한 가지 방법은 당신 파트너의 관점에서 모든 것을 의식적으로 보는 것이다. 이것은 당신이 그녀에게 동의해야 한다는 것이 아니라 단지 그녀가 왜 그렇게 되었는지를 이해하려 노력해 보라는 것이다. 만약 당신이 진정으로 그녀의 입장에 설 수 있다면, 당신은 그녀를 덜 가혹하게 판단할 수 있을 것이고 '나는 옳고 당신은 틀리다.'라는 생각을 좀 더 가볍게 잡을 수 있을 것이다. 이에 더해 당신이 그녀의 관점에서 문제들을 볼 수 있는 시간을 갖게 되면, 그녀는 자신이 가치 있게 여겨지고 존중받는다고 느낄 것이고, 이것은 좀 더 유익한 상호작용의 장을 제공해 줄 것이다. 이것은 모든 타협과 의사소통 수업에서 가르치는 기본 원칙이다. 『성공하는 사람들의 7가지 습관(The Seven Habits of Highly Effective People)』이라는 책의 저자인 스티븐 코비(Stephen Covey)는 이에 대해 "이해받으려면 먼저 이해하려 노력하라."라고 간단명료하게 정리하였다.

첫 번째 단계는 당신 파트너의 입장에 서 보는 것이다. 그가 두려워하는 것은 무엇인가? 어떤 생각과 추측이 그녀를 꽉 붙잡고 있는가? 이런 생각은 얼마나 오래되었는가? 언제 그것이 시작되었는가? 그가 바라는 미래는 무엇인가? 그녀는 당신이 원하는 대로 자신이 행동한다면 어떤 일이 일어날 것을 두려워하는가? 이것이 그녀에게는 왜 문제가 되는가?

두 번째 단계는 당신이 맞는지를 살펴보는 것이다. 당신은 "나는 이것을 당신의 관점에서 보려고 노력해 보았어요. 그래서 나는 내가 당신을 제대로 이해하고 있는지 당신이 이야기해 주었으면 해요. 당신이 원하는 것이 A, B, C이고 당신이 두려워하는 것은 D, E, F이지요. 내가 알고 있는 것이 맞나요?"와 같이 말할 수 있다.

세 번째 단계는 당신의 파트너가 당신이 그의 관점을 이해하고 있다고 느낄 때까지 이 대화를 계속하는 것이다. 이렇게 하는 것은 '나는 당신에게 관심을 가지고 있다. 그러니 내가 이해할 수 있도록 도와달라. 이 일을 적이 아닌 동반자로서 함께 해 나가도록 하자.' 라는 강력한 메시지를 전해 준다. 이것은 배려와 연결 모두를 행동으로 보여 주는 것이다. 그것이 상황을 변화시키는 데 필수적인 것은 아닐 수 있지만 지속적인 대화를 위한 더 나은 분위기를 만들어 주는 것은 사실이다.

쓰레기 더미에서 보물을 발견하기

가끔은 이기적이 되는 것이 좋을 때가 있다. 삶이 당신에게 쓰레기와 같은 무게를 잔뜩 안길 때 당신 자신에게 "이것이 나에게 무엇을 해 줄 수 있지?"라고 물어보라. 이것은 이상한 질문처럼 느껴질 수도 있겠지만 당신의 전체 삶을 바꿀 수 있는 힘을 가졌을 수도 있다. 만약 당신이 보려 한다면 당신은 쓰레기 더미에서 보물을 발견할 수 있을 것이다. 삶에 있어 모든 문제는 배우고 성장할 기회를 가져오고, 마음챙김, 수용, 그대로 놔두기, 지속하기, 인내하기와 같은 개인적인 힘을 키울 기회를 가져다준다. 우리는 이런 고통스러운 문제와 마주하기를 원치 않는다. 그러나 그것이 우리를 밀어붙일 때 우리는 그로부터 무엇인가 유용한 것을 찾아낼 수도 있다. 예를 들어, 우리는 자신의 고통을 온정을 발전시키는 데 이용할 수 있다. 이런 온정은 우리를 필요로 하는 다른 사람들을 위해 그곳에 있게 도와주고 우리를 그들과 연결될 수 있게 도와준다. ACT의 창시자 중 한 명인 켈리 윌슨(Kelly Wilson)은 당신의 고통이 다른 사람의 가슴에서 느껴지는 고통을 당신이 들을 수 있도록 해 주는 '감정적인 청진기'를 발전시켜 준다고 말하였다.

여자 코미디언 리타 러드너(Rita Rudner)는 "나는 결혼하는 것이 좋아요. 당신의 나머지 삶을 전부 부정하기를 원하는 아주 특별한 사람을 만난다는 것은 얼마나 대단한 일입니까."라고 말했다. 유머가 넘치면서도 신랄한 이 말은 '어떤 관계에서든 당신은 당신 파트너를 화나게 만들 수 있는 행동을 할 수 있고 또 그 반대도 그렇다. 당신 둘은 다른 가정환경에서 자란 다른 사람이다. 사고방식도, 행동방식도 다르다. 조금 이르고 늦고의 차이일 뿐 이 다른 점은 긴장과 갈등을 만들어 낼 수밖에 없다. 그러나 이것이 얼마나 힘든가에 상관없이 당신이 올바른 태도를 지녔다면 그로부터 분명히 얻을 수 있는 득도 있을 것이다.'와 같은 강력한 진실을 보여 준다. 모든 어려운 상황은 심리적 유연성을 키울 수 있는 기회이기도 하다. 그러므로 자신에게 다시 "이 과정을 통해 나는 어떻게 성장하거나 발전할 수 있을까?"라고 물어보라.

이와 관련해 윈스턴 처칠 경은 "비관주의자는 모든 기회를 어렵게 보지만, 낙관주의자는 모든 어려움을 기회로 생각한다."라고 말했다. 당신의 파트너를 함께 생활하는 개인적인 훈련가로 생각하

고, 당신이 삶을 살아가는 데 중요한 기술을 발전시키도록 그녀가
도와주는 대가로 거금을 지불하고 있다고 상상해 보자. 그녀의 방
식이 불편하기도 하고 때로는 당신을 미치게 할 수도 있다. 그러나
당신은 당신이 투자한 만큼의 결과를 얻기를 원할 것이다. 그러니
당신이 어떤 중요한 삶의 기술을 발전시키도록 그녀가 도울 수 있
게 하는 것이 좋겠는가? 마음챙김, 수용, 용서, 그대로 놔두기, 자기
주장, 온정 또는 참을성인가? 이런 태도의 변화가 당신이 쓰레기를
좋아하게 혹은 쓰레기를 원하게 만들어 주지는 않을 것이다. 그러
나 그것이 당신으로 하여금 쓰레기 더미에서 보물을 발견하게 도
와줄 것이다.

20장

크리스마스 휴전

제1차 세계대전 때인 1914년 겨울이었다. 독일군은 수개월 동안 영국-프랑스 연합군과 전쟁을 벌였다. 전쟁은 몇 달밖에 되지 않았으나 양측 다 이미 수십만 병사가 전사하였다. 당신은 벨기에의 플랑드르 지역 전쟁터에 있는 영국군이다. 당신은 춥고, 젖어 있으며, 배가 고프고, 완전히 지쳐 있다. 당신은 쥐가 득실거리는 진흙 참호 속에서 살아 있다. 당신은 집에서 멀리 떠나왔으며 죽음의 공포에 짓눌려 있다. 날이 점점 어두워지고 살이 에이도록 날씨가 차가워지면서 당신은 내일 모레가 크리스마스라는 사실이 믿어지지가 않는다. 갑자기 당신은 독일군 참호 위에 불꽃이 올라오는 것을 본다. 당신은 눈을 믿을 수가 없다. 그것은 초록 장식된 크리스마스 트리였다. 그리고 독일군이 크리스마스 캐럴을 부르고 있다. 당신은 노래 말은 전혀 알아들을 수 없었지만 그 곡조가 똑같다는 것을 깨달았다!

『고요한 밤: 제1차 세계대전 크리스마스 휴전 이야기(Silent Night: The Storg of the World War I Christmas Truce)』라는 그의 책에서 스탠리 와인트라우브(Stanley Weintraub)는 그다음에 어떤 일이 일어났는지 쓰고 있다. "몇몇 나무를 조준해서 쏘고 난 뒤에 영국군은 교전보다는 호기심이 더 커져서 무슨 일이 있는지 보고 듣기 위해 포복해서 앞으로 나아갔다. 그리고 잠시 시간이 흐른 후에 그들도 노래를 하기 시작했다. 그렇게 크리스마스 아침이 오자, 양군의 참호 사이에 있는 '중간 지역'은 서로 보급품과 선물을 나누고 노래를 부르며 (더 엄숙하게) 양군의 점령지 사이에 죽은 동료들을 묻어 주면서 마치 형제들처럼 서로 친하게 지내는 군인들로 넘쳐났다. 그리고 난 다음에는 함께 축구경기를 하기까지 했다."(Weintraub, 2001)

'크리스마스 휴전'은 아마도 인간 역사상 가장 놀라운 사건 중 하나일 것이다. 수개월 동안 잔인하게 서로를 죽이려고 전쟁을 벌여온 적군들이 자신들의 무기를 내려놓고 참호에서 나와 친구가 된 것이다. 그들은 노래를 부르고, 선물을 교환하고, 담배를 나누어 피고, 초콜릿 케이크와 코냑을 나누어 먹고, 빈 깡통을 가지고 얼어붙은 진흙땅 위에서 축구경기를 하였다. 슬프게도, 휴전은 며칠 가지 못했다. 그렇다고 해서 이 사건이 지닌 의미를 축소하지는 못한다. 이 사건은 잔인한 전쟁의 한가운데에서도 언제나 우리의 핵심 가치는 연결될 가능성이 있다는 것을 명백하게 보여 주는 것이었다.

화해하기

우리는 이 이야기에서 모든 것을 배울 수 있다. 때때로 우리는 파트너와의 갈등에 너무 빠져들어 그것에 마음을 다 뺏겨 버릴 때가 있다. 화와 분노 그리고 괴로움의 이빨로 잔뜩 무장하고 우리는 어떤 대가를 치르더라도 이기기 위해 전쟁에 뛰어든다. 아니면 우리는 참호 속에 숨어 공격할 틈만 노린다. 여기에 생명력은 없다. 단지 비참해지고, 외롭고, 지칠 뿐이다.

다행히 여기에 희망이 있다. 우리는 어느 때라도 휴전을 선언할 수 있다. 우리가 원하기만 한다면 싸움을 끝내고 파트너에게 손을 뻗을 수 있다. 우리는 이미 받은 상처를 회복하기 위한 노력을 할 수 있다. 우리가 그렇게 하려고 노력할수록 그것은 우리 모두에게 더 좋은 결과를 가져올 것이다. 우리가 싸움을 멈추고, 손을 내밀고, 회복시키고, 다시 연결하기 위해 노력하는 것은 매번 '나는 당신을 배려하고 있다!'라는 강력한 메시지를 가져다줄 것이다. 이것은 우리의 마음과 마음을 연결해 줄 것이고 우리에게 이 관계의 본질이 무엇인지를 다시 확인하게 해 줄 것이다.

327

직관적으로 알 수 있지만, 그것을 확고한 증거가 뒷받침한다는 것을 아는 것도 필요하다. 이 책의 앞부분에서 나는 존 고트먼이 한 광범위한 연구에 대해 언급한 바 있다. 그의 자료는 관계가 성장하도록 만드는 핵심 요소 중 하나가 잦은 '회복 시도'를 보내고 받는 능력이라는 것을 명백하게 보여 준다(Gottman & Silver, 1999). 그는

'회복 시도'를 통해 말이나 행동 혹은 제스처를 관계 회복을 위해 사용할 수 있다고 밝혔다. 고트먼의 연구는 커플이 많이 싸울지라도 만약 관계 회복을 잘하면 그들의 관계가 지속적으로 매우 건강할 수 있음을 보여 준다. 이는 특히 공정하게 싸우는 커플들에게 더욱 그렇다.

그러나 고트먼의 자료는 회복 시도를 보내는 것만이 아니라 받는 것도 중요하다는 것을 보여 준다. 만약 당신이 이런 회복의 언어와 제스처에 마음챙김적이 될 수 있다면, 그것을 알아차리고 그에 대해 감사한 마음을 가질 수 있다면, 당신과 당신 파트너는 결합되고 치유될 것이다. 그러나 파트너가 손을 내밀어도 당신이 그를 밀어내 버린다면, 마음의 문을 닫거나 계속 공격한다면, 혹은 그가 하고 있는 노력을 피하거나 일축해 버리거나 무시해 버린다면, 결합되고 치유되는 것은 불가능하게 될 것이다. 그리하여 상처는 더 깊어지고 곪기 시작할 것이다.

회복 시도를 보내는 데는 많은 방법이 있다. 여기에 당신이 생각해 볼 수 있는 몇 가지 방법을 소개한다.

당신이 고통스럽다는 것을 보여 주라 싸움을 끝내는 한 가지 방법은 그냥 당신의 갑옷을 벗어 당신이 상처받았다는 것을 보여 주는 것이다. 당신은 "아야." "나는 정말로 아파요." "골치가 점점 더 심해져요." "스트레스가 점점 더 심해져요." "두려움이 느껴져요." 혹은 "맞아서 멍이 드는 것처럼 느껴져요."라고 말할 수 있을 것이다.

전투 중지를 요청하라　간단한 전략은 직접 정전을 요청하는 것이다. 당신은 "우리 잠시 중단하고 쉴 수 없을까요?" "이것은 우리에게 아무런 도움이 되지 않는군요." "나는 이것을 감당할 수가 없어요. 나는 휴식이 필요해요." "잠깐 중단하는 것은 어떨까요?" "우리가 서로 동의하고 있지 않다는 것에 동의할 수는 없을까요?" "이제 그만 멈추고 껴안는 것은 어때요? 나는 지금 정말로 그렇게 하길 원해요."와 같이 말할 수 있다.

좀 더 나은 상황을 만들기를 요청하라　다른 선택은 싸움은 계속하되 싸우는 상황을 바꾸는 것이다. 예를 들어, "목소리 좀 낮추어 줄 수 있나요?" "이걸 이야기하는 것은 좋아요. 그러나 제발 소리 지르지는 말아요." "그것은 정당하게 느껴지지 않네요. 우리 좀 더 공정하게 싸울 수는 없을까요?" "이 문제에 집중하도록 하지요." "아무런 판단도 하지 말고 다시 이야기해 줄 수 있겠어요?"와 같이 말하는 것이다.

329

무의미하다는 것을 인정하라　당신은 싸우는 것이 아무런 도움이 되지 않는다는 것에 대해 이야기할 수 있다. 예를 들어, "이것은 무의미하네요. 그렇지 않나요? 우리에게는 아무런 도움이 되지 않는군요." "우리는 많은 시간과 노력을 소모하고 있네요, 그렇지 않나요?" "이 문제를 가지고 우리가 얼마나 오랫동안 싸웠지요?" "이것은 마치 줄다리기 같네요."와 같이 말하는 것이다.

유머를 사용하라　이 책에 제시되어 있는 많은 탈융합 기법이 약간의 유머와 함께 사용될 수 있다. 예를 들어, "애완동물 논쟁이 다시 목줄을 풀었네요." "내 생각에는 내 안의 상어가 이제 막 빠져나오려 하는 것 같아요." "우리 둘은 모두 '나는 옳고 당신은 틀리다' 이야기에 붙잡혀 있는 것 같아요." "나는 당신의 목을 조르길 원한다는 생각을 하고 있네요." 만약 당신과 당신 파트너가 15장에서 당신의 싸움 기술에 이름을 붙이는 훈련을 하였다면, 당신은 그에 대해 "내 생각에 당신은 사체를 발굴하려는 것 같네요." 혹은 "좋은 실버백 고릴라가 작동하기 시작했네요."라고 말할 수 있을 것이다.

상대방의 입장에 서 보라　바로 앞 장에서 언급했던 것처럼 당신은 다른 사람의 관점에서 그것을 보려는 협조적인 노력을 시도해 봄으로써 종종 상황을 호전시킬 수 있다. 당신은 "나는 당신이 왜 그런지 이해할 수 없어요. 그러니 내가 이해할 수 있게 도와줘요." "당신의 관점에서 이것을 볼 수 있는지 한번 봅시다."와 같이 말할 수 있다.

사과를 하라　우리가 '나는 옳고 당신은 틀리다' 이야기와 융합되어 있으면 미안하다고 이야기하는 것은 거의 불가능하다. 그렇기 때문에 사과를 하는 것은 매우 강력한 치유의 힘을 가질 수 있다. 다음은 당신이 사용할 수 있는 사과의 몇몇 예이다. "미안해요. 당신에게 상처를 주려고 한 것이 아니었어요." "미안해요. 나는 정말로 아주 바보 같은 짓을 했어요." "우리가 되감기를 지금 누르고 다시 시작해 볼 수는 없을까요?" "나는 이렇게 되길 원하지 않았어요. 혹시 내가 그것을 다르게 이야기해 볼 수 있도록 허용해 줄 수 있나요?" "다시 해 볼게요. 그럴 수 있을까요? 미안해요." "나는 그것이 당신에게 얼마나 상처를 주었는지 알 것 같아요. 용서해 줄 수 있나요? 제발 부탁해요." "내가 어떻게 하면 제대로 돌려놓을 수 있을까요?" "내가 화해하기 위해서 어떻게 하면 될까요?"

LOVE가 항상 최우선이다

회복 시도를 효과적으로 보내고 받기 위해서 당신은 마음챙김적이 될 필요가 있다. 만약 당신이 마음의 덫에 걸려 있거나 전속력으로 반응 양식에 따라 움직인다면 당신은 마음챙김적이 될 수 없을 것이다. 그래서 LOVE가 최우선이다. 닻을 내리라. 당신의 발을 대지에 대고 굳건히 서라. 천천히 호흡하라. 그리고 현재에 머무르라. 당신의 마음이 하는 이야기를 알아차리라. 당신의 감정에 호흡을 불어넣으라. 당신의 가치와 닿도록 노력하라. 이렇게 하는 데는 단 몇 초면 충분하다. 그것은 마치 영화를 보는 도중에 쉼 버튼을 누르는 것과 같다. 그렇게 해서 잠시 동안 싸움은 중단된다. 그 몇 초가 당신이 다르게 바꾸기 위해서 필요한 충분한 시간이다. 잠시 멈추어서 숨을 쉬고 현재에 머무르라. 그리고 가치에 따른 반응을 하면서 다시 이 시간에 좀 더 전념하라.

당신이 만약 받는 쪽에 있더라도 같은 원칙이 적용된다. 만약 당

331

신이 스모그 안에서 길을 잃고 있다면 당신은 파트너가 무엇을 하고 있는지를 볼 수 없을 것이다. 그녀는 백기를 흔들면서 지금 그곳에 있는데 당신은 그냥 계속 총을 쏴 대고 있는 것이다. 당신에게는 "그녀는 진심이 아니야." "이것은 단지 그녀가 내게 한번 해 보는 것일 거야." "거기서 이렇게 쉽게 빠져나갈 수 있을 것이라 생각하면 안 돼."와 같은 전혀 도움 되지 않는 마음이 떠드는 이야기를 그대로 놓을 필요가 있다. 그리고 만약 회복 시도가 아주 멀리서 점처럼 보인다 할지라도, 그것이 얼마나 희미하게 혹은 흐릿하게 나타나는가와는 상관없이 잠시 멈추어서 숨을 쉬고 그것을 알아차리라. 당신은 아마도 미소를 짓거나, 고개를 끄덕거리거나, "고마워요." "그에 대해 감사해요." "공정한 요구였어요." "나도 미안해요." "당신이 옳아요. 이것은 아무런 의미가 없어요. 우리는 아마도 성공하지 못할 것 같아요."와 같은 말을 하면서 인정할 것이다. 이것이 그냥 이루어지지는 않겠지만 강한 관계를 만드는 데 꼭 필요한 부분이다.

332

당신의 파트너가 원한다면

앞에서 논의한 회복 시도 목록은 결코 소모적인 것이 아니다. 그것은 갈등을 악화시킬 수 있는 이야기나 행동에 대해 브레인스토밍을 하거나, 당신이 회복시키거나 관계를 호전시키기 위해 혹은 둘 다를 위해 도움을 받는 것이다. 여기에 당신이 브레인스토밍을 할 때 적용해 볼 수 있는 세 가지 방법을 소개한다.

- 오래된 갈등에 대해 돌이켜 생각해 보면서 손상을 줄이거나 혹은 빠른 회복에 도움이 될 수 있는 당신의 이야기나 행동이 있는지 생각해 보라.
- 회복 시도를 하는 데 있어 앞으로 당신이 사용할 수 있는 단어나 어구, 제스처 등에 대해 동의를 구하라.
- 당신이 화가 나거나 상처받거나 혹은 분노를 느낄 때조차도 각자의 회복 시도를 인정하고 수용한다는, 그에 대해 마음챙김적이 된다는 약속을 하라.

경고의 한마디

이 기법 중 어떤 것 혹은 모든 것은 당신의 파트너가 당신의 말이나 제스처를 잘못 받아들이면 역효과가 날 수 있다. 그러므로 당신이 문제를 회복시키려 노력하고 있다는 것을 명확하게 하는 것이 좋다. 만약 필요하다면 "나는 지금 이 문제를 회복시키기 위해 무척 노력하고 있어요."와 같이 있는 그대로 말할 필요가 있다. 당연히 자신에게 정직해질 필요가 있다. 만약 당신이 자신의 의도에 대해 마음챙김적이 되지 못한다면 이런 말이 쉽게 공격이나 빈정거림, 비방 및 몰아붙이는 말로 뒤집힐 수 있다. 그러므로 당신이 이 전략들을 사용하면서 연결되고 배려하려는 당신의 가치와 지속적으로 닿아 있어야 한다. 한창 싸우고 있는 동안에 이렇게 한다는 것은 매우 어려운 일이다. 그러나 모든 일이 그렇듯이 연습으로 좀 더 쉬워질 것이다.

333

그리고 만약 당신이 이 책에서 이야기한 것을 모두 잊어버리거나 정말로 심한 싸움으로 수렁에 빠졌더라도 걱정하지 말라. 어떤 일이 일어났는지 알아차리는 그 순간에 당신은 몇 가지 방법 중 선택할 수 있다. 당신은 닻을 내리고 회복을 시도할 수 있다. 단절하고 회피할 수도 있다. 어쩌면 당신은 마음 안에서 길을 잃고 생각에 빠져 있거나 어찌할 바를 모르고 있을 수도 있다. 선택은 당신이 하는 것이다. 그러나 한 가지 확실한 것은 있다. 만약 당신이 첫 번째 방법을 지속적으로 선택한다면 친밀함 면에서 그것이 당신에게 아주 중요한 이득을 가져다줄 것이다.

334

21장

친밀함

   이게 다 어찌된 일일까? 당신은 왜 당신의 관계를 힘들게 만들기를 원하는 걸까? 진짜로 무엇이 당신에게 문제인가? 이 모두가 심각한 문제이지만 '정답'은 없다. 그러나 대부분의 사람에게 공통된 중요한 요소는 자신이 진실로 이해받고 진정으로 받아들여지고 싶다는 욕구이다. 누군가가 우리의 모든 가식 뒤의 진정한 우리를 보고, 우리를 둘러싸고 있는 세상에 입혀 놓은 겉모습 뒤의 진정한 우리를 보고, 우리가 매일의 삶에서 쓰고 있는 가면 뒤의 진정한 우리를 보고, 우리가 그렇게도 숨기려 애쓰는 모든 결함과 약점을 보고도 계속해서 우리를 받아들이고 배려해 준다면, 우리는 진정으로 그리고 아주 깊게 사랑받고 있다고 느낄 것이다. 이렇게 누군가에게 '진정한 당신을 보도록' 허용하는 것을 흔히 '친밀함'이라고 부른다. '친밀함'의 intimacy는 라틴어로 '알게 하다'를 의미하는 intimatio에서 유래되었있다. 친밀함이란 두 인간 사이에 이루어진 깊고 아주 가까운 연결을 일컫는다. 우리는 친밀감을 적어도 다음과 같은 세 가지 방식으로 이야기할 수 있다.

- **신체적 친밀함**: 당신의 파트너가 당신의 몸에 대해 알게 해 주는 것
- **감정적 친밀함**: 당신의 파트너가 당신의 감정을 알게 해 주는 것
- **심리적 친밀함**: 당신의 파트너가 당신의 가치, 목표, 선택, 믿음, 욕망, 기대, 환상 등을 포함한 당신 마음속에 있는 것을 알게 해 주는 것

336

아주 깊고 가까운 관계는 이 세 가지 영역 모두의 친밀함을 포함하는 것이 정상적이다. [그러나 항상 이런 것은 아니다. 각 쌍들은 독특해서 무엇이 '정상'인지 규정하는 일반적인 틀은 없다. 항상 '정상성(normality)'보다는 '작업 가능성(workability)'을 중요시하라. '전문가'가 정상이라고 이야기하는 것보다는 자신들의 독특한 관계를 더 풍부하게 만들어 주고 더 깊게 만드는 데 무엇이 효과적인가를 스스로 찾아보라.]

진정한 친밀함:
기꺼이 하기를 행동으로 보여 주는 것

친밀함은 양방향 도로이다. 진정한 친밀한 연결을 위해서 당신들은 서로에게 '자신을 알게 만들' 필요가 있다. 이것은 강제나 강요로 이루어질 수 없다. 진정한 친밀함은 기꺼이 하기를 행동으로 보여 주는 것이다. 당신은 기꺼이 당신 파트너가 당신을 감정적으로, 신체적으로 혹은 심리적으로 알게끔 허용한다. 만약 이를 마지못해 혹은 화가 나서 하거나 강요, 죄책감, 두려움에서 벗어나기 위해 한다면 그것은 관계를 증진시키는 경험이 아닌 아주 파괴적인 경험이 될 것이다.

♥

337

위험을 감수하기

감정적으로 그리고 심리적으로 연다는 것은 위험을 감수하는 일이다. 만약 당신의 파트너에게 당신이 어떻게 느끼고 있고 어떻게 생각하고 있는지를 말한다면 당신은 비판, 판단 혹은 반대의 위험에 놓이게 되는 것이다. 당신의 파트너는 당신을 쉽게 비판할 수 있다. 그들은 당신에 대해 '약하고 불쌍한'부터 '이기적이고 탐욕스러운'까지 꽤 냉혹한 판단을 퍼부어 댈 수 있다. 그들은 당신을 피하거나 거절할 수도 있다. 당신을 놀리거나 조소할 수도 있다. 어쩌면 이 정보를 가지고 당신을 조정하거나 고의적으로 당신에게 상처를 주는 데 사용할 수도 있다.

이런 일이 일어나지 않기를 바라지만 이에 대한 어떠한 보장도 없다. 사실, 위의 각본 중 어떤 것은 이미 현재의 당신의 관계에서 혹은 이전의 관계에서 일어나고 있거나 일어났을 수 있다. 그래서 당신이 당신 파트너에게 마음을 열 때 당신은 진정으로 위험을 감수하는 것이다. 그리고 사람들은 위험을 감수할 때 불안을 느끼게 된다(혹은 두려움, 예민함, 불편함, 신경질적임, 긴장감 등 그것이 무엇이든 당신이 부르기에 편안하다면 그것으로 하면 된다). 이런 감정을 피할 수 있는 방법은 없다. 왜냐하면 이 책의 앞에서 논의하였듯이 우리는 힘든 상황에 마주하게 되면 그때마다 투쟁-도피 반응을 하도록 굳건히 연결되어 있기 때문이다. 그래서 질문은 '당신은 더 가깝고 깊은 관계를 만들기 위해서 기꺼이 당신의 불편함을 위한 공간을 만들 의사가 있는가?'이다.

만약 당신의 대답이 '아니요'라면 당신의 관계는 불가피하게 친밀함을 가질 수 없다. 만약 당신의 대답이 '예'라면 당신이 문제가 될 수 있는 위험을 어떻게 줄일 수 있을까를 생각하는 것이 현명한 방법이다. 무모하게 밀어붙이거나 충동적으로 할 이유가 전혀 없다.

안전하게 만들기

친밀함에 수반되는 위험성을 최소화시키는 방법 중 하나는 천천히 움직이고, '아이 걸음마'처럼 옮기고 나서 당신 파트너의 반응이 어떤지를 관찰하는 것이다. 당신이 조금 더 친밀해질 수 있는 아주 작은 단계에 대해 생각해 보라. 당신의 감정을 조금 공유해 보는 시도 같은 것을 해 볼 수 있을 것이다. 예를 들어, 당신은 "나는 오늘 기분이 좋지 않네요." "나는 XYZ가 걱정이 돼요." "나는 당신에게 너무 반해 버렸어요." "나는 ABC 때문에 화가 나요."와 같이 이야기할 수 있다. 아니면 당신의 말문을 닫는 대신에 솔직한 의견을 말해 볼 수도 있고, 당신이 진짜로 믿지 않는 것에 대해 말해 볼 수도 있다. 또는 당신의 파트너에게 당신 속에 꼭꼭 넣어 두었던 꿈이나 희망 또는 인생의 목표에 대해 말해 볼 수도 있다.

이런 작은 위험을 감수하면서 파트너의 반응을 살펴보라. 만약 그의 반응이 개방적이고 배려와 관심 그리고 수용으로 이루어져 있다면 이는 좋은 신호이다. 이런 반응은 당신이 그를 신뢰할 수 있다는 것을 보여 준다. 반면, 그의 반응이 적대적이고 철퇴되어 있거나 경멸적이고 무관심하거나 거부적이라면 이는 좋지 않은 신호이다. 이런 반응은 당신의 신뢰를 무너트려 버릴 것이다.

같은 원칙이 반대의 경우에도 그대로 적용된다. 만약 당신의 파트너가 당신에게 마음을 열기 시작한다면 그녀를 안심시켜 주라. 마음챙김적으로 반응하라. 개방적인 마음과 호기심을 가지고 주의를 집중하라. 도움을 주고, 연결되고, 배려하려는 당신의 가치에 맞추라. 당신의 파트너가 마음을 열 수 있게 '안전한 공간'을 만들어 줌으로써 깊은 연결감을 만들고 당신이 그녀를 배려하고 있음을 보여 주어 그녀의 건강과 안녕에 도움을 주는 것이다.

당신은 어떻게 이런 공간을 만들 수 있을까? 첫째, 판단, 비판 그리고 당신의 머릿속에 자동적으로 솟아오르는 도움 되지 않는 생각들과 탈융합하라. 그냥 그것을 알아차리고 오고 가도록 놔주라. 둘째, 전념하라. 당신의 파트니가 말하고 행동하는 것에 온전하게 당신의 알아차림을 집중하라. 그를 당신의 주의 한가운데 두라. 셋째, 당신의 관심과 배려를 보여 주라. 이것은 특히 '인정하기'라고 불리는 강력한 방법 중 하나를 통해서 이루어질 수 있다.

파트너의 감정을 인정하기

때때로, 또 어떤 상황에서는 당신과 당신 파트너의 견해가 일치할 때가 있을 것이다. 당신들은 문제에 대해 비슷한 의견을 가지거나 비슷한 감정을 느낄 수 있을 것이다. 그렇게 될 때 당신들은 하나가 된 느낌이나 동맹을 맺은 느낌 혹은 지지받는 느낌을 가질 수 있다. 그러나 이런 일은 그렇게 흔히 일어나지 않는다. 더 가능성이 높은 것은 당신과 당신 파트너가 아주 다양한 주제와 문제 그리고 상황에 대해 다른 의견과 감정을 가지는 것이다. 이런 차이는 미미할 수도 있고 아주 클 수도 있다. 이런 일이 일어났을 때 '나는 옳고 당신은 틀리다' 이야기가 작동하지는 않는지 살펴볼 필요가 있다. 이 이야기에 일단 낚여 버리면 당신은 자신의 생각이나 감정은 '옳고' 파트너의 생각이나 감정은 '틀린' 것처럼 행동하게 될 것이다. 그렇다면 어떻게 가까워지고 친밀해질 수 있겠는가?

당신 파트너의 강점을 인정해 준다는 것은 그냥 당신이 그것을 알아차리고 받아들이는 것을 의미한다. 다르게 이야기하면, 당신이 지금 현재 파트너가 어떻게 느끼고 있는가를 이해해 주고, 비록 당신은 다르게 느끼고 있더라도 그녀가 자신만의 생각이나 감정을 가질 수 있는 권리가 있다는 것을 존중해 주는 것이다. 당신은 "당신은 나와 다른 생각과 감정을 갖고 있어요. 나는 이런 차이가 좋지는 않지만 기꺼이 그것을 받아들이기 위한 공간을 만들려고 해요."와 같은 수용적 태도를 발전시키는 것이다.

당연히 당신은 당신 파트너의 생각과 감정을 판단하게 될 것이다. 이것이 인간의 본성이다. 그러나 당신은 그 판단을 잡고 있지 않고 그대로 가게 놔둘 수 있다. 당신은 당신 파트너가 세계를 보고 있는 방식이자, 감정을 느끼는 방식이며, 생각하는 방식인 바로 현실 실제에 자신을 열 수 있다. 그녀가 당신과 다르게 문제를 보고 있다는 것은 놀랄 일이 아니다. 당신 둘은 서로 다른 두 명의 사람인 것이다. 만약 당신이 그녀의 유전적이고 생물학적인 구성과 그녀의 뇌와 신경계의 구조 그리고 그녀가 자신의 인생을 통해 학습해서 형성한 경험까지 친밀하게 자세히 알게 된다면, 비록 그것이 자신의 것과 너무 많이 다를지라도 그녀의 생각이나 감정이 너무나 자연스럽고 정상적인 것으로 보일 것이다.

341

인정하기는 당신이 비록 파트너의 독특한 생각과 감정이 당신의 것과는 다를지라도 그것이 그에게는 모두 맞는 것이라고 그에게 전달해 주는 것을 의미한다. 만약 당신이 이렇게 하고 싶은 생각이 없다면, 당신이 파트너가 그렇게 느끼고 생각해서는 안 된다는 이야기에 매달려 있겠다면, 당신은 어떤 대가를 치르게 될까? 그것이 당신의 관계에 어떤 영향을 줄까? 인정하기는 배려를 행동으로 보여 주는 중요한 방법이다. 그것은 단지 당신이 파트너에게 동의한다는 것을 의미하지 않는다. 또 그것은 당신이 그가 생각하고 느끼는 것을 좋아하거나 지지한다는 것을 의미하지도 않는다. 대신 당신이 그를 수용하고 그가 그다워지는 것을 허용하는 것을 의미한다.

만약 당신이 자신의 생각이나 감정을 공격하고, 비판하고, 판단하고, 시비 걸고, 경시하고, 퇴짜 놓고, 무시하기 시작한다면 이것은 '인정하지 않는 것'이다. 당신 파트너의 감정을 인정하지 않는 것은 파트너에게 파괴적으로 상처를 준다. 이것은 신뢰를 무너뜨리고 친밀감의 형성을 막는다. 당신의 파트너를 진정으로 인정하기 위해서는 옳다는 생각이나 판단을 그대로 놓아주어야 할 뿐만 아니라 자신의 불편함에 대해서도 공간을 만들어 주어야 한다. 당신 파트너가 자신의 내적 세계를 보여 주면 당신은 생각보다 자주 불편한 감정을 느끼게 될 것이다. 이런 불편함은 불안이나 참을 수 없음부터 좌절이나 죄책감까지 다양하다. 당신이 노력해야 하는 것은 심하게 애쓰지 않으면서 자신의 불편함이 그 자리에 있을 수 있을 만큼 충분히 마음을 여는 것이다.

그래서 인정하기는 마음챙김의 '맨 위의 공간 부분(headspace)'에서부터 시작한다. 그런 다음에 말이나 행동이 따르게 된다. 행동에는 손을 잡는 것부터 당신의 파트너를 꼭 껴안는 것, 마음챙김적 주의를 가지고 조용히 옆에 앉아 있는 것까지 다양하다. 말에는 다음과 같은 것들이 포함된다.

"어휴. 많이 아프겠네요."
"당신이 그렇게 느끼는 것은 당연한 거예요."

"이것은 당신에게 정말 힘들겠네요."

"나에게 더 이야기해 주세요."

"당신을 위해 내가 있잖아요."

"이건 당신에게 힘들겠네요. 내가 무얼 도와줄 수 있을까요?"

이것은 단지 몇 개의 아이디어일 뿐이다. 당신 둘이 서로 인정해 줄 수 있는 말이나 행동에 어떤 것이 있는지 파트너와 함께 이야기해 보는 것이 어떤가? 인정하기는 시간이 지나면서 더 큰 배당을 지불해 준다. 아마도 많은 것을 발견할 수 있을 것이다.

좀 더 나은 성생활 만들기

많은 사람은 자신의 관계를 임의적이기는 하나 ① 그들의 성생활과 ② 그 외의 모든 생활의 두 부분으로 나눈다. 이런 구분은 흔히 도움이 되지 않는다. 섹스라는 것은 단지 당신 둘이 즐거운 방식으로 연결되도록 도와주는 한 가지 활동에 불과하다고 생각하는 것이 일반적으로는 더 도움이 된다. 어떤 사람들은 완전히 단절되어 있고, 예민하게 반응하면서 모든 것을 회피하는 현재 관계가 아주 좋지 않은 상태임에도 불구하고 굉장한 성생활을 할 수 있어야만 한다고 생각한다. 다시 생각해 보라! 아주 드물게 예외가 있을지는 모르겠지만, 당신의 관계가 단절, 반응하기, 회피, 당신 마음 안에 머무르기 그리고 가치를 소홀히 하기의 전형적인 DRAIN에 확실하게 빠져 있다면 이것은 당연히 당신의 성생활에 부정적인 영향을 줄 것이다. 어찌 되었건 만약 당신이 침실 밖에서 사랑으로 연결될 수 없다면 침실 안에서는 어떻게 그와 다를 수 있겠는가?

일반적으로 만약 당신의 성생활이 만족스럽지 않다면 당신 관계의 다른 측면들에서 DRAIN은 없는지 반대로 살펴보는 것이 우선이다. 당신이 배려, 연결, 온정 그리고 신뢰를 재확립하게 되면 이것이 더 나은 그리고 더 즐거운 성생활을 용이하게 해 줄 것이다. 반대로 당신 관계가 긴장으로 가득 차 있는데 당신의 성생활을 바꾸려 시도한다면 당신이 성공할 확률은 그리 높지 않을 것이다. 당신의 관계가 살아나야 당신의 성생활을 나아지게 만들기 위해 그대로 놔두기, 개방하기, 가치 부여하기 그리고 전념하기의 LOVE를 적용할 수 있다.

344

섹스와 그대로 놔두기

당신은 성생활을 나아지게 만드는 데 어떤 도움도 되지 않는 기대, 법칙 그리고 판단을 그대로 놔두어야 할까? 여기에 몇 가지 흔한 예가 있다.

- 당신의 파트너는 당신과 같은 성적인 활동들을 좋아해야 한다 (아니면 적어도 동의해야 한다).
- 당신 혹은 당신의 파트너는 섹스를 더 자주 아니면 덜 자주 원해야만 한다.

- 당신 혹은 당신의 파트너는 더 강하게 발기되거나 더 강한 오르가슴을 느껴야 한다.
- 당신 혹은 당신의 파트너는 더 쉽게/더 자주/더 빨리/더 천천히 발기되거나 오르가슴에 도달해야 한다.

만약 당신이 이런 기대와 융합되어 있다면 반복해서 불안이나 좌절 혹은 실망을 경험하게 될 것이다. 왜? 오르가슴, 발기, 개인적인 취향 및 성적 욕구 모두는 사람마다 다르며, 이번 주와 다음 주가 다르며, 어떤 경우는 그날그날 매우 다를 수 있기 때문이다. 그래서 만약 당신이 이런 기대를 너무 꽉 잡고 있으면 머지않아 현실과 싸워야만 할 것이다.

만약 이것이 성생활에 적용된다면 '나는 옳고 당신은 틀리다' 이야기는 흔히 '나는 정상인데 당신이 비정상이다' 이야기의 형태로 변화되어 나타난다. 당신이 만약 이 이야기에 말려들어 있다면 문제가 될 수 있다. 특히 이 문제가 전희, 자세, 자위, 성적 도구 혹은 '언제, 어디서, 어떻게' 당신들이 할 것인지와 연관될 경우에는 더욱 그렇다. 당신의 이야기를 너무 꽉 잡고 있으면 당신은 즐거움보다는 갈등 속에 자신을 놓아두게 된다. 그리고 이것은 성적 능력, 기술, 신체 외모 등에 대한 평가에까지 적용된다.

당신은 이런 법칙이나 기대 그리고 판단을 자연스럽게 가지게 된다. 그러나 문제는 이런 것을 느슨하게 잡고 있지 않으면 당신이 자신의 침실을 보지 못할 정도로 스모그가 진해지고 말 것이라는 것이다. 따라서 그것을 알아차리고 가볍게 잡으라.

345

섹스와 개방하기

당신의 성생활을 더 낫게 만들기 위해 새로운 방법을 탐색해 볼 (혹은 이전 방법을 다시 사용할) 의향이 있는가? 만약에 그렇다면 나는 알렉스 컴포트(Alex Comfort) 박사가 쓴 『새로운 성적 즐거움(The New Joy of Sex)』이라는 책을 권고한다(추천도서를 보라). 이 책은 당신의 성생활을 확대하거나 증진시키기 위한 아이디어로 가득차 있다. 그러나 당신이 새로운 방법을 시도하여야 할 때나 이전 방법을 다시 시도하려 할 때 혹은 오랫동안 섹스가 없다가 새롭게 섹스를 하려 할 때는, 특히 적어도 처음에는 불안을 느끼거나, 취약성을 느끼거나, 긴장되거나, 당황하거나, 불편하게 느끼기 쉽다. 그러므로 당신은 이런 감정에 대해 마음을 개방해야 한다. 당신은 그렇게 할 준비가 되어 있는가? 당신은 더 나은 성생활을 누리기 위해 이런 감정에 대해 공간을 만들 수 있겠는가?

물론 자신을 돌보고 존중하는 것과 연관된 당신의 가치를 존중해야 할 필요도 있다. 이런 기본적인 가치를 훼손할 수 있는 어떤 것도 하면 안 된다. 다음을 기억하라. 친밀감은 기꺼이 하기를 행동으로 표현하는 것이다. 그래서 만약 당신이 무엇인가를 당신의 뜻에 따라 하지 않고 억지로 한다든가 강요로 한다면 이것은 친밀감이 아니다!

섹스와 가치 부여하기

섹스의 근저에 있는 당신의 가치를 무엇인가? 거기에는 연결이나 배려, 관능성, 신체적인 쾌락 공유, 성성 표현, 사랑 확인 등이 포함되는가? 많은 사람이 자신의 성생활을 성적 절정감인 오르가슴이 모든 것인 양 그것에 목표를 둔 활동으로 돌려 버림으로써 망치고 만다. 오르가슴을 느끼는 것이 일반적으로 쾌락을 느끼는 경험이지는 하지만, 만약 그것이 당신 성생활의 '전부이자 마지막'이 되어 버린다면 빠르건 늦건 문제가 발생할 것이다. 왜? 당신과 당신 파트너가 오르가슴에 도달하지 못하거나, 발기가 되지 않거나, 당신이 너무 빨리 또는 늦게 도달하거나 전혀 도달하지 못하는 것과 같은 많은 경우가 있을 것이기 때문이다. 흔한 이유로는 피곤함, 스트레스, 불안, 우울, 신체적 질병, 약물, 알코올, 노화의 영향, 관계에서 현재 진행 중인 긴장 등이 포함된다. 그리고 때로는 그것이 특별한 이유 없이 '그냥' 일어나기도 한다.

여기에 흔하게 일어나는 이야기가 있다. '섹스의 주요 목적은 오르가슴에 도달하는 것이다. 그래서 오르가슴이 없는 성생활은 좋은 성생활이 아니다!' 만약 당신이 이 이야기에 아주 단단하게 매달린다면 당신 생각에는 무슨 일이 일어날 것 같은가? 이 이야기는 당신이 목표에 도달해야만 한다거나 그것을 수행해야만 한다는 실제적인 압력이 가득한 긴장된 분위기를 만들 것이다. 그러면 이것은 흔히 당신이 섹스를 할 때 스트레스 혹은 압력을 받거나 아니면 실패에 대한 두려움을 느끼게 되는 '수행불안'을 가져온다. 문제는

347

당신이 스트레스나 불안을 느끼면 당신의 성적 기관들은 '스위치를 꺼 버려서' 당신이 오르가슴에 도달하거나, 사정을 조절하거나, 발기를 유지하는 것을 불가능하게 만들어 버린다는 것이다. 그래서 '수행'에 대한 압력을 더 느낄수록 당신은 성적인 문제를 가질 확률이 더 높아진다. 악순환에 빠져 버리는 것이다. 그렇지 않을 사람이 있을까? 그리고 만약 이런 순환이 지속되면 머지않아 당신 둘이나 둘 중 하나는 섹스를 피하기 시작할 것이다. 그로 인해 불쾌한 감정이 가득 차게 되기 때문이다!

만약 당신이 자신의 성생활을 목표 지향적이 아닌 가치 지향적인 것으로 만든다면 당신은 이런 악순환을 금방 깨어 버릴 수 있다. 발기나 오르가슴에 초점을 맞추는 대신, 당신은 섹스를 당신의 파트너와 연결되거나 파트너를 배려해 주는 방법으로 사용할 수 있다. 이런 태도를 가진다면 당신은 자유로워질 수 있다. 연결과 배려는 당신이 발기가 잘 되는지 또는 오르가슴에 도달했는지에 상관없이 다른 많은 방식으로 이루어질 수 있다. 당신은 이런 가치를 입맞춤하기, 껴안기, 마사지하기, 구강성교, 자위, 목욕 함께 하기 등을 통해 행동화할 수 있고, 심지어 이는 옷을 다 입은 채로 소파 위에서 서로 껴안고 밀착하는 것을 통해서도 가능하다! 당신들은 침대에 가서 성교를 시도하지 않고 서로의 몸을 애무만 해 줄 수도 있다. 당신은 어떻게 하는 것이 쾌감을 느끼게 해 주는지 알아보기 위해 서로서로 다른 방식으로 몸을 만지고 애무해 볼 수도 있다. 당신은 유방이나 성기만이 아닌 몸의 모든 부분에서 시도해 보고 탐색해 볼 수 있다. 당신은 의도적으로 오르가슴에 도달하지 않게 하면서도 성교를 시도해 볼 수 있다. 이 경우에 성교는 순수하게 그리고 정말로 단지 즐거움을 공유하거나 연결감을 만들어 내는 것이 목적일 수 있다. 물론 당신의 마음은 아마도 '이것은 진짜 섹스가 아니야!'라고 불평할 것이다. 그러나 만약 이 생각을 당신이 꼭 잡고 있다면 어떤 대가를 치러야 할까?

이 모든 것에서 기억해야 할 중요한 한 가지가 있다. 배려하기의 가치가 꼭 필요하다는 것이다. 섹스는 항상 당신이 원하는 대로 되지는 않는다. 그것은 그냥 주어지는 것이다. 그래서 원치 않는 일이 일어났을 때 만약 당신이 마음 안에서 길을 잃고 헤매고 있거나 반응하기 양식으로 뛰어들면, 신뢰와 친밀함을 흔들어 버리는 온갖 상처 주는 말이나 행동을 하게 될 것이다. 이것은 길게 보면 당신의 성생활을 더 악화시킬 것이다. 그래서 메시지는 단순하다. 무슨 일이 일어났든 간에 배려하기와 연관된 당신의 가치에 맞추어 행동을 바꾸고 당신의 성생활을 안전하게 만들라!

349

섹스와 전념하기

마음챙김은 신체적 친밀함을 놀랍도록 증진시켜 줄 수 있다. 당신이 입맞춤을 하거나, 껴안거나, 애무를 하거나, 코를 비벼대거나, 손을 잡거나, 쓰다듬거나, 옷을 벗거나, 포옹을 하거나, 전희를 하거나, 구강성교나 성교를 할 때, 마음챙김은 쾌락과 서로 깊게 연결되어 있다는 느낌을 확대해 줄 수 있다. 당신이 자신의 신체적 감각과 당신의 파트너의 반응에 당신을 맞추면, 성행위는 당신이 자신의 생각에 사로잡혀 있을 때 혹은 오르가슴이라는 목표를 성취하는 데 초점을 맞추고 있을 때보다 훨씬 더 쾌감을 느낄 수 있는 마음에 열중하게 만들고 전념하게 만드는 경험이 될 수 있다.

많은 선택

만약 우리가 '친밀함'을 신체적·감정적 그리고 심리적인 세 가지 측면을 모두 포함해서 더 넓게 정의한다면, 확실히 그것을 얻을 수 있는 방법이 많아진다. 다음은 당신이 친밀감을 얻기 위해 시작할 수 있는 몇 가지 방법이다. 당신의 감정에 대해 이야기하기, 당신의 희망과 꿈을 공유하기, 꼭 껴안기, 당신의 삶에 대한 철학을 이야기하기, 손을 잡기, 당신 깊은 데 있는 두려움 보여 주기, 열정적으로 키스하기, 함께 목욕하기, 재미있는 기억을 나누기, 성교하기, 휴가를 계획하기. 만약 양쪽 파트너가 개방되고, 전념하며, 배려한다면 친밀해질 수 있는 기회는 무궁무진하다. 아마도 당신에게 필요한 것은 오직 당신의 상상력을 펼치는 것일 것이다.

350

22장

오래된 이야기와 새로운 선택

우리 모두는 살면서 상처를 받는다. 때때로 다른 사람이 우리에게 의도적으로 상처를 준다. 아마도 이것은 인종주의, 편견, 경쟁, 보복 등에 따른 것일 수 있다. 아니면 화나 학대 혹은 다른 사람에게 인상적으로 보이기 위한 욕망 때문에 그럴 수도 있다. 더 흔히는 다른 사람들이 의도치 않게 우리에게 상처를 주는 것의 이유가 불안, 불안정, 선망, 질투, 단순한 무시 등이다.

무시는 다른 사람들에게 상처를 주는 아주 큰 요인이 된다. 당신이 의도하지 않았는데도 전혀 상처를 줄 것이라고 생각하지 않고 이야기하거나 말을 해서 당신이 진심으로 배려하고 있는 누구인가에게 무심코 얼마나 자주 상처를 주고 있는지 생각해 보라. 알아차림이 없는 것 또한 또 다른 흔한 범인이다. 당신이 그냥 하는 것에 주의를 기울이지 않고 그것이 다른 사람들에게 어떤 영향을 줄 것인가에 대해 생각하지 않음으로써 얼마나 자주 당신이 화를 내거나 남에게 상처를 주었는가? 아니면 당신이 너무 자신의 생각이나 감정에 사로잡혀 있고 그것을 알아차리지 못한 채 싸우느라고 얼마나 자주 화를 내고 다른 사람에게 상처를 주었는가?

당신의 동기와 상관없이 누군가 우리에게 상처를 주게 되면 그때마다 우리는 고통을 느끼게 된다. 그리고 일단 이런 일이 일어나게 되면 그것은 되돌릴 수 없다. 우리는 과거로 돌아가서 그것을 바꿀 수 없다. 때때로 우리는 상처를 받아들이고 우리의 삶으로 되돌아갈 수 있기도 하다. 그러나 더 많은 경우 우리는 그에 붙잡혀서 그것을 더 확대시킨다. 예를 들면, 우리는 어떤 일이 일어나면 그것 때문에 화가 나고, 그것을 우리 주위 사람들에게 마구 호통치며 그에 대한 분풀이를 하고, 그러면 그 과정에서 다른 사람들에게 상처를 준다. 아니면 우리는 이런 고통스러운 기억을 되씹고 되씹어서 아무 효과도 없이 우리 자신에게 되풀이해서 상처를 준다. 우리는 복수를 계획하는 환상 속에 빠질 수 있다. 그러면 이 환상은 우리의 화와 분노를 더 증가시키고 결국은 더한 불만에 빠지게 한다. 혹은 우리는 술을 마시거나, 담배를 피우거나, 음식을 먹거나, 약을 먹거나, 자신의 주의를 고통으로부터 돌려놓기 위해 다른 노력을 할 수 있다.

우리 마음은 "왜 하필 나여야 하는데? 어떻게 이런 일이 일어날 수 있지? 이건 너무 불공평해! 나는 잘못이 없어."와 같이 이야기 할 것이다. 만약 상처가 아주 크다면 당신의 마음은 당신이 그것을 이겨 낼 수 없을 때까지 끝없이 불만을 계속할 것이다. 그러면 당신은 일어난 일로 인해 돌이킬 수 없이 손상을 입을 것이고, 어떤 경우에는 스스로가 그렇게 만들 수도 있다! 확실한 것이 하나 있다. 만약 당신이 이런 이야기에 흡수되어 버린다면 그것은 빠르게 당신의 건강과 활력을 삼켜서 말려 버릴 것이다.

당신의 과거로부터 고통을 다시 기억하게 할 수 있는 어떤 일이 일어나게 되면 자연스럽게 고통스러운 생각과 감정이 나타날 확률은 커질 수 있다. 당신은 그것을 사건으로부터 떼어 놓을 수 없다. 이것이 당신의 뇌가 만들어진 방식이기 때문이다. 만약 당신이 이런 생각과 감정을 꽉 잡고 그대로 놔두기를 거부한다면 당신은 그것을 세차게 끓고 있는 분노 덩어리로 바꾸어 버릴 것이다. 이것은 치유를 가져오기보다는 당신의 상처를 열어서 소금을 부어 버리는 것과 같다. '분노'의 resentment는 '다시 느끼기'라는 뜻을 가진 프랑스어 resentir에서 유래되었다. 분노에 사로잡혀 있을 때, 당신은 고통을 다시 또 다시 체험하게 될 것이다.

353

불교에는 "고통은 다른 누군가에게 던져 버리기 위해 들고 있는 붉게 달아오른 석탄과 같다."라는 말이 있다. 과거의 상처에 사로잡혀 있을 때, 당신은 화, 분노 및 복수의 감정을 키우고 있는 것이다. 이런 감정은 당신을 괴롭힌 사람이 아닌 당신 자신에게 상처를 준다. 이것은 마치 자신을 칼로 베면서 다른 사람들이 피를 흘리기를 바라는 것과 같다.

분노의 해독제

그렇다면 분노의 해독제는 무엇인가? 당신은 이 답을 좋아하지 않을 수도 있다. 그것은 용서이다. 그러나 ACT는 이 오래된 단어에 대해 이전 방식이 아닌 새로운 방식을 취하고 있다. 당신은 '용서(forgiveness)'라는 단어가 '주다(give)'와 '이전(before)'이라는 단어에서 유래했다는 것을 알고 있을 것이다. 그래서 당신은 용서를 '이전에 그곳에 있던 것을 자신에게 돌려주는 것'이라고 생각할 수 있다. 다르게 말하면, '나쁜 일'이 일어나면 당신에게 남는 것은 화와 분노이다. 그러나 '나쁜 일'이 일어나기 전(before)에 당신은 무엇을 하였는가? 당신은 평화로운 마음과 만족스러운 마음의 상태로 있었다. 당신은 과거에 비참하게 머물러 있지 않고 현재에 생동감 있게 머물러 있을 수 있었다. 그래서 '용서'는 자신에게 이런 것을 돌려주는 것을 의미하는 것이다. 이것은 당신이 누군가를 위해 무엇을 하는 것이 아니다. 순전히 당신 자신에게 좋도록 당신이 무엇인가를 하는 것이다.

ACT에서는 용서를 다음과 같이 본다.

- 용서는 자신의 괴로움을 가라앉히는 것으로, 당신에게 당신의 삶을 당신 마음대로 할 수 있게 해 준다는 것을 의미한다.
- 용서는 벌어진 나쁜 일을 잊어버리거나 눈감아 주기, 사죄하기, 평범하게 만들기 혹은 정당화하기를 의미하지 않는다.

- 용서는 당신이 관련된 다른 사람들에게 무엇을 이야기하거나 무엇을 해야 한다는 것을 의미하지 않는다.
- 용서는 순전히 자신을 위해 당신이 무엇인가를 하는 것이다. 당신은 자신에게 이전에 그곳에 있던 것, 즉 당신의 삶, 당신의 안녕 그리고 당신의 활력과 생기를 돌려주는 것이다!

용서를 위해서는 무엇이 필요한가

용서는 LOVE를 필요로 한다. 고통스러운 생각과 기억이 떠오를 때 그대로 놔두기를 연습하라. 그것을 알아차리고 만약 당신이 그러고 싶다면 그것에 이름을 붙이고 난 후 그것을 마치 물위의 나뭇잎처럼 오고 가게 놔두라. 아니면 그것을 주먹에 꽉 잡은 다음, 손을 쫙 펴서 "그냥 가 버려."라고 말하라. 혹은 그냥 지금 이 순간에 당신이 하고 있는 것이 무엇이든 그것에 전념하라. 당신이 볼 수 있는 것, 들을 수 있는 것, 만질 수 있는 것, 맛볼 수 있는 것 그리고 냄새 맡을 수 있는 것을 알아차리라. 당신이 쇼가 벌어지고 있는 무대 전체 위로 조명을 밝히면 그런 생각과 기억은 전체 장면의 아주 작은 일부에 지나지 않게 될 것이다.

355

화와 분노와 같은 고통스러운 감정이 나타나면, '이름을 붙여 길들이기'를 기억하라. 감정을 알아차리고 그것을 인정하고 그것을 위한 공간을 만들고 알아차림을 확대시키라. 감정을 행동화하지 않고, 그것과 싸우지도 않으며, 그 안에 머무르지도 않은 채 그것이 자신의 페이스대로 왔다 갔다 하도록 그대로 놔두라.

다시 또 다시, 심리적 유연성의 기본적인 원칙으로 돌아가라. 현재에 머무르고, 마음을 열며, 중요한 것을 하라. 바로 당신의 가치에 따른 행동, 아무런 생각 없이 자기를 채찍질하거나 바꿀 수 없는 과거에 골몰하거나 고통을 잊어버리기 위해 음식이나 술, 약물, TV 등으로 도망가는 자기패배적인 행동에 빠지는 대신에 그것을 의식적으로 선택하라. 물론 이는 아주 단순한 조언이다. 그러나 행동으로 옮기기는 쉽지 않다. 우리 대부분에게 그것은 그냥 오지는 않는다. 그래도 만약 당신이 진정으로 건강, 활기, 마음의 평화, 현재의 삶을 중요하게 여기고 당신의 인생을 살아가고 싶다면 이런 노력은 충분히 할 만한 가치가 있지 않은가?

당신의 파트너가 원한다면

많은 커플이 자기 자신만의 용서하는 절차를 만들어 내는 것이 매우 치유적인 과정이라는 것을 알게 된다. 다음은 기본적인 요소들이다. 당신은 당신의 창의성을 이용해서 이를 좀 더 개인적인 방식으로 적용할 수 있다.

• 1단계: 각 파트너는 다음의 세 문장을 완성해서 편지를 쓴다.
  – 내가 이제까지 잡혀 있던 생각, 감정 그리고 기억은 _____이다.
  – 이 모두에 잡혀 있는 것은 우리의 관계를 _____ 방식으로 상처를 주었다.
  – 나는 _____ 가치에 기반을 두고 더 나은 관계를 만들기를 원한다.
• 2단계: 편지의 끝에 각 파트너는 이런 고통스러운 생각과 감정을 잡지

않고 그대로 놔두도록 전념하겠다는 말을 자기 자신만의 말로 적는다.

- 3단계: 특별한 장소를 선택해서 각자 자신의 편지를 큰 소리로 읽는다. 그곳은 당신 집의 특별한 방일 수도 있고 공원이나 해변일 수도 있다. 한쪽 파트너가 읽을 때 다른 파트너는 마음챙김적이고 온정적으로 듣는다.
- 4단계: 예를 들어, 편지를 태워 재를 뿌리는 것 같은 새로운 시작을 상징하는 무엇인가를 한다.
- 5단계: 예를 들어, 입맞춤, 껴안기, 외식하기, 목욕 함께 하기와 같이 서로를 사랑으로 연결시켜 줄 수 있는 무엇인가를 한다.

어디에서 신뢰가 오는가

용서가 신뢰를 의미하지는 않는다. 만약 당신의 파트너가 거짓말을 해 왔거나, 배신을 저질렀거나, 속여 왔다면 신뢰를 다시 구축하는 데는 시간이 많이 걸릴 수 있다. 그렇다면 이제는 신뢰의 바탕을 만드는 법을 살펴볼 때이다.

23장

신뢰의 바탕 만들기

"그가 나에게 어떻게 이럴 수 있지요?"

"내가 왜 그녀를 믿어야 하지요?"

"왜 나는 이렇게 될 줄 몰랐지요?"

"내가 어떻게 다시 그를 믿을 수 있지요?"

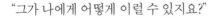

누군가가 당신에게 거짓말을 하거나 당신을 배신한다면 당신은 상처를 받게 될 것이다. 그리고 그 상처는 낫는 데 오랜 시간이 걸린다. 만약 당신의 파트너가 속이고, 거짓말하고, 기만하고, 배신하고, 이용하고, 혹은 해를 끼쳤다면 당신은 당신의 관계를 계속 유지할 것인지 말지를 결정해야 할 것이다. 이런 결정은 결코 쉬운 것이 아니다. 당신이 결정을 할 때는 아이들, 재정적 문제, 상황을 좀 더 낮게 만든다든가, 배신의 양상 및 과거에 그런 일이 얼마나 많이 일어났는가와 같은 많은 요소를 고려해야 할 것이다. 그래서 이 어려운 결정을 내리는 데 필요한 시간을 갖기 위해 당신은 자기 자신에 대한 온정을 가질 수 있도록 많은 연습을 해야만 한다. 당신의 고통과 스트레스를 인정해 주고 당신 자신에게 친절해지라.

맹목적인 신뢰 대 마음챙김적 신뢰

만약 당신이 머무르기로 선택했다면 당신은 앞으로 힘든 일이 있을 것을 각오했다는 것이다. 만약 당신이 깊게 믿고 있는 사람에게 상처받거나 학대당하거나 기만을 당했다면 흔히 당신이 그녀로부터 다시 안전함과 안정감을 느끼는 데 아주 긴 시간이 필요하다. 그래서 만약 당신이 머무르기로 결정했다면 당신은 의심, 불안정, 의문, 질투, 불안과 같은 아주 많은 생각과 감정이 일어날 것임을 예측할 수 있을 것이다. 그리고 만약 당신이 본인의 관계가 지속되고 회복되고 살아나기를 바란다면, 당신은 신뢰를 다시 구축하기 위해 힘든 일을 하면서 이런 감정을 위해 기꺼이 마음을 열고 공간을 만들 의사가 있는가? 만약 당신의 답이 '아니요'라면 당신은 지금 꼼짝도 못하게 잡혀 있을 것이다. 그리고 당신이 관계를 그만두거나 그것을 회복하기 위해 전념을 하기 전까지는 계속 꼼짝도 못하는 채로 남게 될 것이다. 이런 경우 당신은 아주 많은 자기온정을 필요로 할 것이다.

그러나 만약 당신의 답이 '예'라면 당신은 관계를 다시 수립하기 위해 힘든 작업을 기꺼이 하고 있는 것이다. 그렇다면 맹목적인 신뢰와 마음챙김적 신뢰를 구분하는 것이 중요하다. '맹목적인 신뢰'는 당신이 그 사람에게 문제에 대한 책임이 있는지를 평가하지 않은 채 누군가를 신뢰하는 것을 의미한다. '마음챙김적 신뢰'는 당신이 눈을 똑바로 뜨고 그 사람을 보는 것을 의미한다. 당신은 그녀가 말하고 행동하는 것을 평가하고 그녀가 신뢰를 주는 말이나 행동을 했을 때만 신뢰하는 것을 의미한다. 그래서 당신이 자신의 관계를 다시 수립하려면 다음 질문들에 관심을 가지고 주의를 기울이는 것이 필요하다.

- 당신의 파트너는 정직하고 개방적이고 믿음직한가, 아니면 거짓말하고 숨기고 속이는 경향이 있는가?
- 그녀는 진실된가? 그녀는 진실되게 이야기하는가?
- 그는 믿을 만한가? 그는 자신이 한 약속을 지키는가?
- 그녀는 책임감이 있는가? 그녀는 자신이 할 행동의 결과를 생각하고 행동하는가?
- 그는 유능한가? 그는 자신이 한 약속을 실제로 지킬 수 있는 능력이 있는가?

만약 당신의 파트너가 진실되고 믿을 만하고 책임감이 있고 유능하다면, 그리고 당신이 이런 점을 그녀의 말을 통해서가 아니라 당신 스스로 관찰할 수 있고 그녀가 이것을 오랫동안 유지할 수 있다면, 오랜 시간에 걸쳐 당신은 서서히 신뢰를 다시 만들어 나갈 수 있을 것이다.

당신이 신뢰의 감정을 조절할 수 없다는 것을 명심하라. 당신은 단지 행동을 조절할 수 있을 뿐이다. 그래서 당신의 파트너를 다시 신뢰하기를 원한다면 작은 행동에서 시작하라. 아주 작은 것에서 부터 그를 믿기 시작하고, 그것을 그가 믿을 만한 가치를 보여 준 것으로 보기 시작하라. 다른 말로 하면, 그의 말과 행동을 평가하라. 만약 당신의 파트너가 '믿을 만한 가치'를 보여 주고 그런 시간이 더 쌓이게 되면 더 큰 신뢰의 행동을 취할 수 있다. 물론 이때에도 결과에 대한 주의 깊은 관찰이 필요하다. 한 걸음 한 걸음 당신은 이것을 지속할 수 있다. 그렇게 하면서 불안이나 불안정감 혹은 의문의 감정을 갖게 되는 것은 너무 당연하며, 이 감정을 위한 마음의 공간을 만들어야 한다. 만약 당신의 파트너가 지속해서 믿을 만하게 행동하더라도 시간이 많이 흐른 후에야 당신은 다시 신뢰의 느낌을 경험할 수 있을 것이다. 물론 이 느낌은 공포, 분노 그리고 슬픔의 감정과는 다른 것이다. 그것은 안정감, 편안함 혹은 안전함의 느낌에 더 가깝다.

당연히 당신은 자기방어적인 행동과 신뢰의 행동 사이에 건강한 균형을 발견해야 할 필요가 있다. 예를 들어, 만약 당신의 남편이 바람을 피웠다면 그가 늦게까지 근무할 때 사무실에 전화를 거는 것은 납득할 만한 행동이다. 만약 당신의 부인이 노름 때문에 집을 저당 잡혀 빌린 돈을 날렸다면 당신이 그녀의 모든 은행 거래를 주의 깊게 지켜보는 것은 이해할 만한 행동이다. 진정한 신뢰가 점

차적으로 다시 쌓여 갈수록 자기방어적 행동은 점점 더 필요 없게
될 것이다. 핵심은 효과가 있는(작업 가능성을 가진) 건강한 균형을
찾는 것이다. 만약 자기방어적인 행동이 전부라면, 당신은 관계를
전혀 회복할 수 없을 것이다. 혹은 자기방어를 전혀 하지 않고 너무
신뢰만 한다면, 당신은 무모하게 위험을 감수해야 할 것이다. 그래
서 효과적인 균형을 찾아야 하는데, 이런 균형은 시간이 지나면서
점차적으로 생기는 것이다(만약 당신의 파트너가 계속해서 믿을 만한
가치를 보여 준다는 전제하에). 그리고 필요한 시간에 대해 현실적이
될 필요가 있다. 이것은 그가 어떻게 행동하는가에 따라 달라져서
수개월이 걸릴 수도 있고 심지어 수년이 필요할 수도 있다.

　마지막으로, 당신이 결코 확신할 수 없다는 것을 인정해야 한다.
만약 당신의 파트너가 다시는 당신을 배신하지 않으리라는 완벽한
확신을 가지기를 원한다면 그것을 얻을 수 있는 단 한 가지 방법은
관계를 끝내는 것이다. 그래서 만약 당신이 머무르기로 마음먹었다
면 당신은 자신에게 기꺼이 이런 불확신에 대한 마음 안 공간을 만
들 의사가 있는가 물어보아야 한다. '나는 다시 상처를 받게 될 거
야.'라는 생각을 느슨하게 붙잡고, 당신의 가슴속 응어리에 호흡을
불어넣고, 당신의 답답한 가슴에 공간을 만들어 주라.

363

만약 당신이 파트너의 신뢰를 배신하였다면

　나는 이 장을 당신이 배신을 당한 사람이라는 가정하에 쓰고 있

다. 그러나 그 반대의 경우도 있을 수 있다. 아니면 당신 둘 다 서로를 배신하고 있을 수도 있다. 만약 당신이 당신 파트너의 믿음을 배신하였다면 당신은 아마도 그것을 다시 회복하는 데 아주 많은 노력을 기울여야만 할 것이다. 당신은 자신이 믿을 만하고, 유능하며, 책임감이 있고, 진실하다는 것을 증명해야 할 것이고, 이런 증명은 한두 번이 아니라 끝없이 반복되어야 할 것이다. 당신은 파트너의 의심과 당신을 믿는 데 있어 그녀의 주저함에 대한 공간을 당신 마음 안에 만들어야 할 것이다. 그리고 당신은 "그녀는 이제는 그것을 잊어야 할 때가 되었어." "나를 다시 믿는 데 왜 이렇게 오래 시간이 필요한 거야?"와 같은 이야기를 그대로 놔둘 수 있어야 한다. 당신이 신뢰를 다시 확보하는 데는 몇 주, 몇 달 혹은 몇 년이 걸릴 수 있다. 그렇다면 당신은 기꺼이 인내를 키우고, 자신의 좌절과 초조함에 대해 당신의 마음 안에 공간을 만들 수 있는가?

364

　당신 파트너의 고통을 바라볼 때 당신은 때때로 불안, 슬픔 혹은 죄책감을 느낄 수 있다. 당신은 이런 감정에 대해 당신의 마음 안에 기꺼이 공간을 만들 수 있는가? 당신은 기꺼이 그것에 호흡을 불어넣고, 그 주위를 열어 공간을 만들고, 파트너를 피하지 않고 그녀와 머무르면서 그녀에게 지속적으로 온전하게 전념할 것인가? 이것은 중요하다. 만약 당신이 이런 감정을 기꺼이 수용하지 않는다면 당신은 결국 자기파괴적인 행동으로 끝을 내게 될 것이다. 예를 들자면, 당신은 화를 냄으로써 이런 감정을 밀어내려 할 수 있다. 화는 힘을 느끼게 만들 수는 있다. 그러나 이것이 치유와 회복을 위한 좋은 징조가 되지는 않는다. 아니면 당신은 자신의 감정을 약물,

음식, 담배 혹은 알코올과 같은 것으로 억제하려 할 수 있다. 이 또한 당연히 당신의 건강과 안녕에 좋지 않을 것이다. 이 외에도 당신은 바쁘게 만들거나, TV를 보거나, 인터넷을 돌아다니는 것으로 당신의 관심을 돌리려 할 수 있다. 이것은 많은 시간을 소모하게 만들고, 당신 관계를 회복하는 데 어떠한 건설적인 도움도 되지 않는다. 당신은 파트너가 고통스러워하는 것을 볼 때 당신이 힘든 것이 싫어서 파트너를 피하려 할 수도 있다. 그러나 이런 회피는 관계 재건의 관점에서 볼 때 재앙이라고 할 수 있다.

그러니 이런 감정로부터 도망가기보다는 그것을 당신의 가치와 연결되는 데 사용하라. 당신이 느끼는 감정은 당신에게 무슨 문제가 일어났는지를 말해 준다. 그리고 이런 가치를 어떻게 행동화할 수 있는가를 보게 해 준다.

또한 이런 감정을 자신과 파트너에 대한 온정을 키우는 데 사용하라. 그렇다. 당신 또한 온정을 받을 자격이 있다! 당신 자신을 때리는 것이 과거를 바꾸어 주거나 일어난 일에 대한 보상을 해 주지 않는다. 당신이 자기온정을 더 연습할수록, 당신은 파트너가 당신에게 필요로 하는 것, 즉 그녀에게 온정적이 되는 것이 더 쉽다는 것을 알게 될 것이다.

365

유혹에 관한 몇 마디

우리는 때때로 거짓말을 하거나, 속이거나, 조종하거나, 우리의 파트너에게 상처를 주거나 하면서 우리의 관계를 파괴적으로 만들 수 있는 어떤 일을 하고 싶은 유혹을 느낄 때가 있다. ACT 관점에서는 이런 것을 '틀린 것' 아니면 '비정상적인 것'으로 보지 않는다. 이런 것은 정상적인 생각, 감정 그리고 충동이고 아주 흔히 일어난다. 문제는 항상 작업 가능성의 문제로 그것이 효과적인가 하는 것이다. 단기적으로는 당신이 이런 생각이나 감정을 행동화하는 것이 당신에게 즐거움이나 만족감을 줄지도 모른다. 그러나 길게 본다면 그것이 당신의 관계를 더 깊게 만들거나 강하게 만들어 줄 수 있을까?

당신이 이런 유혹의 감정을 중단시킬 수는 없지만 당신이 그에 대한 당신의 반응은 선택할 수 있다. 예를 들어, 당신은 누군가와 섹스를 하고 싶다고 느낄 수 있다. 그러나 당신은 그렇게 하지 않아야 한다! 당신은 자신의 생각과 감정에 대해 마음챙김적이 되어 자동항법 양식에서 알아차림 양식으로 빨리 바꾸고, 팔과 다리를 의식적으로 조절할 수 있다. 그렇게 되면 당신은 신뢰, 존중, 배려, 공평 및 진실성과 연관된 당신의 가치에 당신을 맞출 수 있다. 그러면 당신은 충동적으로 행동하기보다는 당신의 가치에 따라 행동할 수 있다. 이런 훈련을 지속적으로 하면 당신은 두 배의 보상을 얻을 수 있다. 당신 파트너에게 당신이 믿을 만한 사람이라는 것을 보여 주는 것에 더해 당신 자신에게도 신뢰를 심어 줄 수 있는 것이다. 이것은 아주 큰 선물이다. 삶은 아주 많은 방법으로 당신을 시험에 빠지게 할 것이다. 자신이 현명하게 반응할 것을 믿을 수 있다면 당신은 아주 훌륭한 동지를 가지고 있는 것이다.

24장

당신 자신을 그대로 놔두라

어린 시절, 나는 친구들과 '성의 왕'이라고 불리는 게임을 하곤 했다. 두 아이가 서로 언덕이나 경사진 길을 달리거나 높은 벽의 꼭대기를 향해 기어올라서 먼저 정상에 오른 아이가 다른 아이에게 "나는 이 성의 왕이다. 그리고 너는 아주 미천한 악당이다!"라고 외칠 수 있는 게임이었다. '왕'이 되면 기분이 최고였다. 그 아이는 세상 꼭대기에 있는 것 같았고, 의기양양했으며, 아래에 있는 '미천한 악당'을 내려다보며 비웃을 수 있었다. 그러나 '미천한 악당'은 전혀 즐겁지 않았다. 그런데 맙소사, 어린아이가 아닌 성인 커플들도 이와 비슷한 게임을 너무 자주 한다!

자신과 파트너를 비교하기

　당신의 마음이 파트너와 당신을 비교한 적이 있는가? 당신의 마음이 당신이 더 낫다든지, 현명하다든지, 더 강하다고 이야기한 적이 있는가? 마음이 때때로 아마도 당신이 어떤 사람보다 나을 것이라고 넌지시 이야기한 적이 있는가? 아니면 마음이 당신이 파트너보다 못났으며, 부족하고, 바보 같으며, 약하다고 이야기한 적이 있는가? 혹은 그 반대로 이야기한 적은 있는가? 우리 자신에 대한 이야기가 너무 매혹적이어서, 우리는 그에 쉽게 끌려 들어가고 빠져든다. 만약 당신이 "나는 너보다 나아."라는 이야기에 사로잡혀 있게 되면, 당신은 파트너를 깔보거나 그의 아이디어를 무시하거나 그의 요구를 평가절하하거나 그를 존중하지 않을 가능성이 높다. 만약 당신이 '나는 너보다 못났어.'라는 생각에 사로잡히게 되면, 당신은 불안전하게 느끼고, 불안하며, 거절당할까 봐 두려워지게 되고, 안심시켜 주기를 원하고, 인정을 요구하게 되며, 자신의 요구를 무시할 가능성이 높다. 그래서 이런 이야기를 꽉 잡고 있는 것은 도움이 되지 않는다.

　당신의 마음은 이 말에 찬성하지 않을지도 모른다. "하지만 그건 사실이잖아!"라고 반항할 수도 있다. 그렇다면 따져 보자. 만약 당신의 마음이 당신이 더 낫다는 것을 '증명'하고 싶다면 아마도 당신이 파트너보다 우월하다는 것을 증명할 수 있는 방법을 수없이 찾을 것이다. 그리고 만약 당신의 마음이 파트너보다 당신이 못났다는 것을 '증명'하고 싶다면 당신보다 파트너가 낫다는 아주 많은 증거를 찾아낼 것이다. 이것은 항상 가능한데, 만약 당신이 어떤 두 사람을 함께 짜 맞춘다면 그들은 필연적으로 서로 다른 '강점'과 '약점'을 가지게 될 수밖에 없기 때문이다. 그리고 자신이 못났다고 느끼게 되면 그대로 당신이 '약하다'는 것에 모든 것을 집중해 버리고 만다. 나는 확실히 말하는데, 만약 당신이 꼼꼼히 들여다본다면 둘 다 선택의 여지가 없다는 것을 알게 될 것이다. (어찌하였든 당신은 내가 '더 낫다' 그리고 '못났다'를 따옴표 안에 집어넣은 것을 알아차렸을 것이다. 이렇게 한 이유는 그것이 사실이 아닌 판단이라는 것을 재인식시키기 위해서이다. 한 사람이 못났다고 본 것을 다른 사람은 잘났다고 판단할 수 있다. 예를 들어, 내가 슬플 때 내 마음대로 울 수 있는 것을 나는 강한 것이라 판단하는데 누군가는 약한 것이라고 판단할 수 있다. 특히 그들이 '남자는 울어서는 안 돼!'라는 생각에 융합되어 있다면 더욱 그럴 것이다.)

369

　　당신이 얼마나 자신에 대한 평가를 쉽게 '증명'할 수 있는지 고려한다면 이런 논쟁을 하는 데 시간을 허비하고 있을 이유가 있는가? 그것이 '참인가 거짓인가'를 따지기보다는 그것을 작업가능성의 관점, 즉 얼마나 효율적인가의 관점에서 생각하는 것이 더 도움이 될 것이다. 당신 자신에게 정직하게 물어보라. 자신에 대한 이야기를 꽉 잡고 있는 것이 당신의 관계를 풍요롭게 만들어 주고 보람되게 만들어 주는 데 도움이 되는가? '내가 더 나아.'라는 생각을 꼭 붙잡는 것이 자신이 좀 더 낫다고 느끼게 하는 데는 도움이 될지 모르지만, 흔히 거만함, 이기주의, 자기중심주의 등으로 연결될 수 있고 동등이나 공정과 연관된 가치를 소홀히 하게 만들 수 있다. '나는 부족해.'라는 생각에 매달리는 것은 흔히 불안정감, 질투, 우울감, 불안, 빈곤감 등으로 연결될 수 있고, 자기배려나 자기존중과 연관된 가치를 소홀하게 만들 수 있다. 그래서 그중 어떤 것도 당신의 관계에는 도움이 되지 않는다.

당신이 우리 모두가 그것이 긍정적이든 부정적이든 우리 자신의 이야기를 가볍게 잡고 있으면 그로부터 도움을 받을 수 있음을 알았으면 좋겠다. 그렇게 되면, 당신의 마음이 당신에게 긍정적인 자기 이야기를 할 때 당신은 미소 지으며 "음, 흥미로운 이야기로군." 하고 말할 수 있다. 당신의 마음이 당신에게 부정적인 자기 이야기를 할 때도 당신은 미소 지으며 "음, 흥미로운 이야기로군." 하고 말할 수 있다. 당신의 마음이 당신을 파트너와 비교하려 할 때 역시 미소 지으며 "아하! 비교하기의 재방문!" 하고 이름 붙일 수 있다.

다른 모든 생각과 마찬가지로 당신은 자신의 이야기를 왔다 갔다 하게 놔둘 수 있다. 당신은 그것을 지나치는 차들처럼 그냥 오가게 놔두거나 물위의 나뭇잎처럼 흘러가도록 놔둘 수 있다. 그리고 자기 이야기에 빠져 들어가기보다는 자신의 가치에 방향을 맞출 수 있다. 당신은 어떤 종류의 파트너가 되기를 원하는가? 당신은 동등, 공정, 존중 그리고 배려와 연관된 가치를 가지고 있는가? 만약 당신의 이야기에 따라 움직이지 않고 이런 가치가 당신을 인도하도록 한다면 어떤 일이 일어날 것 같은가?

370

행동을 변화시키기: 행동보다 말이 쉽다?

장기적으로 유지해 온 행동 양상을 바꾸는 것은 결코 쉬운 일이 아니다. 당신의 마음은 당신이 낫다거나 부족하다고(아니면 둘 다를) 오랜 세월 당신에게 이야기해 왔을 것이다. 그리고 당신은 이런 이야기를 잡아내는 데 선수가 되었을 것이고, 이야기에 바로 빨려 들어가 버릴 것이다. 그래서 만약 당신이 그것을 내려놓는 것이 어렵다는 것을 발견한다면 나는 당신에게 '강물에 나뭇잎 흘려보내기' 훈련(10장을 보라)이나 '마음챙김적 호흡하기' 훈련(11장을 보라)을 적어도 하루에 한두 번 5~10분 정도씩 따로 연습하거나 함께 연습할 것을 권한다(더 하는 것이 더 좋다!). 당신이 반복해서 마음챙김이 마련해 주는 '정신적 공간'으로 들어가게 되면 당신은 무언가 힘을 받는다는 느낌을 갖게 될 것이다. 말로 표현할 수 없는 무언가 자기 자신에 대한 좀 더 높은 차원의 자기를 발견하게 될 것이다. ACT에서 우리는 이런 당신의 부분을 '관찰하는 자기'라고 부른다.

우리는 '자기'에 대해 이야기할 때 서로 다른 여러 방식으로 이야기할 수 있다. 그러나 서구 사회에서는 흔히 우리 자신을 ① 신체적 자기-우리 몸과 ② 생각하는 자기-우리 마음의 두 가지 방식으로 국한시킨다. 그러나 앞서 언급한 바 있지만, 우리가 마음챙김을 연습할 때마다 사용하는 자기의 세 번째 측면이 있다. 우리가 본인의 생각을 관찰할 때, 누가 그것을 관찰하고 있는 것일까? 당신이 당신 머리 안에서 목소리가 시시한 말을 지껄이고 있는 것을 알아차릴 때, 누가 그것을 알아차리고 있는 것일까? 당신이 당신의 호흡을 관찰하고 있을 때, 누가 그것을 관찰하고 있는 것일까? 당신이 당신의 감정에 대해 알아차리고 있을 때, 누가 그것을 알아차릴까? ACT에서 우리는 일반적으로 당신의 이런 부분을 **관찰하는 자기**(observing self)라고 부른다. 이것은 모든 인간이 가지고 있는 부분으로 서구 문화에서는 흔히 간과되고 있는 부분이기도 한다.

일상적으로 흔하게 쓰는 언어에서 우리는 '마음'이라는 단어를 그것이 가진 두 가지 주요 요소인 생각하는 자기와 관찰하는 자기를 의식하지 않고 사용한다. 우리 모두는 생각하는 자기에 매우 친숙하다. 이것은 생각, 믿음, 기억, 환상, 계획, 백일몽, 의견, 판단과 같이 말과 장면의 끊임없는 흐름으로 우리를 되돌려 놓는 우리 자신의 일부분이다. 그래서 '마음'이라는 단어를 쓸 때, 우리는 일반적으로 생각하는 자기를 일컫는다. 이와는 달리 많은 사람은 조용히 알아차리거나 관찰하는 우리의 부분인 관찰하는 자기에 대해서는 개념이 없다. 일상 언어에서는 이를 표현하는 단어조차 없을 정도이다. 우리가 가지고 있는 가장 근접한 용어는 '알아차림(awareness)' 혹은 '의식적인(conscious)' 정도이다.

생각하는 자기와 신체적 자기(당신의 몸)는 함께 화합해서 인생이라는 무대에서 쇼를 만들어 낸다. 신체적 자기는 오감 모두를 통해 세상과 상호작용해서 당신이 느끼는 모든 감각, 즉 시각, 청각, 촉각, 미각 및 후각을 만들어 낸다. 생각하는 자기는 당신의 모든 생각, 기억 그리고 심상을 만들어 낸다. 당신의 느낌과 감정은 감각, 심상, 기억 그리고 생각의 혼합체이다. 그래서 생각하는 자기와 신체적 자기는 함께 인생이라는 무대에서 쇼를 보여 준다. 그 쇼의 장면은 당신의 모든 생각, 감정 그리고 당신이 보고, 듣고, 만지고, 맛보고, 냄새 맡는 모든 것으로 이루어져 있다. 그리고 그 쇼는 끊임없이 변화한다. 관찰하는 자기는 이런 쇼를 바라볼 수 있는 당신의 일부이다. 이 자기는 쇼의 특정 부분에만 초점을 맞출 수도 있고, 뒤로 물러서서 한 번에 쇼의 모든 것을 바라볼 수도 있다. 비록 쇼는 계속 변화하고 있지만 관찰하는 자기는 그렇지 않다. 당신이 매번 실행하는 마음챙김 훈련은 당신의 이런 부분을 포함하고 있다. 당신이 당신의 생각을 바라볼 때, 당신의 호흡을 관찰할 때, 당신의 감정을 알아차리고 마음 안에 그에 대한 공간을 만들고 마음을 열 때, 그대로 놔두기를 할 때, 혹은 전념을 할 때 당신의 관찰하는 자기가 작동하고 있는 것이다. [만약 당신이 관찰하는 자기에 대해 더 알기를 원한다면 나의 첫 번째 책인『행복의 덫(The Happiness Trap)』을 읽어 볼 수 있다. 뒤의 추천도서를 참고하라.]

373

당신의 관찰하는 자기는 당신이 자신의 이야기를 가볍게 잡으면 나타나는데, 당신에게는 아주 강력한 동료이다. 이것은 당신으로 하여금 자신의 이야기가 생각의 모음 이상의 것이 아님을 알게끔 도와준다. 그리고 그것은 얼마나 맞느냐 틀리냐와 상관없이 삶이라는 놀라운 쇼의 아주 작은 일부일 뿐이다. 이는 당신이 무대에서 좀 떨어져서 쇼를 바라보면 명백해진다. 당신은 생각이 단지 단어나 광경 혹은 소리 이상의 아무것도 아니라는 것, 즉 생각의 본질을 인식할 수 있다. 핵심은 그것이 맞느냐 틀리냐가 아니다. 당신이 그것을 너무 꽉 잡으면 문제를 겪게 될 것이라는 것이다. 관찰하는 자기의 '정신적 공간'에서는 자신의 이야기는 더 이상 당신을 꽉 잡지 못한다. 무대에서 당신이 더 물러날수록 당신은 자기 이야기를 있는 그대로 볼 수 있다. 마치 연기자가 당신의 관심을 끌려고 노력해서 관심을 전부 끌게 되면 스포트라이트 조명을 받기 시작하고 무대의 나머지 부분은 어둠으로 빠져들게 되는 것과 비슷하다. 그리고 가끔은 이것이 성공을 한다. 그러나 당신이 마음챙김 기술을 발전시킬수록, 당신은 어느 한 연기자에게 조명을 집중시키는 대신에 조명을 무대 전체에 비추게 된다.

단기적으로는 이런 자기 이야기를 그대로 놔두는 것이 불편할 수 있다. 예를 들어, 만약 당신이 자기가치를 느끼기 위해 '내가 낫다.'는 이야기에 의존하고 있는데 이것을 그대로 놓으려 시도하면, 당신은 불안, 불안정감 혹은 자기회의가 일어남을 느낄 수 있다. 이와 비슷하게, 만약 당신이 '나는 모자르다.'라는 이야기를 그대로 놔두려 시도하면 그것이 자기존중 및 자기배려와 연관된 당신의 가치에 영향을 주어, 당신은 거절이나 상처를 받을 것에 대한 두려움을 경험할 수 있다. 그래서 자신에게 "나는 더 나은 그리고 풍요로운 관계를 만드는 데 느낄 수 있는 불편함을 위해 기꺼이 마음의 공간을 만들 의향이 있나?"라고 물어보라. 만약 그 답이 '예'라면 그대로 놔두기, 개방하기, 가치에 따라 행동하기, 전념하기의 LOVE를 연습하라. 만약 '아니요'라면 당신이 그 이야기에 꽉 잡혀 있음을 수용하라. 그리고 다시 당신이 움직일 수 있을 때까지 자기온정을 연습하라.

25장

자, 이제는 즐거워할 시간이다!

우리가 그동안 쉽게 무시해 온 중요한 가치 중 하나는 즐거워하는 것이다. 만약 당신이 이 가치를 소홀히 한다면, 관계는 매우 무겁고 너무 진지해질 것이다. "일만 하고 놀지 않으면 바보가 된다." 라는 속담이 있다.

연결을 위한 의식을 새롭게 만들기

그렇다. 바쁘고 스트레스가 가득한 우리의 삶에서 우리는 즐거움과 놀이를 위한 시간을 내는 것을 쉽게 잊고 산다. 그래서 규칙적으로 '연결을 위한 의식(connection ritual)'을 마련하는 것이 매우 유용하다. '연결을 위한 의식'이란 당신과 당신 파트너와의 결합을 강화시켜 주는, 당신이 규칙적으로 하는 일련의 행동을 말한다. 당신은 이런 의식을 즐겁게 하는 데, 놀이를 하는 데, 즐거움을 공유하는 데, 서로를 지지하는 데, 감정을 표현하는 데, 혹은 친밀감을 깊게 만드는 데 사용할 수 있다. 연결을 위한 의식의 간단한 예를 들면 다음과 같다.

- 일을 하고 집에 돌아와서 그날의 일을 이야기하기
- 한잔 하면서 허심탄회하게 마음을 털어놓는 것
- 데이트하는 것: 저녁 식사, 영화, 볼링, 춤 등
- 달리기, 수영, 산책 및 요가와 같은 신체적 활동을 함께 하기
- 명상, 교회에 나가는 것과 같은 영적인 활동을 함께 하기
- 취미, 공예 혹은 창작 활동을 공유하기
- 놀이를 함께 하기
- 가족과 함께 외출하기
- 친구와 함께 저녁 식사를 하기
- 소파에 앉아 서로를 끌어안아 주는 것부터 섹스를 하는 것까지를 포함하는 신체적 친밀감을 가지기

이런 연결을 위한 시간을 가지는 것은 건강한 관계가 장기적으로 지속되는 데 꼭 필요한 부분이다. 그래서 이 목록을 기억했다가 당신의 일지나 작업지에 적어 넣고 자신만의 의식이나 방법이 생각날 때 그것을 꼭 기록한다.

당신의 파트너가 원한다면

당신들이 함께 좀 더 규칙적으로 연결되기 위해서는 어떤 방법이 도움이 될지 생각해 보라. 앞서 제시한 목록을 일종의 지침으로 사용할 수 있다. 그리고 이전에 당신들이 어떻게 연결되었는지 생각해 보는 것도 도움이 된다. 일단 당신들이 이런 생각의 목록을 만들었으면 그중 가장 효과가 있는 것을 선택해서 실제로 그것을 언제 어디서 실행할지 결정하라.

많은 커플이 '저녁 데이트'를 하는 계획이 도움이 된다고 이야기한다. 일주일에 한 번 단 둘이 데이트를 나가라. 이런 데이트에는 친구가 필요 없다. 당신 둘은 그냥 서로가 있다는 것만으로도 감사하라. 만약 이것이 마음에 든다면 당신의 달력을 꺼내서 적어도 한 달 전에 데이트 날짜를 정해서 적어 넣으라. 이렇게 하지 않으면 당신은 일상의 요구에 또 잡혀 버리게 되어 데이트 날짜를 잊어버릴 수 있다. (만약 일주일에 한 번이 불가능하다면 자신의 상황에 맞추어서 조정할 수 있다.)

많은 커플이 간단한 의식이 자신들의 관계에 대해 규칙적으로 허심탄회하게 마음을 열고 이야기하는 데, 즉 관계가 어떻게 되어 가는지에 대한 둘의 관점을 '점검'하는 데 도움이 된다고 이야기한다. 저녁 식사를 함께 하면서, 한잔 하면서, 공원을 산책하면서, 혹은 밤에 데이트를 하면서 간단한 의식을 할 수 있다. 어떤 커플은 그것을 2주에 한 번 하기도 하고, 어떤 커플은 한 달에 한 번 하는 것이 더 낫다고 이야기한다. 당신은 이를 자신의 요구나 상황에 맞출 수 있다. 다음은 당신이 이런 이야기를 할 때 유용하게 사용할 수 있는 몇 가지 질문이다.

• 우리 관계를 좋게 해 주는 것이 무엇이라 생각하는가? 당신이 느낀 것 중에 그렇다고 이야기할 수 있는 것은 무엇인가?

- 지난 두 주 동안 당신이 가장 고마웠던 것은 무엇인가?
- 당신이 가장 연결되어 있다, 만족한다, 사랑받고 있다, 지지받고 있다, 이해받고 있다, 수용되고 있다, 혹은 배려받고 있다고 느낄 때는 언제인가?
- 무엇이 우리 관계에서 문제인가? 우리 사이가 좀 더 나아지려면 어떻게 달라져야 할까?

당신이 데이트를 계획하거나 다른 연결을 위한 의식을 준비할 때 당신의 관계에서 재미나 놀이, 여가, 즐거움 등을 느끼게 할 방법을 생각해 보라. 번갈아 가면서 다음 질문을 물어보고 또 대답하라.

- 재미있는 생각이 있는가?
- 우리가 이전에 했던 것 중 무엇이 재미있었는가?
- 당신을 웃게 하거나 미소 짓게 만드는 것은 무엇인가?
- 당신은 언제 가장 살아 있는 것처럼 느끼는가?
- 무엇이 당신을 기쁨으로 가득 차게 만들어 주는가?
- 우리가 최근에 한 것 중 어떤 것이 당신을 재미있게 해 주었는가?
- 앞으로 우리가 어떻게 하면 좀 더 재미있을 수 있을까?

일단 당신이 이들 질문에 답하였다면 그것을 계획으로 전환시키라. 함께 재미를 느끼거나 즐거움을 느끼기 위해 쉽게 규칙적으로 할 수 있는 일련의 활동에 대한 계획을 짜라. (그리고 당신이 그것을 언제 할 수 있는지, 그것에 온전히 전념할 수 있는지 확인하라. 만약 당신이 자신의 마음 안에 머무른다면 그렇게 재미있지 않을 것이 확실하다.)

당신의 마음을 계속해서 들여다보라

ACT는 당신이 자신의 가치에 대해 규칙적으로 심사숙고하라고 권고한다. 그에 대해 생각하고, 이야기하고, 써 보고, 명상해 내라. 이것이 당신으로 하여금 긴 안목으로 보면 중요한 것과 지속적으로 접촉을 유지하면서 머무르는, 당신의 마음 안에 '큰 관점(big picture)'을 유지하는 데 도움을 줄 것이다. 당신이 도움 되지 않는 이야기에 빠져들 때, 싸움과 언쟁으로 상처받을 때, 당신 파트너가 당신과 달라서 실망하거나 자극받을 때, 지루함을 느낄 때, 덫에 걸렸을 때, 환멸을 느낄 때, 기만당했을 때, 혹은 만족스럽지 않을 때, 당신은 항상 당신의 가치로 돌아가 도움을 받을 수 있다. 가치는 당신을 그 자리에 멈춰 세워서 제자리로 돌아가게 도와 준다.

그러나 당신의 가치는 책장에 있는 책처럼 깔끔하게 쌓여 있지 않다. 그것은 서로 다른 방향으로 당신을 끌려고 할 가능성이 높다. 그래서 당신은 종종 자신의 가치 사이에서 선택을 해야 할 것이다. 그리고 어떤 상황에서는 특정 가치가 다른 가치에 우위를 점할 수도 있다. 심리학자 존 포사이스(John Forsyth)는 이와 관련해 주사위의 비유를 사용한다. 만약 당신이 주사위를 손에 들고 돌리면 어떤 위치에서는 한 면밖에 볼 수 없고, 또 다른 위치에서는 두 면 혹은 세 면을 볼 수 있다. 그러나 어느 각도에서도 세 면 이상은 볼 수 없다. 당신이 그것을 어떻게 잡고 있는가에 상관없이, 주사위에는 당신이 볼 수 없는 세 면이 항상 존재한다. 그것은 없어진 것이 아니

379

다. 그냥 잠시 볼 수 없을 뿐이다. 주사위를 다시 돌리면 그것은 즉각적으로 다시 볼 수 있다. 이와 비슷하게, 어떤 주어진 순간에 어떤 가치는 전면으로 드러나지만 다른 가치는 뒤로 숨게 된다.

그래서 심리적 유연성의 중요한 측면 중 하나가 필요한 가치 사이에서 전환을 할 수 있는 능력이다. 그렇게 함으로써 당신은 그것을 가볍게 잡을 수 있다. 그렇다. 가치는 다른 여러 생각과 마찬가지로 당신이 그것을 너무 꽉 잡으면 문제를 만들 수 있다. 만약 너무 꽉 잡으면 그것은 규칙이 되어 버리고, 그 자체가 경직적이거나 제한적으로, 아니면 가혹하게 변할 수 있다. 그래서 나침판으로서의 가치 개념으로 다시 돌아갈 필요가 있다. 당신은 때때로 나침판을 꺼내 당신이 제대로 방향을 잡고 있는지 확인해 보고 또다시 필요할 때까지 그것을 당신의 배낭 안에 넣어 두면 된다. 당신이 만약 걸음을 걸을 때마다 나침판에 너무 의존한다면 당신은 여행을 전혀 즐기지 못할 것이다.

가치는 매우 유용하다. 당신이 어디를 가든 가치는 당신과 함께한다. 당신은 어느 순간이든 그것을 당신을 인도하거나 힘을 불어넣는 데 사용할 수 있다. 당신은 가치를 당신이 스모그에서 벗어나서 계곡으로 향하려 한다는 것을 상기시켜 주는 것이나 모닝콜과 같은 용도로 사용할 수 있다. 그래서 당신이 이 책의 마지막을 읽기 전에 나는 7장으로 다시 돌아가 당신의 마음속을 다시 유심히 그리고 충분히 들여다볼 것을 권한다. 이것은 당신이 모험을 잘할 수 있도록 준비시켜 줄 것이다.

26장

모험은 계속된다

마크 트웨인은 "금연은 내가 해 본 것 중에 가장 쉬운 일이었다. 나는 매일 끊어 봐서 수백 번도 더 해 보았다."라고 쓴 바 있다. 담배를 전혀 피우지 않는 많은 사람도 이 재치 있는 말을 이해할 수 있다. 당신은 "나는 절대로 다시는 이렇게 하지 않을 거야!"라는 말을 얼마나 많이 하였는가? 물론 30분이 채 지나기도 전에 당신은 또 그렇게 말할 것이다. 당신은 '다음 번엔 분명히 다르게 처리할 거야!'라는 생각을 얼마나 자주 하였는가? 그럼에도 다음 번에 당신은 충격과 공포에 질려 이전과 똑같이 끝을 내게 된다! 여기서 현실은 깊게 뿌리박힌 행동들은 바꾸기가 쉽지 않다는 것이다. 만약 이 말을 믿기 어렵다면, 자신을 유심히 살펴보라. 당신은 자신의 '나쁜 버릇'을 모두 성공적으로 없애 버린 적이 있는가? (만약 그렇다면 축하한다. 당신은 인류 역사상 최초의 완벽한 인간이다. 당신은 그에 대해 책을 써야만 한다!)

현실과 재발

당신의 관계가 문제가 있는 한, 당신과 당신의 파트너 모두는 아주 많은 자멸적인 습관을 만들어 나갈 것이다. 그리고 그중 어떤 것은 당신 판단, 규칙 및 기대와 융합되는 경향성과 같이 아주 어려서부터 있었던 것도 있을 것이다. 이런 습관들에 대한 알아차림만으로는 충분하지 않다. LOVE를 반복적으로 연습하는 것만이 DRAIN을 돌려놓을 수 있다.

그렇기는 하지만 현실적이 되자. "연습이 완벽함을 만든다."라고 말하는 사람은 누구든지 확실히 착각하고 있는 것이다. 완벽함 같은 것은 없다. 연습은 당신이 더 나은 관계 기술을 확립하는 데 도움을 줄 것이다. 그러나 당신의 자멸적인 행동 모두를 영원히 없애주지는 못한다. 당신과 당신 파트너는 바보 같은 짓을 할 것이고, 실수를 할 것이며, 다시 '나쁜 버릇'으로 돌아갈 것이다. 이런 일은 끊임없이 반복될 것이다.

그러나 이 말이 당신이 '포기해야' 한다는 것을 의미하지는 않는다. 단지 '현실적이 되라'는 것이다. 연습을 통해, 당신은 자신의 가치에 따라 사는 것을 더 잘 할 수 있게 되고 스모그를 흩어지게 하는 것, 파트너에게 전념하는 것, 공정하게 싸우는 것, 회복을 시도하는 것, 용서와 온정을 연습하는 것, 친절하게 부탁하는 것, 고마움을 표시하는 것 그리고 서로 다르다는 사실을 받아들이는 것을 더 잘 할 수 있게 될 것이다. 그래서 당신이 연습을 더 할수록, 당신의 미래에 대한 전망은 더 나아질 것이다. 그리고 동시에 비현실적인 기대는 그대로 놔두라. 당신과 당신 파트너 모두가 항상 효과적으로 행동하지는 못한다. 그리고 당신이 LOVE의 원칙을 얼마나 적용하는가와 상관없이, 또 그것이 어느 정도나 당신의 '제2의 천성'이 되어 있는지와 상관없이, 당신이 그 원칙을 잊어버리고 다시 이전 방식으로 돌아가는 경우는 아주 많다.

이것이 내가 커플들을 상담할 때 항상 '재발'의 불가피성을 논의하는 이유이다. 나는 "그래요. 그래서 그녀는 당신에게 소리 지르거나 당신에 대해 비판하는 대신에 이제부터는 그녀가 왜 화가 났는지를 조용히 그리고 존중하는 마음으로 설명하겠다고 노력할 것을 약속하였습니다. 나는 그녀가 매우 성실하다는 것을 확신합니다. 그녀는 진심으로 노력할 거예요. 그런데 나의 질문은 '이것이 정말로 그녀가 다시는 당신에게 소리 지르지 않거나 비판하지 않을 것임을 의미하는가?'입니다."라고 말한다. 이렇게 말하는 목적은 그녀의 노력을 폄하하는 데 있지 않고 단지 현실적인 면을 이야기하려는 데 있다.

대부분의 커플은 이에 대해 고마워한다. 그것이 그들로 하여금 '완벽한 파트너' 이야기를 가볍게 잡도록 도와주기 때문이다. 만약 한 파트너가 "아니요. 그것은 탐탁치 않아요. 나는 그것이 다시는 일어나지 않는다는 확신이 필요해요."라고 항의할 수 있다. 그러면 우리는 다시 '작업 가능성'으로 돌아가야 한다. 당신의 파트너가 하룻밤 사이에 변해서 다시는 재발하지 않을 것이라는 기대를 꼭 잡고 있는 것이 얼마나 효과적인 것인지 따져 봐야 한다. 이것이 당신으로 하여금 수용과 이해를 더 넓히는 데 도움을 줄 것인가, 아니면 단지 긴장과 갈등을 더 증가시킬 것인가?

물론 확실히 재발을 받아들일 수 없는 종류의 행동이 있을 수 있다. 만약 당신의 파트너가 다른 사람과 성관계를 가진다든지, 당신을 신체적으로 학대한다든지, 당신의 돈을 훔쳐 그것으로 노름을 한다면 당신은 이런 행동이 다시 일어날 위험을 감수하는 것보다는 그를 떠날 가능성이 높다. 실제로 많은 사람이 당신에게 그렇게 하라고 충고해 줄 것이다. 그러나 궁극적으로 이것은 다른 사람이 아닌 당신 자신의 결정이다. 만약 당신이 파트너와 함께 머무르기를 선택하였다면 그가 이런 행동의 과거력을 가지고 있다는 것을 알아야 하며, 현실적이 되어서 그가 다시는 그러지 않겠다고 얼마나 맹세하든 간에 재발이 일어날 가능성이 높다는 것을 인식해야만 한다. (그리고 신뢰를 다시 구축하기 위해 23장으로 되돌아가라.)

바보같이 행동하기

사람들은 너무 자주 바보같이 행동하기 때문에, 나는 나의 내담자들에게 다음과 같은 세 가지 질문을 반복해서 한다.

- 당신의 파트너가 바보처럼 행동할 때, 이상적으로 당신은 어떻게 반응하는 것이 좋을까?
- 당신이 바보처럼 행동할 때, 이상적으로 당신은 파트너가 어떻게 반응하기를 바라는가?
- 당신 중 한 명이 바보처럼 행동할 때, 이 문제를 효과적으로 다루고 문제를 해결하기 위해 이상적으로 당신은 무슨 말과 행동을 하면 좋을까?

이들 질문에 답하기 전에 당신의 가치와 접촉하라. 그리고 당신이 어떤 유형의 파트너가 되고 싶은지 심사숙고하라. '동네북'과 '벽을 부수는 기계' '악어'와 '강아지'를 다시 생각해 보라. 이들 재미있는 용어는 당신이 아무런 생각 없이, 자동항법에 따라 그냥 하는 행동 양상인 자멸적인 습관을 일컫는다. 만약 당신이 마음챙김

385

적으로 반응한다면 당신의 가장 깊은 가치에 따라 행동하게 될 것이고, 그러면 당신 중 한 명이 바보 같은 짓을 할 때 당신은 무어라 말하거나 행동하게 될 것 같은가? 당신은 기꺼이 용서하고, 그대로 놔두고, 앞으로 더 나아갈 수 있는가? 당신은 기꺼이 마음 안에 고통스러운 감정에 대한 공간을 만들고, 도움 되지 않는 생각들을 그대로 놔두며, 문제를 회복시키는 방식으로 의논할 수 있는가? 당신은 18장에 쓰인 대로 당신의 파트너가 잘못 했을 때 질책하는 대신에 잘하고 있을 때 그것을 알아내어 고맙다고 말해 주는 것처럼 긍정적인 강화의 원칙을 기꺼이 적용할 의향이 있는가? 만약 그렇지 않다면, 기꺼이 하려는 생각이 없는 것이 길게 볼 때 어떤 대가를

치르게 할 것 같은가?

　이 절의 서두에서 제시한 세 가지 질문에 대해 심사숙고할 시간을 가져 보고 당신의 일지나 작업지에 그 답을 적어 보라. 그리고 만약 당신 파트너도 원한다면 함께 이 훈련을 하고 각자의 답에 대해 서로 이야기해 보라.

모든 것을 함께 하나로 묶기

　이 책을 한 번 읽는 것으로는 모든 것을 충분히 이해하기에 부족할 것이다. 이 책은 일종의 참고서로 사용될 수 있도록 쓰였다. 이 책은 당신이 다시 찾아볼 수 있는 자료와 다시 고려할 수 있는 아이디어, 반복 가능한 훈련으로 채워져 있고, 당신의 기억을 새롭게 해줄 수 있다. 나의 바람은 당신이 이 책을 아무 때나 펴도 항상 당신이 개인적으로 필요하고 유용한 것을 발견할 수 있었으면 하는 것이다. 당신이 기억해서 유용한 것 몇 가지를 나열하면 다음과 같다.

386

- 사랑과 고통은 댄스 파트너로서 함께 간다.
- 당신은 당신이 원하는 것을 항상 얻을 수는 없다.
- 완벽한 파트너 같은 것은 없다.
- 복잡한 문제는 그 해결책도 간단하지 않다.
- 당신은 파트너를 조절할 수 없지만 자신은 조절할 수 있다!
- 당신이 파트너에게 영향을 미칠 수는 있지만(can) 벌보다는 상

이 더 효과적이다.

- 갈등은 피할 수 없지만 공정한 싸움과 회복의 시도 그리고 온정을 연습하는 것은 갈등을 훨씬 덜 파괴적으로 만들 것이다.
- 사랑의 감정은 왔다 갔다 하지만 사랑을 행동으로 옮기는 것은 언제든지 할 수 있다.

우리는 이 목록을 몇 장으로 만들 수도 있을 것이다. 그러나 이 책의 핵심, 즉 당신의 관계를 회복시키고 깊게 하는 것은 다음 두 가지 생각으로 요약될 수 있다.

① 단절, 반응하기, 회피, 당신의 마음 안에 머무르기 그리고 가치를 소홀히 하기의 DRAIN을 줄이라.
② 그대로 놔두기, 개방하기, 가치 부여하기 그리고 전념하기의 LOVE를 늘리라.

387

가치 부여하기에서 우리는 주로 배려하기, 연결 및 기여에 초점을 맞추었다. 우리가 말할 수 있는 다른 수많은 가치가 있을 수 있다. 그러나 이 세 가지 가치는 특히 중요하다. 이들 가치 없이 풍요로운 관계를 만드는 것은 늪 위에 성을 짓는 것과 같다.

우리는 이와 함께 당신이 자신을 위해서도 노력하는 것과 자신을 가능한 한 최고의 파트너로 만드는 것 또한 중요하다고 생각한다. 한 파트너가 마음챙김적으로 행동하기 시작할 때 관계 안에서 긴장과 갈등이 급격히 줄어들게 되는 것을 매우 자주 보게 된다. 그리고 당신이 배려, 친절함, 돌봄, 용서, 수용, 온정, 자기주장, 평등 및 존중과 같은 가치에 따른 행동을 더 할수록, 당신의 파트너는 더 긍정적으로 반응할 가능성이 커진다.

당연히 말하는 것이 행동하는 것보다 쉽다. 당신이 가는 길에 항상 아주 많은 장애물이 있을 것이다. 성 알프레드 디 수자(Alfred D'Souza)의 말을 인용하면 다음과 같다. "오랫동안 나는 이제 곧 진정한 삶이 시작될 것이라 믿었다. 하지만 내 앞에는 언제나 온갖 방해물과 시급히 해결해야 할 일들과 끝내지 못한 일들 그리고 갚아야 할 빚이 있었다. 그래서 나는 이런 것을 모두 끝내고 나면 진정한 삶이 펼쳐질 것이라고 믿었다. 그러나 결국 나는 깨닫게 되었다. 그런 방해물이 바로 내 삶이었다는 것을."

친밀한 관계가 장애물을 줄여 주지는 못한다. 고민, 어려움 그리고 문제가 모든 형태와 양상으로 다가올 것이다. 그러나 만약 바른 태도를 유지한다면 이런 어려움은 오히려 성장의 기회가 될 수 있다. 그것은 심리적 유연성을 증진시킬 기회를 제공해 줄 뿐만 아니라 당신 둘 사이의 결합을 더 강하게 그리고 깊게 만들어 줄 기회도 제공해 준다. 여기에 필요한 태도는 바로 기꺼이 하기이다. 기꺼이 배우고, 성장하고, 적응하는 것이다. 그리고 당신의 기대에 못 미치더라도 기꺼이 그 현실을 받아들이는 것이다. 당신 둘이 서로 다름에 대해 기꺼이 다가서고, 이 다름을 해결하거나 수용할 수 있는 건설적이고 배려하는 방법을 발견하는 것, 또 기꺼이 끊임없이 변화하는 삶의 상황을 유연하고 적응적으로 다루는 것이다. 이에 더해 당신 파트너와의 관계가 강경해지거나 지루해지더라도 기꺼이 파트너와 연결되려 하고, 파트너를 배려하고, 파트너에게 기여하는 것도 포함된다. 이 외에 포기하지 않고 끊임없이 기꺼이 그대로 놔두기, 개방하기, 가치 부여하기 그리고 전념하기도 포함된다.

마지막 이야기

LOVE의 원칙은 단순하지만 쉽지는 않다. 그것은 힘든 노력과 연습 그리고 헌신을 필요로 한다. 위대한 시인 라이너 마리아 릴케는 사랑에 대해 "한 사람이 다른 사람을 사랑하는 것은 아마도 가장 어려운 일일 것이다. 그것은 궁극적이고 최종적인 시험이며 또한 증거이기도 하다. 다른 모든 일은 그것을 하기 위한 준비에 불과하다."라고 말하였다. 다행히 과정은 힘들지만 그것은 아주 큰 보상을 가져다준다.

389

사랑은 위대한 모험이다. 사랑은 경이로움과 두려움, 즐거움과 고통, 고난과 환희 모두 가져다준다. 요령은 그것의 모든 부분을 끌어안는 것이다. 경이로움과 환희는 당신에게 힘을 불어넣어 줄 것이고, 고통은 당신의 자세를 낮추어 주고 당신의 마음을 열 수 있게 해 준다. 그러니 사랑이 지속되는 동안 모험 자체를 즐기고 그에 대해 고마워하라. 사랑이 가진 모든 것을 잘 이용하라. 그로부터 많은 것을 배우고 그것을 통해 성장하라. 당신과 당신 파트너의 관계가 강경해질 때(그렇게 될 것이다), 당신 자신에게 친절하게 대하라. 그리고 당신이 어떻게 느끼고 있는가와 상관없이 LOVE로 ACT하라.

부록

그것이 끝날 때 진짜 끝이 난다

이 부분은 내가 쓰고 싶지 않았던 부분이다. 나의 바람은 그대로
놔두기, 개방하기, 가치 부여하기 그리고 전념하기의 LOVE를 통해
당신이 본인과 파트너의 문제를 풀고, 둘이 서로 다른 점을 조정하
고, 관계를 더 깊고 강하게 만드는 것이었다. 슬프게도, 이런 식으
로 일이 풀리지 않을 때가 종종 있다. 당신이 인간적으로 할 수 있는
모든 일을 시도하지만 문제를 해결할 수 없을 때가 있다. 당연히 책
한 권을 읽는 것이 도움을 받을 가능성 모두를 대신하는 것은 아니
다. 내가 뒤의 '이용할 수 있는 자원'에 열거한 다른 책들도 매우 유
용할 수 있다. 이에 더해 많은 커플이 치료자와 상담자를 찾아 개인
치료를 받거나 함께 치료를 받음으로써 많은 도움을 받기도 한다.

그러나 만약 당신이 돌아올 수 없는 상황에 이르거나 당신을 위

해 관계를 끝내는 것이 확실히 옳은 선택이라고 생각한다면 그때에
도 목표는 LOVE로 그렇게 하는 것이다. 당신이 관계에서 떠날 때,
당신의 가치에 맞추려 노력하고 당신이 되고 싶은 사람이 되도록
노력하라. 우호적인 이별이나 이혼은 연관된 모든 사람에게, 특히
아이들에게 더 낫다. 이전 파트너들이 힘든 소송과 증오에 찬 양육
권 싸움에 빠져 꼼짝달싹 못할 때, 변호사들은 돈을 좀 벌지 몰라도
다른 모든 사람은 비참하게 고통을 받는다. 그리고 부모들이 아이
들을 파트너에게 상처를 주기 위한 무기로 사용하는 일은 가슴 찢
어지는 일이다. 아이들은 그 과정에서 틀림없이 상처를 입게 된다.

그렇기 때문에 당신이 떠나기로 마음먹었다면, 당신이 그렇게
해서 무엇을 얻으려 하는지 생각해 보라. 당신은 복수, 쓰라림, 분
노를 위해 그렇게 하려는 건가? 법정에 아이들을 끌고 가기 위해서
인가? 다른 사람에게 상처를 주기 위해서라면 어떤 대가를 치러도
상관이 없는가? 아니면 당신은 당신 삶의 어려웠던 이 시기를 나
중에 돌아볼 때 자부심을 느낄 수 있는 어떤 것, 예를 들어 개방, 정
직, 공평, 친절함, 아이들이 가장 좋을 수 있도록 배려하는 것과 같
은 것을 위해서 그렇게 하고 싶은가?

그리고 다음의 것도 고려해야 한다. 당신이 그대로 놔둘 수 있는
도움 되지 않는 생각에는 무엇이 있는가? "그녀가 나에게 상처를
줬어. 그러니 나도 그녀에게 상처를 줄 거야!"와 같은 복수의 이야
기는 특히 더 유혹적이다. 당신의 마음은 그렇게 하면 기분이 더 나
아질 것이라고 말한다. 그러나 그럴 가능성은 아주 낮다. 그런 복
수가 설사 당신에게 잠깐의 만족을 준다 하더라도 당신은 나중에

그것을 후회할 가능성이 높다. 그렇다면 당신은 두 사람 모두에게 장기적인 이득이 없는데 왜 쓰라리고 질질 끌고 세차게 몰아치는 이별에 당신의 시간, 돈 그리고 에너지를 투자하려 하는가?

이와 함께 모든 고통스러운 상황은 당신에게 심리적인 유연성을 발전시킬 기회를 제공한다는 것을 기억하라. 그래서 쓰레기 더미 안에서 보물을 찾으라. 결국 당신이 이런 어려움을 뚫고 지나간다면 당신은 그로부터 무언가 이득을 얻을 수 있을 것이다. 자신에게 물어보라. "이 문제를 통해 나는 어떻게 성장하고 발전할 수 있을까?" "무엇이 나로 하여금 용서, 온정, 그대로 놔두기, 마음챙김 혹은 수용에 대해 배울 수 있게 해 줄까?" "내 자신의 경험이 내가 걱정하는 다른 사람들에게 어떻게 도움이 될 수 있을까?"

그대로 놔두기, 개방하기, 가치 부여하기 및 전념하기의 LOVE 원칙으로 돌아가고 또 돌아가라. 그 원칙은 관계의 시작, 중간 혹은 끝의 모든 단계에서 유용하고 모든 관계 중 가장 중요한 당신 자신과의 관계에서도 유용하다. 그러니 친절함, 배려, 온정과 같은 당신의 가치에 맞추고 그것을 당신 자신에게 적용하라. 앞으로 다가올 어려운 시간에 당신에게는 LOVE 원칙이 꼭 필요할 것이다.

393

이용할 수 있는 자원

ACT 워크숍

내가 진행하는 ACT 워크숍은 대부분 건강 분야 전문가들을 위한 것이지만, 일반 대중을 대상으로 진행하기도 한다. 호주에서 진행하는 워크숍에 대해 자세히 알고 싶다면 www.actmindfully.com. au을 찾아보라. 미국이나 다른 국가에서의 워크숍에 대해 자세히 알고 싶다면 www.thehappinesstrap.com을 찾아보라.

CD와 작업지

나는 당신이 마음챙김 기술을 발전시키고 호전시키는 데 도움을 주기 위해 〈마음챙김 기술〉 1권과 같은 CD를 만들어서 녹음하였다. www.act-with-love.com의 '이용할 수 있는 자원' 섹션에서 이것을 주문하거나 MP3 파일을 내려받을 수 있다. 같은 사이트에서 당신은 이 책에 있는 훈련을 할 때 함께 사용할 수 있는 일련의 작업지를 무료로 내려받을 수 있다. www.act-with-love.com은 더 큰 웹사이트인 www.thehappinesstrap.com과 링크되어 있다. 이 더 큰 웹사이트는 나의 첫 번째 ACT 기반 도서인『행복의 덫(The Happiness Trap)』을 위해 만들어진 사이트로, 여기에서 ACT를 하는 데 유용한 많은 자원을 무료로 이용할 수 있다.

ACT 치료자 찾기

ACT 치료자를 찾거나 ACT에 대해 더 배우고 싶은 사람은 ACT의 공식 웹사이트인 www.contextualpsychology.org를 방문하면 된다.

396

추천도서

Comfort, A. (1991). *The New Joy of Sex*. New York: Crown Publishers.

Gottman, J., & Silver, N. (1999). *The Seven Principles of Making Marriage Work*. New York: Three River Press.

Harris, R. (2008). *The Happiness Trap: How to Stop Struggling and Start Living*. Boston, MA: Trumpeter Books.

McKay, M., Fanning, P., & Paleg, K. (2006). *Couple Skills*. Oakland, CA: New Harbinger Publications.

Walser, R. D., & Westrup, D. (2009). *The Mindful Couple: Using Acceptance and Mindfulness to Enhance Vitality, Compassion, and Love*. Oakland, CA: New Harbinger Publications.

397

참고문헌

Gottman, J., & Silver, N. (1999). *The Seven Principles of Making Marriage Work*. New York: Three River Press.

Hays, S. S., Strosahl, K., & Wilson, K. G. (1999). *Acceptance and Commitment Therapy: An Experiential Approach to Behavior Change*. New York: Guildford.

Hays, S. S., Wilson, K. G., Gifford, E. V., Follette, V., & Strosahl, K. (1996). Experiential avoidance and behavioral disorders: A functional dimensional approach to diagnosis and treatment. *Journal of Consulting and Clinical Psychology, 64*(6), 1152-1168.

Hite, S. (1976). *The Hite Report: A Nationwide Study of Female Sexuality*. New York: Seven Stories Press.

Neff, K. D. (2003). Self-compassion: An alternative conceptualization of a healthy attitude toward oneself. *Self and Identity, 2*, 85-102.

Nhat Hanh, T. (1976). *The Miracle of Mindfulness!* Boston, MA: Beacon Press.

Weintraub, S. (2001). *Silent Night: The Story of the World War I Christmas Truce*. New York: The Free Press.

저자 소개

러스 해리스(Russ Harris, M.D.)

러스 해리스 박사는 수용전념치료(ACT) 훈련가이자 『행복의 덫(The Happiness Trap)』의 저자이다. 그는 호주 퍼스주에 거주하고 있고, 전 세계를 순회하며 심리학자 및 건강 관련 전문가를 대상으로 ACT 훈련을 하고 있다. www.actmindfully.com에서 그를 만날 수 있다.

역자 소개

이영호(Lee, Youngho)

고려대학교 의과대학을 졸업하고 동 대학원에서 의학 박사학위를 받았다. 정신건강의학과, 신경과 전문의로서 인제대학교 의과대학 서울백병원 신경정신과 교수와 과장을 역임하고, 미국 North Dakota University 산하 식사장애 진료소에서 임상연구원을 지냈다. 현재는 나눔정신건강의학과의원 서울대입구역점의 원장으로 일하면서 인지행동치료, 도식 및 양식치료, 수용전념치료 등의 임상 적용에 힘쓰고 있다. 주요 저서로는 『나는 왜 Diet에 실패하는가?』(엠엘커뮤니케이션, 2012), 『인지행동치료 쉽게 시작하기』(엠엘커뮤니케이션, 2012), 『식사장애』(엠엘커뮤니케이션, 2011), 『폭식증 스스로 이겨 내기』(공저, 학지사, 2011), 『폭식비만 스스로 해결하기』(공저, 학지사, 2011), 『한국인을 위한 비만 행동요법』(공저, 대한비만학회, 2010) 등이 있고, 주요 역서로는 『마음챙김과 도식치료』(학지사, 2017), 『쉽게 쓴 대인관계 신경생물학 지침서』(공역, 학지사, 2016), 『정신치료의 신경과학: 사회적인 뇌 치유하기』(공역, 학지사, 2014), 『비만의 인지행동치료』(공역, 학지사, 2006), 『식이장애와 비만 환자를 둔 부모님들을 위하여』(공역, 하나의학사, 2005), 『거식증과 폭식증 극복하기: 식사장애』(공역, 학지사, 2003), 『대인관계 치료』(공역, 학지사, 2002), 『임상실제에서의 신경심리학』(공역, 하나의학사, 1999) 등이 있다.

행동으로 사랑하라
-LOVE로 ACT하라-
ACT with Love

2018년 3월 20일 1판 1쇄 인쇄
2018년 3월 30일 1판 1쇄 발행

지은이 • Russ Harris
옮긴이 • 이영호
펴낸이 • 김진환
펴낸곳 • (주)**학지사**
  04031 서울특별시 마포구 양화로 15길 20 마인드월드빌딩
대표전화 • 02-330-5114   팩스 • 02-324-2345
등록번호 • 제313-2006-000265호

홈페이지 • http://www.hakjisa.co.kr
페이스북 • https://www.facebook.com/hakjisa

ISBN 978-89-997-1490-0 03180

정가 16,000원

이 도서의 국립중앙도서관 출판시도서목록(CIP)은 서지정보유통지
원시스템 홈페이지(http://seoji.nl.go.kr)와 국가자료공동목록시스템
(http://www.nl.go.kr/kolisnet)에서 이용하실 수 있습니다.
(CIP 제어번호: CIP2018003027)

교육문화출판미디어그룹 학지사

심리검사연구소 **인싸이트** www.inpsyt.co.kr
원격교육연수원 **카운피아** www.counpia.com
학술논문서비스 **뉴논문** www.newnonmun.com
간호보건의학출판 **정담미디어** www.jdmpub.com